Die Autoren:

Michael von Dessauer, geboren 1957, war viele Jahre als Print- und später als TV-Journalist tätig. Er arbeitete für *Quick, Stern, Bunte, BILD* und viele andere. In den 90er Jahren war er stellvertretender Chefredakteur des Senders ProSieben, wo er für sämtliche Magazin- und Talkformate (u. a. *Welt der Wunder, taff, sam, die Reporter*) verantwortlich war. Zu seinen weiteren Stationen gehörten *Schreinemakers live,* die Redaktionsleitung der ARD-Talkshow *Fliege* sowie die persönliche Programmberatung von Frank Elstner. Außerdem war er maßgeblich am Aufbau des Senders RTL in Kroatien beteiligt. Seit einigen Jahren ist er als Medienberater, TV-Produzent und Formatentwickler tätig. Durch seine vielen Reisen und Auslandsaufenthalte liegt ihm das Thema Auswandern besonders am Herzen. Michael von Dessauer lebt in München.

Rolf Deilbach, Jahrgang 1962, ist Unternehmensberater und betreut Strategieprojekte im In- und Ausland. Er hat einige Jahre überwiegend für Unternehmen aus europäischen Nachbarländern wie auch aus Fernost gearbeitet und dabei verschiedene Kulturen kennen- und schätzen gelernt. Rolf Deilbach lebt mit seiner Familie derzeit in der Nähe von Bremen. Er sieht Auswandern als ernst zu nehmende Option nicht nur für mutige Abenteurer, sondern auch für unterforderte oder unzufriedene Leistungsträger unserer Gesellschaft. Als Favoriten für eine spätere eigene Zukunft mit Aussicht nennt Deilbach Frankreich und die Schweiz.

Michael von Dessauer
Rolf Deilbach

Auswandern

Über 1000 Fakten, Tipps und Tricks

Knaur Taschenbuch Verlag

Inhalt

GELEIT

Der letzte Sommer war sehr schön,
I bin in irgendeiner Bucht g'leg'n
Die Sunn wie Feuer auf der Haut,
Du riechst das Wasser und nix is laut
Irgendwo in Griechenland,
Jede Menge weißer Sand
Auf mein' Rück'n nur dei Hand

Nach zwei, drei Wochen hab i's g'spürt,
I hab das Lebensg'fühl dort inhaliert
Die Gedanken dreh'n si um,
Was z'haus wichtig war 'is jetzt ganz dumm
Du sitzt bei an Olivenbaum
Und du spielst di mit an Stein
Es is so anders als daham

Und irgendwann bleib i dann dort,
Lass alles lieg'n und steh'n
Geh von daham für immer fort
Darauf geb' i dir mei Wort,
Wie viel Jahr' a noch vergeh'n
Irgendwann bleib i dann dort

In uns'rer Hektomatik-Welt
Dreht si' alles nur um Macht und Geld
Finanz und Banken steig'n mir drauf,
Die Rechnung, die geht sowieso nie auf
Und irgendwann fragst di',
Wieso quäl i mich da so schrecklich ab
Und bin net längst schon weiß Gott wo

Aber noch is' net so weit,
Noch was zu tun befiehlt die Eitelkeit
Doch bevor der Herzinfarkt
Mich mit vierzig in die Windeln prackt
Lieg' i schon irgendwo am Strand,
A Bottle Rotwein in der Hand
Und steck die Füß in' weißen Sand

Und irgendwann bleib i dann dort ...

Text und Komposition: Gert Steinbäcker

Der Traum von der »Zukunft mit Aussicht«

Seit der Mensch denken kann, und das ist ja nun schon ein paar Jahre her, träumt er vom Fliegen. Schon der legendäre Ikarus aus der Sage des griechischen Altertums hat sich ein paar Flügel gebaut, sich auf einen Berg gestellt und – ab dafür. Er kam der Sonne zu nah, sein Fluggerät verbrutzelte, und weg war er. Im wahrsten Sinne des Wortes.

Und wenn man Fliegen mit Freiheit gleichsetzt, was durchaus legitim, weil artverwandt ist, dann sind wir auch schon beim Thema.

Der Traum, einfach wegzugehen, abzuhauen, in einem anderen Land, einer anderen Kultur noch einmal durchzustarten oder einfach die Seele baumeln zu lassen wie eine Palme im Wind, ist seit Menschengedenken einer unserer heimlichen Wünsche.

Ein österreichischer Liedermacher hat diesen menschlichen Traum folgendermaßen in Worte gekleidet: »… darauf geb' i dir mei Wort«, »lass' ois lieg'n und steh'n, geh' von daham für immer fort …« Und weiter dichtet der Barde, der übrigens immer noch in Wien lebt und es selbst für fraglich hält, ob sein Traum von einer »Zukunft mit Aussicht« jemals Realität werden wird: »… in uns'rer Hektomatik-Welt dreht si' alles nur um Macht und Geld, Finanz und Banken steig'n mir drauf«, »und irgendwann bleib i dann dort«. »A Bottle Rotwein in der Hand und steck die Füß in weißen Sand«, auf mein' Rück'n nur dei Hand …«

Der Mann spricht von einem Lebensgefühl, nach dem sich die meisten Menschen von 8 bis 80 irgendwann einmal in ihrem Leben sehnen.

Der Achtjährige, der sein von der Oma gefülltes Sparschwein schlachtet, Jeans, Turnschuhe und ein paar T-Shirts in seinen Rucksack packt, einen letzten Blick auf sein Zimmer wirft und sich aus seinem 300-Seelen-Kaff in Ostwestfalen-Lippe aufmacht nach Hamburg, an den Hafen, dahin, wo die großen, weißen Schiffe festmachen, die in ein paar Stunden die Ozeane durchkreuzen und in die große weite Welt fahren. In den meisten Fällen endet die Reise unseres Achtjährigen genau hier. Nix wird's mit dem Anheuern als Schiffsjunge oder zumindest mit dem Versteck im Laderaum als blinder Passagier. In 999 von 1000 Fällen ist der Junge nämlich ein paar Stunden später wieder in seinem Heimatkaff in Ostwestfalen-Lippe, meist auch noch in Polizeibegleitung – und sein Zimmer liegt immer noch unberührt da.

Zwar ist er nicht auf dem Weg nach Brasilien, in die Karibik oder in das Land der unbegrenzten Möglichkeiten, doch er hat sie zumindest gesehen, die weißen Ozeanriesen, hat die Hafenluft geschnuppert, das Schreien der Möwen gehört, und in seiner Phantasie ist er längst auf dem Weg nach irgendwo, oder nach nirgendwo, wer weiß? Eines steht in jedem Fall fest: Unser kleiner Abenteurer ist von einem unheilbaren Virus befallen, einem Virus, gegen das es kein Gegenmittel, kein Medikament, keine Operation gibt. Und dieses Virus wird ihn sein Leben lang untauglich machen für die Ballermänner dieser Welt. Der medizinische Name für dieses Virus ist uns unbekannt. Landläufig bezeichnet man es schlichtweg als Fernweh.

Und deshalb wird er immer weiter davon träumen, eines Tages alles hinter sich zu lassen. Mit 15, mit 30, mit 50 oder mit 80. Er wird Aussteigerromane verschlingen wie andere Krimis. Oder er wird eines Tages aus einem seiner Träume aufwachen und feststellen: »Ich habe es getan, ich bin ausgestiegen – in eine Zukunft mit Aussicht.«

Und letztlich macht es auch keinen Unterschied, ob diese Krankheit, auch Sehnsucht genannt, zum Ausbruch kommt und er sich eines Tages tatsächlich und ganz real dort befindet, wo er sich von

Kindheit an hingeträumt hat, oder ob er sich einfach seinem Urtraum hingibt, ihn nie wirklich lebt, das Virus also in ihm schlummert, aber nie zum Ausbruch kommt.

Dieses Buch – der geneigte Leser wird es längst gemerkt haben – wendet sich somit an zwei völlig verschiedene Charaktere von Menschen, die allerdings eines eint: das unheilbare Virus der Sehnsucht nach dem Auswandern.

Niemals würden sich die Autoren ein Werturteil anmaßen, über die Menschen, die alles daransetzen, das Virus ausbrechen zu lassen, oder die, die ein Leben lang versuchen, es zu unterdrücken. Im Gegenteil: Wir möchten beiden Spezies von Patienten in unserem Buch gerecht werden.

Für beide soll dieses Buch eines sein: Eine »Zukunft mit Aussicht« – egal ob von Ostwestfalen-Lippe aus oder von der Robinson-Insel am anderen Ende der Welt.

Wie auch immer: Sollte es den Autoren gelingen, die Träume ihrer Leser am Leben zu erhalten, haben sie ihr Ziel erreicht. Sollten sie allerdings bei Ihnen ein Heilmittel gegen das Virus gefunden haben, werfen Sie das Buch getrost in den Papierkorb und verklagen Verlag und Autoren.

Letztere allerdings werden Sie schwerlich finden, denn sie leiden seit Jahrzehnten an dem vielzitierten Virus und sind vielleicht einfach weg – in einer »Zukunft mit Aussicht«.

Viel Spaß!

Einleitung

Dieses Buch soll kein Ratgeber im klassischen Sinn sein. Auch kein Reiseführer, geschweige denn eine »Auswandererbibel«. Was es sehr wohl sein soll: eine unterhaltsame und gleichermaßen informative Lektüre für alle, die mit dem Gedanken spielen, ihr Heimatland mit einem anderen Land in Europa oder gar in Übersee zu vertauschen. Und zwar nicht als verlängerten Urlaub, sondern auf lange Sicht, ja vielleicht sogar für immer. Dieses Buch soll aber auch denjenigen Freude machen, für die ein Leben in der Ferne immer nur ein Traum bleiben wird. Diejenigen unter Ihnen, die sich diesen Traum verwirklichen, werden über 1000 Fakten, Tipps und Tricks finden, die Ihnen den Neustart in der Fremde erleichtern und Ihnen helfen, den Lebensalltag dort besser zu meistern.

Fakt ist, dass jeder zweite Bundesbürger davon träumt, zumindest den letzten Lebensabschnitt, seinen Ruhestand, im Ausland zu verbringen. Und zwar da, wo dauerhaft die Sonne scheint, der Alltag sehr viel gemächlicher und ohne deutsche Hektik abläuft und der Renten-Euro noch etwas wert ist.

Doch es sind bei weitem nicht nur die Älteren, die es in die Ferne zieht: Bessere Schul- und Bildungssysteme und damit automatisch bessere Jobchancen nach Abschluss der Ausbildung lassen immer mehr junge Leute ihrem Heimatland den Rücken kehren und ihr Glück woanders suchen. Und viele von ihnen finden es tatsächlich.

Was wir aber auch nicht verschweigen wollen: Natürlich trifft man bei den Deutschen im Ausland auch auf sogenannte gescheiterte Existenzen, die seit Jahren in der Fremde ein kümmerliches Dasein fristen. Meist liegen die Gründe dafür auf der Hand: die konstante Weigerung, die fremde Sprache zu erlernen und sich der neuen Kultur anzupassen. Oder das typisch Deutsche in uns allen –

sollte es auch noch so tugendhaft klingen – einfach mal zu vergessen.

Eine falsche oder unausgegorene Geschäftsidee (die 225. Pilsbar mit Bundesligaergebnissen am Samstag an der Strandpromenade von Alicante kann einfach nicht mehr funktionieren) oder auch die Verlockung, sich im sonnigen Süden Alkohol und Drogen im Übermaß hinzugeben und darüber den Aufbau der eigenen Existenz zu vernachlässigen.

Denn eines werden Ihnen alle, die es »draußen« geschafft haben, mit Sicherheit bestätigen: Das erste Jahr ist das schwerste (es sei denn, Sie verfügen über so viel Kapital, dass Sie es in Ihrer neuen Heimat nicht mehr nötig haben, zu arbeiten). Diese Spezies ist verschwindend gering, ihre Todesrate dagegen erschreckend hoch. Die häufigsten Gründe: Alkohol, Drogen und vor allem die Langeweile. Geld im Überfluss, Zeit ohne Ende, aber keine sinnvollen Tätigkeiten oder Interessen, um sie zu füllen. Und genau da hilft auch der schönste Sonnenuntergang nichts mehr, denn die vornehme Villa am Strand wird dann manchmal zum Verlies.

Aber lassen Sie sich davon bitte nicht abschrecken. Denn hier reden wir über Einzelfälle, die dennoch nicht unerwähnt bleiben sollen.

Der wohl bekannteste und auch tragischste ist der österreichische Sänger Hans Hölzl, besser bekannt unter dem Namen Falco. Er hatte sich die Dominikanische Republik als seine »Zukunft mit Aussicht« ausgesucht. Am 6. Februar 1998 rammte ein Bus in der Nähe der Stadt Monte Llano sein Auto. Falco war sofort tot. Die anschließende Obduktion ergab einen Blutalkoholwert von 1,5 Promille sowie erhebliche Mengen von Kokain und Marihuana in seinem Körper.

Viel größer ist jedoch die Zahl derer, die mit genügend Kapital und einer ziemlich genauen Vorstellung davon, wie sie es in ihrem Traumland einsetzen wollen, in die Fremde gehen. Befragt man Auswanderer oder Aussteiger, die das erste Jahr überstanden haben, ob sie sich vorstellen könnten, eines Tages nach Deutschland zurückzukehren, lautet die Standardantwort fast immer: »Wenn uns keine äußeren Umstände, politische Schwierigkeiten oder familiäre Katastrophen dazu zwingen – niemals!«

Einer der Gründe, warum dieses Buch geschrieben wurde: all jenen eine kleine Hilfestellung zu geben, die das »Abenteuer Ausland« wagen wollen. Das waren im vergangenen Jahr immerhin rund 150 000 Deutsche, die Dunkelziffer nicht mitgerechnet. Und denen wünschen wir von Herzen, dass auch sie eines Tages in der Lage sein werden, auf die Frage, ob sie jemals nach Deutschland zurückkehren wollen, mit »Niemals!« zu antworten.

Prominente deutsche Auswanderer

Hier wollen wir Ihnen kurz zehn prominente deutsche Auswanderer vorstellen, die Deutschland als Lebensmittelpunkt den Rücken gekehrt haben. Wir beginnen mit einem Mann, der die alte Heimat bereits vor 161 Jahren verlassen hat, dessen Lebenswerk aber bis heute bei Jugendlichen und Junggebliebenen eine besondere Bedeutung, ja sogar Kultstatus hat.

Levi Strauss: wurde unter dem Namen Löb Strauß im oberfränkischen Buttenheim bei Bamberg als Sohn jüdischer Eltern geboren. Sein Vater, Hirsch Strauß, ein armer Hausierer, starb an Tuberkulose, als Löb 16 Jahre alt war. Die vielköpfige Familie geriet in wirtschaftliche Not. 1847 wanderte seine Mutter Rebecca mit den jüngsten Kindern – ihm und zwei seiner Schwestern – nach Amerika aus. Sie folgten damit den beiden ältesten Strauss-Brüdern nach New York, die sich dort ihr Brot durch Textilhandel verdienten. Strauss nannte sich fortan Levi, erwarb die amerikanische Staatsbürgerschaft und betätigte sich im Geschäft der Brüder.

Die Nachricht von Goldfunden verbreitete sich unterdessen von der amerikanischen West- an die Ostküste. 1853 schloss Levi Strauss sich dem Goldrausch an und zog nach San Francisco, wo er zusammen mit seinem Schwager und seinem Bruder Louis einen Handel für Kurzwaren und Stoffe gründete. Das Sortiment ergänzten ferner Dinge wie Zahnbürsten, Hosenträger, Knöpfe und Ausgehkleidung für die rauhen Wildwest-Pioniere. Er fand bald heraus, dass die Goldgräber bei ihrer harten Arbeit strapazierfähige Hosen benötigten. Seine ersten Hosen ließ er von einem Schneider aus Zeltplanen, die er aus New York mitgebracht hatte, anfertigen. Angeblich war sein erster Kunde von diesen Hosen so begeistert, dass er die ganze Nacht durch die Stadt zog und jedem davon erzählte. Die ersten Hosen waren noch braun und wurden von Hosenträgern gehalten. Bald stieg Strauss auf Denim um, einen Baumwollstoff, der mit Indigo blau gefärbt wurde. Die Nähte der Hosentaschen waren jedoch nicht robust genug, da die Goldgräber ihre Hosentaschen mit allerhand Material aus den Minen vollstopften. Im Dezember 1870 kam der aus Reno stammende Schneider Jacob Davis auf die Idee, die Ecken der Hosentaschen und das untere Ende des Hosenlatzes mit Nieten eines Pferdegeschirrs zu verstärken. Weil ihm für die Patentierung seines 1872 entwickelten Verfahrens das Geld fehlte, wandte er sich an Levi Strauss, der ihm Tuchballen lieferte. Strauss unterstützte das Vorhaben und erhielt am 20. Mai 1873 zusammen mit Davis ein Patent darauf. Die legendäre Jeans war offiziell geboren.

Die vernieteten Waist Overalls stießen auf eine riesige Nachfrage. Bis zum Jahresende wurden 5875 Dutzend Hosen und Mäntel aus Denim verkauft. Zwei Fabriken produzierten diese Hosen. Zehn Jahre später waren bereits 535 Angestellte für das Unternehmen tätig. 1890 gründete Strauss die Levi Strauss & Company. Im Jahr 1902 starb der Textilproduzent plötzlich und unerwartet in seinem Haus in San Francisco, in dem er mit der Familie seiner Schwester Fanny lebte. Die Firma hinterließ er seinen vier Neffen, da er selbst keine Kinder hatte. Er wurde auf dem »Hills of Eternity«-Friedhof in Colma südlich von San Francisco beerdigt.

Herbert Grönemeyer: Mit der musikalischen Liebeserklärung an seine Heimatstadt Bochum landete er 1984 einen Riesenhit, dem noch viele folgen sollten. Doch nach zwei schweren Schicksalsschlägen (seine Frau und einer seiner Brüder starben kurz hintereinander) tauschte er den Ruhrpott gegen die britische Metropole London, wo er heute lebt und arbeitet.

Franz Beckenbauer: Der »Kaiser« aus München gilt als einer der besten Fußballer aller Zeiten. 2006 holte er die WM nach Deutschland. Doch privat hat er bereits 1982 München mit dem österreichischen Nobelort Kitzbühel getauscht. Und im Übrigen die Fußballarenen dieser Welt schon lange mit dem Golfplatz.

Heidi Klum: Eines der bekanntesten Models der Welt stammt aus Bergisch Gladbach in der Nähe von Köln. Doch schon 1993 zog die Rheinländerin nach New York. Heute lebt sie mit ihrem Ehemann, dem Musiker Seal, und den drei Kindern in Los Angeles.

Siegfried und Roy: Siegfried Fischbacher wurde am 13. Juni 1939 in Rosenheim (Oberbayern) geboren; Roy Uwe Ludwig Horn kam am 3. Oktober 1944 in Blexen bei Nordenham (Niedersachsen) während eines Bombenangriffes der Alliierten zur Welt. Nach seiner Schulzeit arbeitete Siegfried erst in einer Teppichfabrik. 1956 wird er Zauberkünstler am Gardasee, 1959 heuert er als Steward auf der TS Bremen an, wird dort bald zum Entertainer und lernt Roy, der mit 13 die Schule abbrach und der ebenfalls als Steward arbeitet, sowie dessen Begleitung, den Geparden Chico, kennen. Die beiden beschließen, gemeinsam als Magier aufzutreten. Auch privat werden sie ein Paar.
Am 2. Februar 1990 eröffneten die beiden ihre legendäre Show im Hotel Mirage in Las Vegas. 1999 erhielten Siegfried und Roy einen Stern auf dem berühmten »Walk of Fame« in Los Angeles. An seinem 59. Geburtstag, dem 3. Oktober 2003, wurde Roy Horn während der Show von dem weißen Tiger Montecore angegriffen und schwer verletzt. Aufgrund seiner schweren Verletzungen beendeten die beiden Ausnahmekünstler zunächst ihre aktive Bühnenkarriere.

Ursula Karven: Die bekannte deutsche Schauspielerin ist mit James Veres verheiratet und Mutter dreier Kinder. Ihr damals vierjähriger Sohn Daniel ertrank während einer Geburtstagsparty im Swimmingpool des US-Musikers Tommy Lee in Santa Monica. Die Familie wohnte mehrere Jahre in den USA und zog nach Daniels Tod mit den Kindern nach Mallorca, wo Ursula Karven heute eine Yoga-Schule betreibt. Nach Deutschland kommt sie nur noch gelegentlich zu Dreharbeiten.

Nils Heckscher: Manager des Winchester Mansions Hotel, lebt seit 1991 in Kapstadt. Die Ähnlichkeit mit seinem Vater, Dieter Thomas Heck, ist nicht zu übersehen. Nils Heckscher ist nicht in die Fußstapfen seines Vaters getreten. Seit 1980 bewegt er sich auf internationalem Parkett, allerdings auf gastronomischem. Der Weg zum Hotelmanager war klassisch: Page und später Kochlehre im »Kempinski«, Berlin. Ab 1983 folgten Paris, das Hotel »Warwick« und »Le Bristol«. Danach London, Johannesburg, Deutschland und schließlich wieder Südafrika. »Und da will ich nie wieder weg«, sagt der Sohn des berühmten Entertainers.

Roland Emmerich: Hollywood rief und Roland Emmerich kam. Der 1955 in Sindelfingen bei Stuttgart geborene Filmproduzent, Regisseur und Drehbuchautor lebt bereits seit 1992 in den USA. Seitdem beglückt er Kinogänger in aller Welt mit Blockbustern wie *Independence Day*.

Uschi Obermaier: Das Virus Fernweh hatte die erotische Galionsfigur der 68er schon in jungen Jahren infiziert. Mit einem VW-Bus reiste sie quer durch die Welt, bis sie sich erst als Groupie von berühmten Popstars, später dann als Schmuckdesignerin in den USA niederließ. Anlässlich ihres 60. Geburtstages wurde ihr Leben im vergangenen Jahr verfilmt. Sie hat längst die amerikanische Staatsbürgerschaft und wohnt in der Nähe von Los Angeles.

Sabine Christiansen: Der Liebe wegen in die Stadt der Liebe. Für ihren Lebensgefährten Norbert Medus verließ die ehemalige Fernsehmoderatorin ihre Villa in Berlin. Seit zwei Jahren lebt sie mit dem Modeunternehmer in Paris. Einen zweiten Wohnsitz unterhält sie auf der Baleareninsel Mallorca.

Die Top Five

SPANIEN

Als ich vor einigen Jahren in Spanien – in meinem Fall waren es die Kanarischen Inseln – ankam, wähnte ich mich kurz nach der Landung auf meinem neuen Heimatflughafen bereits im falschen Film. Hatte ich doch gedacht, durch meinen sechswöchigen Crashkurs mit einem Privatlehrer vom deutsch-spanischen Kulturinstitut sprachlich bestens gerüstet zu sein. Kurz zuvor war ich sogar noch stolz auf mein vermeintlich fließendes Spanisch, das ich in der Tapasbar um die Ecke mehrfach unter Beweis gestellt hatte. Meine Bestellungen wurden verstanden, ich bekam das Richtige vorgesetzt, und die Kellner lobten meine exzellente Aussprache. Mann, kam ich mir kosmopolitisch und weltgewandt vor – so von Spanier zu Spanier eben. Aber das war halt die Tapasbar um die Ecke in Deutschland.

Doch kaum hatte ich meinen Flieger verlassen und versucht, den Erstkontakt mit einem einheimischen Taxifahrer herzustellen, war's das auch schon zum Thema Sprache. Meine, wie ich dachte, vorbildlich vorgetragene Angabe des Fahrziels muss in seinen Ohren wie usbekisch geklungen haben. Was er geantwortet hat: Ich kann es Ihnen leider bis heute nicht sagen, denn ich habe ihn schlichtweg nicht verstanden. Dass ich mein Ziel dann doch noch erreicht habe, hatte ich ausschließlich dem Taxifahrer zu verdanken. Ich hielt ihm einen Zettel mit der Adresse vor die Nase, und schon war ich so gut wie da. Ich konnte zwar nicht sprechen, der Mann dafür aber lesen.

Und damit wären wir auch gleich beim ersten wichtigen Tipp: der Sprache.

Die Sprache

Wie auch bei uns gibt es in Spanien zahlreiche Dialekte, manche von ihnen haben sogar die Bedeutung einer eigenen Geschäftssprache. Am weitesten verbreitet und somit am wichtigsten ist Kastellanisch, das sogenannte Hochspanisch. Daneben gibt es noch Katalanisch (in der Gegend um Barcelona), Baskisch (Bilbao, San Sebastián etc.) und Galizisch (La Coruña, Santiago de Compostela). Auf den Balearen werden die Dialekte Mallorquin und Ibizenco gesprochen. Hochspanisch wird allerdings überall verstanden und gesprochen, deshalb sollten wir uns darauf beschränken.

Natürlich gibt es Tausende von Spanien-Auswanderern, die seit Jahren dort leben, ohne auch nur ein einziges Wort Spanisch zu können. Das geht zwar theoretisch, ist aber a) unhöflich dem Gastgeberland gegenüber, b) wird man nie wirklichen Kontakt zur einheimischen Bevölkerung bekommen und c) erschwert es das Geschäfts- und Arbeitsleben ungemein.

Es kommt überhaupt nicht darauf an, die Sprache perfekt zu beherrschen. Im Gegenteil, jeder Spanier wird Ihnen Fehler nachsehen und Sie mit Hochachtung dafür behandeln, dass Sie sich die Mühe machen, die Landessprache zu lernen.

Die Möglichkeiten dafür sind zahlreich: In Deutschland über Sprachschulen wie Berlitz oder Inlingua, wenig empfehlenswert der VHS-Kurs, weil langwierig und zu wenig praxisbezogen. Wer den eigenen PC bevorzugt, dem empfehlen wir die Seite www.eplingo.com. Mit diesem Online-Kurs werden Sie in kürzester Zeit erstaunliche Resultate erzielen. Besser als jedes gedruckte Wörterbuch ist die Seite www.leo.org. Für unsere Begriffe das beste Online-Lexikon auf dem Markt. Und das auch noch kostenlos.

Sollten Sie sich dafür entscheiden, die Sprache erst im Land zu lernen, werden Sie die Qual der Wahl haben. In jeder Region, in der sich Deutschsprachige niederlassen, gibt es haufenweise Privatlehrer, die ihre Dienste zu moderaten Preisen anbieten. Auch nationale wie internationale Sprachschulen werden Sie vor Ort finden. Überall dort, wo es die Deutschen hinzieht, erscheint in der Regel mindestens eine deutschsprachige Wochenzeitung mit einem umfangreichen Kleinanzeigenteil, in dem sie garantiert fündig werden.

Und dann heißt es üben, üben, üben. Mit Einheimischen sprechen, das örtliche Fernsehen einschalten und sich ab und zu die lokale Tageszeitung zu Gemüte führen. Selbst diejenigen, die sich für nicht besonders sprachbegabt halten, werden nach etwa sechs Monaten feststellen: Hey, ich kann's ja! Und glauben Sie uns, das ist ein gigantisches Erfolgserlebnis.

Der Umzug ...

... eine grundsätzliche Entscheidung, die Sie treffen müssen, denn dann haben Sie mehrere Möglichkeiten. Mit Sack und Pack, dem gesamten Hausrat, Hund, Katze, Wellensittich, Hamster und »Hannes, der Kronleuchter von Oma muss dringend mit, ist schließlich ein Erbstück«.

Dann, liebe Auswanderer, wird es teuer. Es gibt überall in Deutschland jede Menge Speditionen, die sich auf Spanien-Umzüge spezialisiert haben. Allerdings haben die ihren Preis. Wenn von der Couchgarnitur bis zum Wohnzimmerschrank Eiche rustikal etc. alles termingerecht am Zielort sein soll, können Sie sich je nach Region und Kubikmetern, die Sie im Laufe der Jahre angesammelt haben, schon mal von locker 10 000 Euro Ihres Startkapitals trennen.

Ist Ihnen der Termin, zu dem Sie all Ihre Siebensachen in der neuen Heimat in Empfang nehmen, relativ egal, geht es auch preisgünstiger, über eine sogenannte Beiladung Ihrer Spedition. Da kann es allerdings sechs bis acht Wochen dauern, bis Sie Ihr Haupt auf dem geliebten eigenen Federkern betten können.

Die handgestrickte Nummer mit dem gemieteten 7,5-Tonner

funktioniert, ist aber mühsam. Anders als innerhalb Deutschlands gibt Ihnen nämlich keine der gängigen Autovermietungen den Truck Einweg. Schon gar nicht, wenn Sie sich für eine der spanischen Inselgruppen entschieden haben. Das bedeutet: Irgendjemand muss den Wagen ein paar tausend Kilometer zurückfahren, abgeben und per Billigflieger wieder nach Spanien, wo er oder sie gerade in den ersten Tagen nach der Ankunft sehr viel dringender gebraucht wird.

Sie werden es schon gemerkt haben: Von den genannten Lösungen halten wir wenig. Unsere Empfehlung: Frei nach dem Motto »Besitz belastet« sich in Deutschland von allem trennen, was nicht unbedingt nötig ist, und einfach mit ein paar Koffern ab dafür. Hinterlassen Sie Freunden drei, vier Kisten mit Dingen, die Sie mittelfristig behalten möchten. Die sollen Ihnen einen Liebesdienst tun und sie einfach nachschicken. Kommen in aller Regel auch an, schließlich gehen Sie ja nicht nach Sibirien.

Abgesehen davon: Die meisten Behausungen, die man in Spanien mieten oder kaufen kann, sind komplett möbliert. Mediterraner, luftiger, leichter und fröhlicher. So, wie es für Klima, Land und Leute eben angemessen ist.

Wohnen

Miete

Wer nicht bereits eine eigene Immobilie in Spanien besitzt, dem empfehlen wir dringend, sich zumindest für die erste Zeit nach einem Mietobjekt umzusehen. Sicher werden Sie Deutsche oder andere europäische Ausländer in Ihrer Region finden, die Ihnen liebend gern eine Wohnung, einen Bungalow oder ein Haus vermieten würden. Doch hier raten wir zur Vorsicht. In den seltensten Fällen werden Sie auf »Gutmenschen« treffen, die Ihnen mit der Haltung »Mann, das ist doch ein Landsmann, dem müssen wir helfen« ein Objekt zum Schnäppchenpreis anbieten. Die Erfahrung zeigt immer wieder, dass eher das Gegenteil der Fall ist. Flockig nach dem Motto: »Oh, die sind neu hier, haben noch keine Ahnung, kennen die Marktpreise nicht, da schlagen wir mal zu.«

Sehr viel sinnvoller und in der Regel deutlich preiswerter ist es, von Einheimischen zu mieten. Die Spanier mögen die »zuverlässigen, sauberen Deutschen« als Mieter ausgesprochen gern. Ein paar Abstriche im Ausstattungsstandard werden Sie wohl machen müssen, aber das ist nicht dramatisch. Ein weiteres nicht zu unterschätzendes Argument dafür, sich einen Spanier als Hausherren zu suchen: Sie kriegen automatisch Kontakt zur Bevölkerung. Und sollte im Winter die Gasheizung mal ausfallen, taucht aus dem Nichts der Handwerker auf. Wohnen Sie im Objekt eines Ausländers, kann es Ihnen passieren, dass Sie mal zwei Wochen frieren, was ja bekanntlich ungemütlich ist.

Doch auch bei spanischen Vermietern müssen Sie auf eines achten: Man wird Ihnen wahrscheinlich einen Mietvertrag über elf Monate anbieten. Das garantiert dem Eigentümer, dass er Sie im Zweifel auch wieder loswird. Bei einem Vertrag mit einer Laufzeit von einem Jahr oder mehr hat er damit nach spanischem Recht erhebliche Schwierigkeiten.

Und noch etwas: Sollten Sie auf der Suche nach einem Dach über dem Kopf partout einen Makler einschalten wollen, nehmen Sie nicht das erstbeste Angebot, sondern vergleichen Sie gründlich. Grundsätzlich gilt: Die Gebühren, die der »Wohnraumbeschaffer« von Ihnen verlangt, liegen zwischen einer und drei Monatsmieten. Geld, das Sie in die Strandbar tragen, einem Straßenmusiker an der Ecke geben oder sinnvollerweise in Ihre neue Existenz stecken können.

Augen auf beim Häuserkauf

Wenn Sie glauben, Ihr Traumobjekt bereits gefunden zu haben, ist das natürlich wunderschön, und es sei Ihnen herzlich gegönnt.

Aber jetzt müssen Sie wirklich aufpassen, denn sonst kann es Ihnen ganz schnell passieren, dass die Kohle futsch ist, Sie aber keineswegs Hausbesitzer sind. Und wie kommt das? Wenn der Besitzer Ihres Traumhauses ein Ausländer ist, können Sie gelegentlich davon ausgehen, dass er seine Hütte irgendwann einmal mit Geldern bezahlt hat, auf die – drücken wir es vorsichtig aus – der deutsche Finanzminister zumindest anteilig Anspruch gehabt hätte. Im spanischen Grundbuch *(escritura)* wird ein möglichst niedriger Zeitwert für die Immobilie angegeben, um den Grundsteuersatz zu senken. Klingt eigentlich gut, denn möglicherweise gelingt es Ihnen, das Objekt für den nach unten gelogenen Grundbuchpreis zu erwerben. Das kann zwar zunächst ein Schnäppchen sein, doch falls Ihnen irgendwann, und sei es Jahre später, eine Kontrolle ins Haus steht, Ihr Objekt offiziell geschätzt wird, könnten die Behörden feststellen, dass Sie seinerzeit viel zu wenig bezahlt haben. Und dann wird es richtig teuer. In dem Fall müssen Sie nämlich nicht nur die Differenz zwischen dem damaligen Kaufpreis und dem heutigen Zeitwert nachzahlen, sondern die Spanier drücken Ihnen auch noch die Nachzahlung der jahrelang zu niedrig bewerteten Grundsteuer aufs Auge. Hat Ihr Sachbearbeiter schlechte Laune, steht es ihm frei, noch eine saftige Strafe obendraufzupacken. Das kann in Extremfällen sogar bis zur Enteignung führen.

Also: lieber das Objekt offiziell schätzen lassen und nicht mit dem Verkäufer unter dem Tisch mauscheln. Denn das wird über kurz oder lang garantiert zum finanziellen Bumerang, der schon manchem Spanien-Auswanderer die »Zukunft mit Aussicht« sehr hässlich verstellt hat.

Und zum Schluss: Prüfen Sie, ob der Vorbesitzer Strom, Heizung, Wasser und Telefon immer brav bezahlt hat. Wenn nicht, frieren Sie sehr schnell, und das auch noch ungeduscht. Und den Nachbarn anrufen, um ihn zu bitten, sein Bad benutzen zu dürfen, können Sie dann auch nicht mehr.

Grunderwerb und Hausbau

Jeder EU-Ausländer kann in Spanien ohne Probleme Land kaufen und es bebauen. Allerdings gibt es seit neuestem eine Auflage, die ihren Ursprung auf den Balearen hat und helfen soll, die ungezügelte Bauwut meist ausländischer Investoren zu bremsen.

Wenn Sie folgende Faustregel beachten, können Sie anfangen, Ihr Traumhaus in Angriff zu nehmen. Um bauen zu können, müssen Sie mindestens 15 000 Quadratmeter Land erwerben. Pro 100 Quadratmeter Land gestattet Ihnen der spanische Staat, 10 Quadratmeter zu bebauen. Das heißt übersetzt: Auf eine Fläche von 15 000 Quadratmetern können Sie ein Haus von 150 Quadratmeter Wohnfläche stellen.

An dieses Gesetz sollten Sie sich unbedingt, zumindest bis nach der endgültigen Bauabnahme durch die zuständige Behörde halten. Tun Sie das nicht, kann Ihnen genau das passieren, was einem sehr prominenten deutschen Mitbürger geschehen ist: Der wachte nämlich eines Morgens auf und musste mit Entsetzen zur Kenntnis nehmen, dass die Abrissbirnen 500 Quadratmeter seines opulenten Anwesens plattgemacht hatten. Der gute Mann, dem so geschehen, heißt übrigens Boris Becker.

Noch zwei Dinge, die Sie unbedingt beachten sollten, bevor Sie in Spanien Grund erwerben:

a) Lassen Sie sich vom Grundbuchamt unbedingt zeigen, ob Ihre Wunschparzelle auch tatsächlich als Bauland ausgewiesen ist. Sich keinesfalls auf die Angaben des Verkäufers allein verlassen, selbst wenn auf dem Grundstück, das Sie zu kaufen gedenken, bereits ein Gebäude steht, das Sie abreißen und durch ein eigenes ersetzen wollen. In Spanien gilt das Gewohnheitsrecht, und wenn die alte Hütte seit 100 Jahren dasteht, fragt niemand mehr danach. Abreißen ist kein Problem, aber mit Ihrem Neubau ist es dann vorbei. Und mit Ihrer Scholle können Sie dann allenfalls die Kids im Dorf erfreuen, die sie dankbar als Bolzplatz mit Beschlag belegen.

b) Versichern Sie sich beim Grundbuchamt, ob die Gemeinde die dringend notwendige Infrastruktur, nämlich Strom und Wasser, bis zu Ihrem Grundstück gelegt hat. Ist das nicht der Fall, heißt es entweder Finger weg von der Parzelle oder den Geldbeutel ganz weit aufmachen.

Die Arbeit

Seit Spanien der EU angehört, haben andere EU-Ausländer auch hier Niederlassungsfreiheit. Sie dürfen bleiben, solange sie wollen und auch arbeiten. Am besten besorgen Sie sich zügig eine Sozialversicherungsnummer und die sogenannte *residencia* (erklären wir später noch ausführlicher).

Auch in Spanien hat Handwerk goldenen Boden, und der deutsche Installateur wird von Einheimischen wie Ausländern gleichermaßen geschätzt. Ganz einfach wegen des meist höheren Qualitätsstandards. In folgenden Berufen werden Sie in Spanien immer Ihr Auskommen finden, selbst wenn Lohn- und Gehaltsniveau je nach Region ca. 30 Prozent unter dem deutschen liegen: Maurer, Schreiner, Gärtner, Klempner, Fliesenleger, Elektriker, Bäcker, Metzger, Kellner, Koch, Barkeeper, Zimmermädchen, Animateur usw. Auch hochqualifizierte Fachkräfte aus der Tourismus- und Hotelbranche werden nicht arbeitslos bleiben. Daneben werden gut ausgebildete Ärzte jeder Fachrichtung gerade in den touristischen Hochburgen immer gesucht. Viele Menschen verdingen sich aber auch als Betreuer von Fincas, Häusern und Wohnungen während der Abwesenheit der Besitzer. Machen sie das gut und zuverlässig, leben sie nicht schlecht davon.

Wer sich mit einem eigenen Geschäft selbständig machen möchte, der braucht zuerst eine gute, möglichst innovative Idee. Wer auf Publikumsverkehr angewiesen ist, für den zählt, wie bei uns auch, bei der Anmietung der Geschäftsräume eines: Lage, Lage, Lage.

Die Gestoría

Ein Wort, für das es keine adäquate Übersetzung gibt, ist für viele Deutsche, die sich Spanien als ihre Wahlheimat ausgesucht haben, ein absolutes Muss.

Der *gestor* – so heißen die Agenten, die diese Dienste anbieten – ist ein »Helferlein« für alles, was auch nur im weitesten Sinne mit Behörden zu tun hat und Ihnen das Leben schwermacht. Diese Menschen helfen Ihnen bei der Beschaffung von Aufenthaltsgenehmigung *(residencia)* und Sozialversicherungsnummer. Beides ist wichtig, denn über die Mitgliedschaft in der spanischen Sozialversicherung sind Sie und Ihre Lieben automatisch renten- und krankenversichert. Mit der *residencia*, die heute nur noch eine Formalität ist, erhalten Sie bei Bedarf eine Steuernummer.

Die *gestoría* ist Ihnen aber auch bei Kauf und Anmeldung eines Autos behilflich. Miet- oder Kaufvertrag für Ihr künftiges Domizil prüft sie ebenso wie eventuelle Arbeitsverträge.

In jeder *gestoría* gibt es mindestens einen Mitarbeiter, der fließend deutsch spricht und sich mit der deutsch-spanischen Rechts- und Gesetzeslage bestens auskennt.

Natürlich verlangen diese Agenturen für ihre Hilfsdienste Gebühren beziehungsweise Honorare. Und natürlich sollte man auch hier Vergleichsangebote einholen, aber, was eine seriöse *gestoría* Ihnen in Rechnung stellt, ist garantiert gut investiertes Geld. Denn möglicherweise werden Sie jahrelang immer mal wieder mit dieser Agentur zu tun haben.

Das Auto

Mitnehmen oder in Deutschland so gut wie möglich verkaufen? Bitte entscheiden Sie sich in Ihrem eigenen Interesse für Letzteres. Selbst wenn Ihnen Ihr fahrbarer Untersatz ans Herz gewachsen ist und Sie bei dem Gedanken, einen Nachbesitzer über deutsche Autobahnen brettern zu sehen, heulen könnten. Die Ummeldung auf ein spanisches Kennzeichen muss nämlich innerhalb der ersten 30 Tage nach Ankunft erfolgen. Das erledigt zwar, wenn Sie wollen, die *gestoría* (siehe oben) für Sie, kann aber trotzdem ganz schön ins Geld gehen. Ein Prozent vom Zeitwert plus üppiger Gebühren müssen Sie schon hinblättern. Viel besser: In Spanien einen Gebrauchten kaufen. Der Gebrauchtwagenmarkt ist umfangreich und zumindest nicht teurer als in Deutschland.

Außerdem: Ihr tiefer gelegter Golf GTI mit Breitreifen würde sich auf Spaniens Straßen ohnehin sehr schnell als untauglich erweisen – es sei denn, Sie haben mehrere Ölwannen und diverse Sätze Stoßdämpfer mit im Gepäck.

Die Lebenshaltungskosten

Über dieses Thema wird viel diskutiert und gestritten, doch die Meinungen gehen auseinander. Fakt ist aber: Sie können in Spanien etwa um die Hälfte billiger als in Deutschland leben. Natürlich gilt das nur dann, wenn Sie ein paar wichtige, aber einfache Regeln befolgen.

Die wichtigste: Versuchen Sie wie die Spanier zu leben, und Sie werden sehr schnell feststellen, dass Sie bei Ihren täglichen Bedürfnissen eine ganze Menge Geld sparen. Wer sich natürlich partout den deutschen Supermarkt mit den dazugehörigen teuer importierten Markenprodukten einbildet, der zahlt dafür auch kräftig. Produkte ähnlicher Qualität aus einem spanischen Laden sind einfach um ein Vielfaches preiswerter und keineswegs schlechter. Denn wie sollten sonst die Einheimischen bei ihrem Gehaltsgefüge überhaupt existieren können?

Das Gleiche gilt für Mieten und Nebenkosten. Von einem Spanier gemietet, ein bisschen im Landesinneren, und Sie sind mit 500 Euro für ein großes Haus (120 qm Wohnfläche) dabei. Auto-,

Kranken- und Rentenversicherung sind ebenfalls erheblich günstiger als in Deutschland.

Auch Genuss und Laster, an dem hierzulande der deutsche Fiskus kräftig mitverdient, können Sie sich in Spanien getrost gönnen. Vom Bauern direkt gezapfter unverschnittener Wein ist bereits für einen Euro pro Liter zu haben. Sollten Sie Raucher sein, steigen Sie auf eine spanische Sorte um und halbieren auch hier die Kosten für Ihre schlechte Angewohnheit.

Das Schulsystem

Auf eine vernünftige Ausbildung ihrer Kinder legen die Spanier relativ viel Wert. Das Schulsystem ist wesentlich praxisbezogener als bei uns. Mindestens eine Fremdsprache kann bereits in der Grundschule belegt werden. Die staatlichen lokalen Schulen sind kostenlos. Weiterführende Schulen sind allerdings besonders in ländlichen Gebieten nicht so dicht gesät wie in Deutschland. Hier sorgen allerdings Schulbusse oder privat organisierte Fahrgemeinschaften dafür, dass ihre Kinder sicher ans Ziel kommen. Ein bisschen Zeit muss man dafür trotzdem einkalkulieren.

Das spanische Abitur ist übrigens in Deutschland anerkannt und würde zum Studium an einer deutschen Uni berechtigen.

Wenn Sie Ihre Kids lieber auf einer deutschen oder internationalen Schule sehen, ist das ein Kostenfaktor. Mit 300 bis 500 Euro pro Monat und Kind müssen Sie da schon rechnen. Und dann bleibt noch die Frage, ob es sich wirklich lohnt. Die spanischen Schulen haben nämlich, sowohl was ihr Angebot als auch was die Qualifikation der Lehrer betrifft, gerade in den letzten Jahren erheblich aufgeholt.

Ein Wechsel von einer örtlichen auf eine deutsche oder internationale Schule ist nach jedem Schulabschnitt (siehe Tabelle S. 30) problemlos möglich.

6 Jahre	
7 Jahre	
8 Jahre	Grundschule
9 Jahre	
10 Jahre	
11 Jahre	
12 Jahre	
13 Jahre	
14 Jahre	weiterführende Schule
15 Jahre	
16 Jahre	Wer jetzt mit der Schule Schluss macht, hat so eine Art Luxusvariante unserer mittleren Reife.
17 Jahre	Bachillerato (vergleichbar mit unserem Abitur)
18 Jahre	(Studiumsvorbereitung)
	Universität

Polizei und Kriminalität

Der Spanier an sich ist ja bekanntlich ein Macho. Ein ehrwürdiger Vertreter der *guardia civíl*, der obersten Polizeibehörde, ist ein Macho hoch zwei und dazu noch eitel. Diesen Jungs sollte man, auch wenn man glaubt, das Recht auf seiner Seite zu haben, stets mit ausgesuchter Höflichkeit begegnen, ihre Fragen beantworten und ihnen alle geforderten Dokumente ohne Murren zeigen oder zügig nachreichen. Im Gegensatz zur häufig geäußerten Ansicht gibt es für uns Deutsche in Spanien keine erkennbare Korruption. Der Versuch also, einen Polizeibeamten mit einer kleinen oder auch großen Banknote milde stimmen zu wollen, geht garantiert in die Hose und bringt sie erst einmal in den Knast. Und da holt Sie dann nur ein *abogado* (Rechtsanwalt) wieder raus. Und der ist mit Sicherheit um ein Vielfaches teurer als das, was Sie dem spanischen Ordnungshüter zugedacht hatten.

Natürlich existiert in Spanien Kriminalität genauso wie in Deutschland auch, vor allem in Großstädten und Ballungsräumen. Wenn Sie allerdings die gleiche Vorsicht wie in der alten Heimat walten lassen, wird Ihnen in der Regel nichts passieren. Und wenn doch und dazu noch auf offener Straße, werden Sie feststellen, dass die Hilfsbereitschaft der spanischen Bürger sehr groß ist.

Also: Den teuren Camcorder, das nagelneue Mobiltelefon und andere Wertsachen, die nach mehr als dem ausgeleierten Strandhandtuch aussehen, nicht sichtbar im Auto liegen lassen, sondern zumindest im Kofferraum verschwinden lassen oder einfach mitnehmen. Aber das haben Sie ja bisher in Frankfurt auch so gehandhabt.

Alkohol am Steuer und ein paar andere Regeln

Bei 0,5 Promille ist das Ende der Fahnenstange erreicht. Für Führerscheinneulinge (bis 2 Jahre nach der Prüfung) schon bei 0,3.

Sicherheitsgurt und Helm sind wie in Deutschland Pflicht. Auch was die Geschwindigkeit betrifft, sollten Sie sich an die Vorschriften halten. Gib Gummi ist nicht, denn in geschlossenen Ortschaften darf nicht schneller als 50 km/h gefahren werden, auf Landstraßen 90, auf Schnellstraßen 100 und auf den Autobahnen 120 km/h.

Kurios: In jedem Auto müssen zwei Warndreiecke und Reserveglühbirnen vorhanden sein. Verboten sind Reservekanister. Sollte Ihnen der Sprit mal ausgehen, können Sie an jeder Tankstelle spezielle Plastiktüten kaufen, die man Ihnen betankt. Wenn Sie Pech haben, müssen Sie einen langen Spaziergang machen, denn privates Abschleppen ist in Spanien grundsätzlich verboten.

Medizinische Versorgung

Grundsätzlich gilt: Die Ausbildung eines spanischen Arztes, egal welcher Fachrichtung, ist in Spanien mindestens ebenso gut wie in Deutschland. Sollten Ihre Sprachkenntnisse noch nicht ausreichen, um einen spanischen Arzt aufzusuchen, werden Sie zumindest in den touristischen Zentren und in vielen Großstädten deutschsprachige Mediziner finden. Das ist allerdings auch der einzige Grund, einen nichtspanischen Medicus zu konsultieren. Da das Gesundheitssystem auf der iberischen Halbinsel ein wenig anders funktioniert als bei uns, werden Sie sehr schnell merken, dass Sie als Patient nicht nur eine Nummer sind, sondern sich Frau oder Herr Doktor richtig Zeit für Sie und Ihre Probleme nehmen. Die Untersuchungen sind gründlich, die Diagnosen meist auf den Punkt. Und auch die in Deutschland so langsam aussterbende gute alte Sitte des Hausarztes, der auch zu Unzeiten mal eben bei Ihnen vorbeischaut, ist in Spanien noch selbstverständlich.

Medikamente, egal ob verschreibungs- oder nur apothekenpflichtig, sind in Spanien bis zu 70 Prozent billiger als hier.

Sollte ein Krankenhausaufenthalt mal unumgänglich sein, können wir Sie auch hier beruhigen. Möglicherweise wird die Optik der Klinik nicht der einer schicken Privatklinik in der Schweiz entsprechen, aber die medizinische Ausstattung ist mit Sicherheit auf dem neuesten Stand. Und darauf kommt es doch an. Sie sind schließlich im Krankenhaus und nicht in einem Golfhotel.

Krankenversicherung

Durch die Mitgliedschaft in der spanischen Sozialversicherung sind Sie automatisch gesetzlich krankenversichert. Allerdings haben Sie, anders als in Deutschland, keine komplett freie Arztwahl. Je nachdem, für welches Zielgebiet Sie sich entschieden haben, drückt man Ihnen eine (meist umfangreiche) Liste der Ärzte in die Hand, die Sie im Fall der Fälle konsultieren können. Wir raten trotzdem dazu, zumindest für die erste Zeit, die deutsche Krankenversicherung aufrechtzuerhalten. Vergessen Sie dabei nicht, sich eine schriftliche Leistungszusage für eine langfristige Auslandsabwesenheit geben zu lassen.

Sind Sie einmal vor Ort und mit den Gegebenheiten einigermaßen vertraut, sollten Sie die zahlreichen Angebote der spanischen Zusatzversicherungen prüfen, die Sie automatisch in den Status eines Privatpatienten versetzen und um Längen billiger sind als in Deutschland. Erst wenn Sie da fündig geworden sind, können Sie ruhigen Gewissens Ihre deutsche Krankenversicherung kündigen.

Übrigens: Sollten Sie (was wir nicht hoffen) doch irgendwann nach Deutschland zurückkehren, können Sie diesen Schritt aufgrund eines internationalen Abkommens jederzeit wieder rückgängig machen.

Rentenversicherung

Auch in der Rentenversicherung sind Sie durch die spanische Sozialversicherung automatisch. Haben Sie in Deutschland eine private Altersvorsorge getroffen, die möglicherweise schon eine längere Laufzeit hat, sollten Sie diese unbedingt aufrechterhalten, sofern es Ihre finanziellen Mittel erlauben. Natürlich bieten auch die Spanier Möglichkeiten der privaten Altersvorsorge an, aber zumindest sieht es heute so aus, als seien die Leistungen später deutlich geringer als bei deutschen Anbietern.

Steuern

Zwar ist Spanien kein klassisches Steuerparadies wie die Schweiz oder Monaco, aber im Gegensatz zu Deutschland kommen Sie sich trotzdem vor wie in einem schönen Traum, aus dem Sie niemals aufwachen möchten. Eine Familie mit zwei Kindern und durchschnittlichem Einkommen bezahlt in Spanien nur 10,4 Prozent Einkommensteuer, Alleinstehende ohne Kinder 13,6 Prozent. Dabei spielt es keine Rolle, ob Sie angestellt oder selbständig sind. Ist das nicht fein?

Telefonica und DSL

Ein nicht ganz einfaches Thema. Die *Telefonica* gehört zu den größten Kommunikationsunternehmen der Welt (die deutsche Telekom nimmt sich dagegen wie eine kleine Klitsche aus). Sie hat in Spanien das absolute Monopol über Ihren Festnetzanschluss und leider auch (noch) über Ihre DSL-Leitung. In touristischen Zentren und Großstädten stellt das kein Problem dar. Entscheiden Sie sich jedoch für eine eher ländliche Gegend, kann es gut sein, dass die Infrastruktur, sprich die Leitungen, einfach nicht vorhanden ist. Dann müssen Sie einen Antrag bei der *Telefonica* stellen. Und jetzt brauchen Sie ganz viel Geduld. Im schlimmsten Fall kann es schon mal ein Vierteljahr dauern, bis die notwendigen Leitungen bis zu Ihrer Behausung gelegt sind.

Ins Geld gehen kann die Telefonarie auch, zumindest dann, wenn Ihr Domizil relativ weit von der nächsten Versorgungsstation entfernt ist. Die *Telefonica* zu drängeln, den Sachbearbeiter immer wieder anzurufen oder Briefe zu schreiben (aber meine Oma ist doch krank, und ich brauche dringend ein Telefon) ist kontraproduktiv. Wenn es in Spanien eine Firma gibt, die sich nicht hetzen lässt, dann ist es diese.

Ein kleiner Trick kann möglicherweise die Warterei verkürzen. Vielleicht haben Sie bei sich in der Nähe ja einen Nachbarn mit Telefon. Wenn Sie sich mit ihm gut verstehen, machen Sie ihm den Vorschlag, sich an seinen Anschluss zu klemmen und sich dafür an den Kosten zu beteiligen. Das ist nicht ideal, aber immer noch besser, als wochenlang ohne Telefon dazustehen.

Weil das Telefonsystem in Spanien eben so ist, wie es ist, gibt es auch noch im kleinsten Dorf mindestens ein Internetcafé, in dem Sie Ihren E-Mail-Verkehr abwickeln können – zu wesentlich günstigeren Tarifen als in Deutschland.

In jedem Fall sollten Sie so schnell wie möglich Ihr deutsches Mobiltelefon mit der SIM-Karte eines der zahlreichen spanischen Anbieter ausrüsten. Auch dort herrscht natürlich wie bei uns ein undruchdringlicher Tarifdschungel, allerdings liegen die Preise generell etwa 15 Prozent unter denen deutscher Anbieter.

Mañana

Das ist eigentlich ein schlichtes spanisches Wort und bedeutet »morgen«.

Und doch ist *mañana* sehr viel mehr. Drückt es doch einen Teil der spanischen Mentalität und des südländischen Lebensgefühls aus. Uns Deutsche, die an westeuropäische Arbeitsrhythmen und Werte gewöhnt sind, kann die tiefere Bedeutung dieses Wortes – zumal wenn wir Newcomer in Spanien sind – auch schon mal vor Wut auf die allerhöchste Palme bringen.

Ist der Handwerker, der die defekte Toilettenspülung reparieren soll, für heute Nachmittag um fünf bestellt, warten wir Deutsche natürlich treudoof ab spätestens 16.50 Uhr auf das Erscheinen des guten Mannes.

Es wird sechs, es wird sieben. Inzwischen haben wir schon 29-mal erfolglos versucht, den Installateur telefonisch zu erreichen. Der Blutdruck steigt gefährlich, die Halsschlagader pocht, das Herz rast. Außerdem beginnt unsere gesamte Behausung langsam so zu riechen wie die öffentliche Bedürfnisanstalt einer deutschen Großstadt. Und sämtliche gehorteten Vorräte an Lufterfrischungssprays, Duftrichtung Fichtennadel, sind längst großflächig versprüht. Für heute geben wir auf, gehen ins Bett und machen vor Wut natürlich kein Auge zu.

Am nächsten Morgen um acht reißt uns die Türklingel aus dem unruhigen Dämmerschlaf, in den wir in den frühen Morgenstunden schließlich gefallen sind. Draußen steht der gutgelaunte Handwerker, bewaffnet mit Rohrzange und anderen nützlichen Gerätschaften. Den Versuch, ihn daran zu erinnern, dass er eigentlich gestern hätte kommen sollen, können Sie sich getrost sparen. Er wird es nicht verstehen und Ihnen allenfalls antworten: »Ganz ruhig, ich bin doch jetzt da.«

Oben genanntes Beispiel ist nur eines von vielen, die Ihnen in Spanien immer wieder begegnen. Sich dagegen aufzulehnen ist sinnlos, schadet Ihrer Gesundheit und bringt absolut gar nichts.

Sinnvoller ist es, sich in sein Schicksal zu ergeben und *mañana* als einen wesentlichen Teil der spanischen Mentalität zu akzeptieren. Und wenn Sie an dem Punkt angelangt sind, an dem Sie langsam beginnen, sich das *mañana-feeling* zu eigen zu machen, es einzuatmen, es selbst zu leben, haben Sie einen entscheidenden Schritt in Richtung Integration geschafft. Und Sie werden feststellen, es lebt sich einfacher, denn Sie lernen dabei sehr schnell, wichtig von unwichtig zu unterscheiden. Das führt Sie unweigerlich zu einer inneren Ruhe. Und was im korrekten, reglementierten Deutschland Stressfaktoren für Sie waren, fällt völlig von Ihnen ab. In der Ruhe liegt eben die Kraft.

Essen und Trinken

Die spanische Küche ist reichhaltig, abwechslungsreich, gut gewürzt und nicht ganz kalorienarm. Sollten Sie allerdings ein Feind des Knoblauchs sein, würde ich mir das mit Spanien noch mal überlegen. Die würzige Knolle ist hier Grundnahrungsmittel, und sich ganz ohne zu ernähren, ist eine ausgesprochen mühsame Angelegenheit.

Neben Paella, Kaninchen, frischem Fisch, Fleisch und Gemüse sind die weltberühmten Tapas ein kulinarischer Hochgenuss.

Sie stammen ursprünglich aus Andalusien, also dem tiefen Süden des Landes. Das Wort *tapa* bedeutet Deckel, und wenn Sie heute in Sevilla, Granada oder Almería ein Glas Wein bestellen, wird es Ihnen mit einem Unterteller obendrauf serviert, der eine Kleinigkeit zu essen enthält. Das können ein paar Oliven, ein gebratener Hühnerschenkel, ein Stück Tortilla, etwas Paella und vieles andere mehr sein. In Rechnung stellen wird man Ihnen in einer vernünftigen Tapasbar ausschließlich den Wein. Die Tapas gehen aufs Haus, denn sie sollen dafür sorgen, dass sich Hauswein oder Rioja mit fester Nahrung in Ihrem Magen treffen, und so der Alkoholpegel nicht so schnell steigt.

Im Laufe der Jahrzehnte hat sich die Tapa zu einem festen Bestandteil der Esskultur in ganz Spanien entwickelt. Gerade auf dem Festland werden Sie Bars finden, die nicht weniger als 150 dieser kleinen Gerichte in ihrer meterlangen Vitrine ausstellen. Sie sind durchweg gut und frisch, das Preis-Leistungs-Verhältnis stimmt, und es macht einfach Spaß, sich mit ein paar Leuten an einen Tisch zu setzen, den Wein der Region zu bestellen und fünf oder sieben dieser kleinen Köstlichkeiten zu sich zu nehmen.

Allerdings – und das sei noch einmal ausdrücklich erwähnt – ist da die Sache mit dem Knoblauch …

Was für viele Deutsche gewöhnungsbedürftig ist: Die Spanier essen für unsere Verhältnisse extrem spät zu Abend. Vor 22 Uhr sind die meisten Restaurants leer. Dann aber geht es ausgiebig los. Denn, wie so vieles in ihrem Leben, zelebrieren und genießen die Spanier auch ihre Mahlzeiten. Und das in aller Ruhe.

Die Kanarischen Inseln

Auf dieser Inselgruppe im Atlantik, etwa 300 Kilometer vor der afrikanischen Westküste, gehen die Uhren in vielerlei Hinsicht ein wenig anders als auf dem Festland. Die sieben Vulkaninseln (Teneriffa, Gran Canaria, Lanzarote, Fuerteventura, La Gomera, La

Palma und El Hierro) sind zollfreies Gebiet. Politisch wären sie gern von Madrid unabhängig und würden viel für eine autonome Regierung geben, hängen aber finanziell noch am Tropf der Zentralregierung.

Die »Inseln des ewigen Frühlings«, wie Alexander von Humboldt sie schon genannt hat, verfügen wegen der Passatwinde mit Sicherheit über das gesündeste und gleichmäßigste Klima in Gesamtspanien, wenn nicht sogar weltweit. Die Südseiten der Inseln sind vegetationsarm und praktisch regenfrei. Die Nordhälften blühen üppig und sind grün. In den Wintermonaten ist es hier häufig regnerisch, das allerdings bei durchaus angenehmen 20 Grad Lufttemperatur. Auf Teneriffa steht mit 3664 Metern der Pico del Teide, der höchste Berg Spaniens.

Die großen Inseln leben hauptsächlich vom Tourismus und sind eines der beliebtesten Auswandererziele der Deutschen innerhalb Europas. Von den geschätzten 500 000 Deutschen, die dauerhaft in Spanien leben (gesicherte Statistiken existieren nicht, weil viele in Deutschland einen Wohnsitz beibehalten haben und somit nicht erfasst sind), finden sich weit über zwei Drittel auf den Kanaren, den Balearen und entlang der spanischen Festlandküste.

Die Balearen ...

... bestehen aus den bewohnten Inseln Mallorca, Ibiza, Menorca und Formentera. Die Inselgruppe im westlichen Mittelmeer hat in den letzten Jahrzehnten so manche Hochs und Tiefs erlebt. Beschränken wir uns hier mal auf die Hauptinseln Mallorca und Ibiza, die auch von den deutschen Auswanderern am häufigsten frequentiert werden.

Mallorca wurde als Putzfrauen-Insel mit Billigtourismus, hässlichen Bettenburgen und Ballermann sechs mit Saufen bis zum Umfallen beschimpft. Später dann als unbezahlbares Refugium der Superreichen, Stars und Sternchen. Jetzt könnte man sagen, wo Rauch ist, da ist auch Feuer. Und in der Tat: Beide Vorwürfe sind nicht von der Hand zu weisen, denn sie stimmen. Aber: eben nur zum Teil und bezogen auf kleine Regionen dieser wunderschönen Insel. Wer Mallorca mit good old Germany getauscht hat, wird bereits bei seiner ersten Fahrt über die Insel ihrem Charme verfallen.

Ibiza eilt der Ruf voraus, einerseits eine laute, hippe Partyinsel, andererseits ein ideales Refugium für Althippies und durchgeknallte Künstler aus den 60ern zu sein. Doch auch hier gilt, ähnlich wie bei Mallorca: Alles stimmt ein bisschen, und die Orte, die man nicht mag, kann man ohne Not meiden. Und dann ein zufriedenes und erfülltes Leben führen.

Den Balearen eilt übrigens der Ruf voraus, aufgrund des hohen Tourismusaufkommens das höchste Pro-Kopf-Einkommen im gesamten Königreich zuhaben.

Die Siesta

Eines der Heiligtümer der spanischen Lebensweise. Wörtlich übersetzt bedeutet es Mittagsschlaf, aber es ist eigentlich sehr viel mehr. In der Zeit zwischen 13 und 16 Uhr, je nach Region sogar 17 Uhr, geht in Spanien nämlich gar nichts. Ursprünglich wurde die Siesta nämlich erfunden, um der größten Mittagshitze zu entkommen. Geschäfte, Arztpraxen, Ämter etc. haben während der Siesta geschlossen. Die spanischen Familien treffen sich zu einem Mittagessen, oft gefolgt von einem Verdauungsschläfchen. Die Straßen sind um diese Zeit meist menschenleer. Nach der Siesta geht das Leben dann umso geballter weiter. Und das meist bis 22 Uhr. Denn vorher schließen die Geschäfte in der Regel nicht.

Eine Frage der Höflichkeit

Die Spanier sind bei allem Temperament ein sehr höfliches Volk. Beim Betreten eines Restaurants erwarten und erwidern sie eine freundliche Begrüßung. In den vornehmeren Restaurants sich bitte nie auf den freien Lieblingstisch stürzen, den Sie schon von draußen erspäht haben. Bitte warten Sie am Eingang, denn Sie werden von einem guten Geist des Hauses an den richtigen Platz geführt. Auf Nachfrage und wenn möglich natürlich an den Tisch, den Sie am liebsten hätten.

Anders als bei uns gilt es als unhöflich, die Rechnungssumme in Restaurant, Kneipe oder Bar bei der Bezahlung verbal aufzurunden. Jeder Kellner gibt Ihnen Ihr Wechselgeld genau zurück, und Sie lassen die Summe, die Sie als Trinkgeld für angemessen halten, einfach kommentarlos auf dem Tisch zurück.

Ältere Menschen werden in Spanien mit besonderer Zuvorkommenheit behandelt. Es ist selbstverständlich, dass Sie einer alten Dame, der Sie ansehen, dass sie Probleme mit dem Gehen hat, über die Straße helfen.

Der Stierkampf

– auf spanisch *Corrida de Toros* –, ist ein ausgesprochen heikles Thema, das Sie, egal wie Ihre persönliche Meinung zu dem Thema sein mag, am besten in Gesprächen mit Spaniern vermeiden. Der klassische Stierkampf, an dessen Ende die Tötung des Tieres steht – gelegentlich erwischt es allerdings auch den Torero –, geht auf das 17. Jahrhundert zurück. Die ursprüngliche Version existiert heute nur noch in Spanien. In Portugal und Südfrankreich wird längst eine unblutige Variante praktiziert.

Wie auch immer: Ähnlich wie *siesta* und *mañana* ist die *Corrida* nicht nur ein Stück Lebensphilosophie und Geschichte Spaniens, an der es bis heute nichts zu rütteln gibt. Selbst wenn die

Stimmen der Tierschützer gegen die klassische Art immer lauter werden, in einer Diskussion über dieses Thema würden Sie immer den Kürzeren ziehen. So traurig es auch klingen mag: Augen zu und durch.

Regierung und Königshaus

Spanien ist eine parlamentarische Monarchie, das Staatsoberhaupt ist seit 1975 König Juan Carlos I. Verheiratet ist der König mit Königin Sofia, die dem ehemaligen griechischen Königshaus entstammt. Das Paar hat einen Sohn und zwei Töchter. Kronprinz Felipe wird eines Tages als Staatsoberhaupt und Thronfolger die Rolle seines Vaters übernehmen. In Spanien gilt, wie bei uns auch, das Wahlrecht ab dem 18. Lebensjahr. Eine Legislaturperiode dauert vier Jahre.

Die besten Airlines

Nach dem kürzlichen Zusammenschluss von Air Berlin, Deutsche BA und LTU haben diese Fluggesellschaften meist die günstigsten Tarife von und nach Deutschland. Allerdings lohnt sich gelegentlich auch ein Blick auf die Angebote der spanischen Staatslinie Iberia, der Condor und der Lufthansa. Hier findet man besonders dann Schnäppchen, wenn man mehrere Wochen im Voraus bucht.

Feiertage ...

... gibt es in Spanien mehr als genug: Beginnen wir mit dem 1. Januar, Neujahr. Der 6. Januar ist wie bei uns in manchen Bundeslän-dern das Dreikönigsfest. Allerdings gilt er in manchen Regionen Spaniens auch als der Tag, an dem wie bei uns an Heiligabend die Kinder beschenkt werden. Auch der 19. März, der St.-Josefs-Tag, ist ebenso wie der Gründonnerstag und Karfreitag ein Feiertag in Spanien.

Weitere Feiertage: 1. Mai (Tag der Arbeit), 15. August (Mariä Himmelfahrt), 12. Oktober (Nationalfeiertag), 1. November (Allerheiligen), 6. Dezember (Tag der Verfassung), 8. Dezember (Mariä Empfängnis), 25. Dezember (Weihnachten).

Außerdem hat jedes spanische Dorf, und sei es noch so klein, seinen eigenen Dorfheiligen. Das heißt im Klartext: Große Party *(Fiesta),* und alles bleibt geschlossen. Kneipen und Bars ausgenommen.

Ein paar Daten und Fakten

Spanien hat eine Fläche von 504 750 Quadratkilometern und fast 45 Millionen Einwohner, von denen etwa 2,9 Millionen in der Hauptstadt Madrid wohnen. Pro Quadratkilometer leben etwa 90 Einwohner auf der Iberischen Halbinsel. Das Bevölkerungswachstum betrug im vergangenen Jahr 1,1 Prozent. Die Inflationsrate liegt derzeit bei etwa 2,4 Prozent. Die Arbeitslosigkeit lag zuletzt bei acht Prozent.

Die Landesflagge der Spanier ist so fröhlich wie die Bewohner selbst: quergestreift rot-gelb-rot. Auf der linken Seite des gelben Teils befindet sich das Wappen des spanischen Königshauses, das die traditionellen Bestandteile des Königreiches Spanien zeigt. Im Herzschild sind drei goldene Schwertlilien auf blauem Grund zu sehen, das Familienwappen der Bourbonen.

Klima und Vegetation

Klima und Wetter sind zwar für Auswanderer in der Regel nicht die wichtigsten Gründe, Deutschland den Rücken zu kehren, aber seien wir doch mal ehrlich: Wo oft die Sonne scheint und die Temperaturen angenehm sind, sind auch die Menschen fröhlicher. Und wo die Menschen fröhlich sind, atmet man sofort ein anderes Lebensgefühl, das sich positiv auf Körper, Seele und Geist niederschlägt.

Klimatisch kann man Spanien in drei große Regionen unterteilen. Vom Norden Kataloniens bis nach Galizien unterliegt das Wetter starken atlantischen Einflüssen und ist daher sehr feucht. Hier ist das Klima von feuchtwarmen Wintern und mäßig warmen Sommern geprägt. Eines der regenreichsten Gebiete Europas ist Galizien mit etwa 2500 mm Jahresniederschlag.

Das »sommertrockene Iberien« umfasst einen Großteil des Binnenlandes sowie die Küstengebiete im Osten und Süden. Im Binnenland selbst trägt das Klima deutliche kontinentale Züge, was in den Sommermonaten das Thermometer nicht selten auf 28 bis 30 Grad ansteigen lässt, während es in der Nacht auf 15 bis 17 Grad sinken kann. Im Winter kann in den Hochlagen sogar Schnee fallen. Niederschläge gibt es hier überwiegend im Herbst und Winter.

Der Küstenstreifen südöstlich Andalusiens (Almería) und die Region Extremadura werden als das »trockene Iberien« bezeichnet. Regen fällt hier nur selten und wenn dann auch nur in der kühleren Jahreszeit. Andalusien gehört zu den regenärmsten Gebieten Europas mit durchschnittlich 300 mm Jahresniederschlag.

Die Vegetation in Spanien wurde sehr stark durch den Menschen beeinflusst und verändert. Wo einst Eichen- und Kieferwälder standen, findet man heutzutage an vielen Orten die *maqui*, eine Strauchvegetation, wo man vor allem Pflanzen wie Ginster, Heidekrautarten und wilde Ölbäume findet. Eine Ausnahme bieten insbesondere die Pyrenäen, die sehr üppig bewachsen sind, und die Wüstengebiete an der südöstlichen Mittelmeerküste.

Klimatabelle / Durchschnittliche Jahreswerte Spanien Gesamt:												
	Jan	Feb	Mär	Apr	Mai	Jun	Jul	Aug	Sep	Okt	Nov	Dez
min. Temp °C	2	2	5	7	10	15	17	17	14	10	5	2
max. Temp °C	9	11	15	18	21	27	31	30	25	20	13	9
Feuchtig- keit in %	79	73	68	62	61	54	46	49	59	70	75	78
Regentage	8	7	10	9	10	5	2	3	6	8	9	10

Auf dem spanischen Festland und für die Balearen ist oben stehende Klimatabelle einigermaßen verlässlich – so, wie Wettervorhersagen eben sind. Für die Kanarischen Inseln gelten das ganze Jahr über sehr viel gleichmäßigere Werte (siehe oben).

Die deutsche Botschaft

Wir wünschen Ihnen von Herzen, dass Sie die deutsche Botschaft oder eines der zahlreichen Konsulate höchstens zur Verlängerung Ihres Reisepasses besuchen müssen. Denn die meisten anderen Gründe, die Sie dorthin führen könnten, dürften eher unangenehm sein und im schlimmsten Fall sogar das Ende Ihrer »Zukunft mit Aussicht« bedeuten.

Anschrift der deutschen Botschaft in Spanien:
   Embajada de la República Federal de Alemania,
   Calle de Fortuny 8, 28010 Madrid, España.
   Telefon: (0034) 91 557 90 00
   Fax: (0034) 91 310 21 04

Die Botschaft ist von Montag bis Freitag von 9 bis 12 Uhr geöffnet. Ein Notdienst steht bis 16 Uhr zur Verfügung. An den landesweiten Feiertagen ist die Botschaft geschlossen. Der amtierende deutsche Botschafter in Spanien ist Dr. Wolf-Ruthart Born.

Generalkonsulate beziehungsweise Konsulate, die Ihnen in den hoffentlich nicht eintretenden Notfällen behilflich sind, gibt es in jeder größeren Stadt.

Das deutsche Konsulat der Kanarischen Inseln befindet sich in Las Palmas de Gran Canaria, das für die Balearen in Palma de Mallorca.

Ein paar Redewendungen, die Sie kennen sollten

Holá ähnelt unserem lockeren »hallo«.

Buenos dias ist etwas förmlicher, bedeutet »guten Tag« und wird nur bis 14 Uhr verwendet. Ab dann lautet die korrekte Begrüßung *buenas tardes*.

Buenas noches ist die späte Verabschiedung und heißt »gute Nacht«.

Nie vergessen: *muchas gracias* (»vielen Dank«) und *por favor* (»bitte«).

Sollten Sie einmal einen bestimmten Ort suchen, fragen Sie einfach: *Por favor, me puede decir donde está la proxima farmacia?* Was in dem Fall so viel heißt wie: »Können Sie mir bitte sagen, wo ich die nächste Apotheke finde?«

Um die Antwort zu verstehen, sollte man natürlich die Richtungsangaben kennen. Deshalb: *todo recto* ist geradeaus, *a la derecha* bedeutet »wenden Sie sich bitte nach rechts«, nach links geht's mit *a la izquierda*.

Wird Ihnen jemand vorgestellt, antworten Sie einfach mit *encantado* (»sehr erfreut«), dann wird Ihr Gesprächspartner von Ihrer Höflichkeit beeindruckt sein und in der Regel mit *con mucho gusto* (»ganz meinerseits«) antworten.

Möchten Sie einer Frau oder einem Mann ein Kompliment über ihr/sein Aussehen machen (ist bei Spaniern eigentlich nie fehl am

Platze), reicht ein einfaches *hóla guapa* (»hallo, schöne Frau«), oder *hòla guapo* (»hallo, schöner Mann«). Aber, Männer aufgepasst: Benutzen Sie diese Floskel nur, wenn Ihnen die Dame bereits zumindest flüchtig bekannt ist. Anderenfalls kann es passieren, dass Sie von deren männlichem Begleiter (Vater, Bruder, Freund, Onkel, Ehemann etc.) kommentarlos und ebenso freundlich eine gescheuert kriegen. Tut nicht weh, ist aber peinlich. Der spanische Mann an sich ist nämlich extrem eifersüchtig. Macht eine Frau einem Mann in Damenbegleitung dasselbe Kompliment, passiert normalerweise zunächst gar nichts. Die Dame regelt das garantiert später am Tag mit ihrem Begleiter unter vier Augen – und zwar gründlich. Dem ist es dann nicht peinlich, tut ihm aber weh.

Einen Satz bräuchte ich Ihnen wahrscheinlich nicht groß zu erläutern, denn den kennt fast jeder Deutsche, der schon einmal in Spanien war: *Una cerveza, por favor.* Doch in den meisten Fällen werden Sie daraufhin lediglich ein Flaschenbier auf den Tisch gestellt bekommen, wenn Sie Glück haben, nicht handwarm. Viel besser die Ansage: *Da me una caña por favor*, denn dann kriegen Sie garantiert ein frisch gezapftes, eiskaltes kleines Bier. *Una jarra* ist die größere Variante.

Die Kaffeekultur in Spanien ist fast so ausgeprägt wie in Italien. *Un café con leche* ist der Milchkaffee, *un café solo* der nachtschwarze kleine Espresso, der *cortado* ein Espresso mit etwas Milch. Und dann gibt es da noch den *carajillo*, der gerne als Absacker nach den Mahlzeiten getrunken wird. Er ähnelt dem Espresso, enthält nur zusätzlich einen gepflegten Schuss spanischen Brandy und etwas geriebene Zitronenschale..

Wenn Sie bezahlen möchten, verlangen Sie *la cuenta, por favor* (»die Rechnung bitte«). Die rüde Aufforderung *pagar!* (»zahlen!«), wenn auch grammatikalisch korrekt, gilt als ausgesprochen unhöflich.

Die korrekte Anrede für den Mann ist *Señor* plus Nachname, für die Dame *Señora*. Ist die Dame erheblich jünger als Sie und offensichtlich unverheiratet, ist Señorita plus Nachname angebracht. Kennen und respektieren Sie sich bereits, dann ist *Don* plus Vorname für den Herrn und *Doña* plus Vorname für die Dame eine sehr elegante Anrede. Sind Sie erst mal da angelangt, ist es zum vertraulichen »Du« nicht mehr weit.

Un vasito de vino ist ein kleines Glas Wein. *Tinto* ist der Rote, *blanco* der Weiße und *rosado* der Rosé. Bestellen Sie ihn *secco*, kommt er trocken, *semisecco* ist halbtrocken, und wer *dulce* (»süß«) bestellt, ist selbst schuld und isst besser ein Stück Schokolade. Mit dem *Vino de la Casa* (»Hauswein«) können Sie eigentlich gar nichts falsch machen.

Der Arzt ist *el doctor* oder *el medico*, der Zahnarzt der *dentista* und der Tierarzt *el veterinario*. Sind Sie schwanger, sind Sie *embarazada* und brauchen *el ginecólogo* (»Frauenarzt«) oder *la ginecóloga* (»Frauenärztin«).

Wurden Sie beklaut, erkundigen Sie sich nach *la policía* und geben eine Anzeige, *una denuncia*, auf.

DIE VEREINIGTEN STAATEN
VON AMERIKA (USA)

Es ist noch gar nicht so lange her, da wollte ich von Deutschland aus nach Miami an die Südostküste der USA. Der zehnstündige Flug von Deutschland mit einer US-Airline war relativ schnell vorbei, trotz Holzklasse und einer Beinfreiheit zum Vordermann, die gerade mal ein Kleinkind komfortabel hätte sitzen lassen.

Dann aber kam die Einreise oder *immigration*, wie die Amerikaner das nennen. Eingepfercht in einen auf gefühlte zwölf Grad heruntergekühlten Raum reihte ich mich mit ungefähr 890 anderen Passagieren aus aller Herren Länder in eine der Schlangen vor den neun Schaltern ein, an denen die *Immigration Officer* saßen. Und an denen führt kein Weg vorbei.

Als relativ hochgewachsener blonder Mann hielt ich es für taktisch geschickt, mich an einem Schalter mit einer farbigen Dame einzureihen. Die trug zwar auch einen Colt, sah aber nicht ganz so furchterregend aus wie ihre männlichen Kollegen. Die Einreiseformulare waren bereits im Flugzeug ausgefüllt, das erste Foto (bitte NICHT lächeln!) war gemacht, die Finger der rechten Hand voller Druckerschwärze (der Lappen, mit dem man sich die Hände abwischen sollte, war nämlich bereits schwärzer als das Stempelkissen selbst). Ich dachte naiv, dass alle Formalitäten erledigt seien, und griff beherzt nach meiner Reisetasche.

Doch die melodische, aber strenge Stimme der farbigen Dame ließ mich fast strammstehen. »Wo wohnen Sie?«, wollte sie wissen. »Privat bei einem Freund in der 101. Street, Miami South West«, antwortete ich lässig. Doch Madame wollte partout die Hausnummer wissen und erwischte mich prompt auf dem falschen Fuß. Die genaue Adresse befand sich im Speicher meines Mobiltelefons. Eigentlich kein Problem, hätten in der Einreisebude nicht überall Schilder gehangen, die das Einschalten der sogenannten *Cell Phones* quasi unter Todesstrafe stellen. Eine Hausnummer zu erfinden erschien mir riskant (die *Immigration Officers* kennen in ihrer Stadt auch den letzten Kanaldeckel). Da blieb mir nur die »Bitte, bitte«-Nummer. Also das Tragbare kurz einschalten, Hausnummer suchen und gut. Nicht gut, denn meine farbige Beamtin musste sich dafür nämlich erst das Okay von ihrem Vorgesetzten holen und verließ ihren Schalter. Mir wurde die Angelegenheit immer peinlicher, und die Einreisewilligen hinter mir wurden auch langsam ungeduldig. Mein Hintermann, ich glaube er war Däne, murmelte irgendwas, das sich in meinen Ohren wie »blöder Penner« anhörte, und er meinte eindeutig mich. Trotz der Eiseskälte wurde es mir immer wärmer.

Lichtjahre später kam meine farbige Beamtin wieder, gestattete mir das kurze Einschalten meines Telefons, ich fand problemlos die Hausnummer und war endlich drin – im Land der unbegrenzten Möglichkeiten.

Seit dem 11. September 2001, oder *nine eleven,* wie unsere amerikanischen Freunde diesen schrecklichen Tag nennen, neigt der Mann, der an Amerikas berühmtester Adresse, 1600 Pennsylvania Avenue, Washington D. C., wohnt und arbeitet, halt zu einer gewissen Sicherheitshysterie. Übrigens: An obiger Adresse steht das Weiße Haus und ein gewisser Mr. B. trifft hier seine Entscheidungen.

Das Einwanderungsvisum ...

... ist die Voraussetzung für alle deutschen Auswanderer in das Land der Tellerwäscher und Millionäre. Da wir davon ausgehen, dass die meisten, die sich für die USA entschieden haben, dort auch arbeiten möchten oder müssen, gilt es zunächst einmal, gewaltige Hürden zu überwinden. Denn Amerika hat eine ausgesprochen restriktive Politik, was das Arbeiten von Ausländern im sogenannten freiesten Land der Welt betrifft. Und von heute auf morgen geht sowieso nichts, denn am Anfang steht ein langwieriger und umfangreicher Papierkrieg. Die besten Chancen auf ein unbefristetes Arbeits- und Aufenthaltsvisum haben immer noch diejenigen, die von einem amerikanischen Arbeitgeber angefordert werden. Der allerdings muss den Behörden glaubhaft nachweisen können, dass sein deutscher Wunschkandidat qualifizierter ist als ein amerikanischer Bürger.

Auch Investoren (als solche gelten Menschen mit einem nachgewiesenen Kapital von mindestens einer Million US-Dollar (wer hat die schon?) werden bei der Visavergabe in der Regel bevorzugt behandelt. Zumal dann, wenn sie eine Firma gründen und Arbeitsplätze für amerikanische Bürger schaffen. Aber Vorsicht: Die Herkunft Ihres Geldes müssen Sie nachweisen. Kommt die Kohle aus Kolumbien, wären wir vorsichtig. Auch die Angabe, dass es sich bei Ihrem Ersparten um die Provision aus dem Verkauf einer Mig 17 handelt, würden wir nicht unbedingt an die große Glocke hängen.

Mit einem normalen Touristenvisum, das 90 Tage gilt, in Amerika zu arbeiten, ist ausgesprochen riskant und bringt im Zweifel nicht nur Sie selbst, sondern auch denjenigen, der Ihnen eine Arbeitsstelle gibt, in den Knast und Sie danach wieder ganz schnell nach Deutschland, verbunden mit einem mehrjährigen Einreiseverbot in die Staaten.

Die Amerikaner haben eine ganze Reihe verschiedener Visa, die zu den verschiedensten Tätigkeiten berechtigen. Am einfachsten zu bekommen ist das M 1-Visum mit einer Gültigkeit von fünf Jahren. Das Problem dabei: Sie dürfen zwar in den USA arbeiten, aber nicht von einem amerikanischen Arbeitgeber bezahlt werden.

Diversity Visa Program (Greencard)

Die Greencard ist zwar nicht grün, sondern rosa, gibt Ihnen aber, so Sie denn eine ergattern, grünes Licht für unbegrenzten Aufenthalt und die Möglichkeit, in den Vereinigten Staaten zu arbeiten.

Hier gibt es genau zwei Kontingente, die für Sie als Auswanderer interessant sind.

Gehen wir einmal davon aus, dass Sie keine nahen amerikanischen Verwandten haben und somit nicht unter die Kategorie direkter Familiennachzug amerikanischer Staatsbürger fallen.

Pro Jahr werden 140 000 Greencards vergeben. Diese gehen an Bewerber aus Berufsgruppen, die für die amerikanische Wirtschaft und Gesellschaft derzeit von besonderer Relevanz sind, für die sich aber nur sehr eingeschränkte Personenkreise bewerben dürfen (Investoren, Top-Manager, wissenschaftliche Genies).

Darüber hinaus werden jährlich 55 000 dieser heiß begehrten »Ich darf da rein«-Papiere unter Bewerbern aus bestimmten Staaten verlost. Deutschland ist bei dieser Verlosung dabei, und immerhin haben 2006 etwa 1500 Deutsche das begehrte Plastikkärtchen mit Foto und Fingerabdruck ergattern können. Um sich an der Lotterie beteiligen zu können, sollten Sie entweder die Fachhochschulreife, eine zwölfjährige Schulbildung oder eine Berufsausbildung inklusive zwei Jahre Berufserfahrung nachweisen können.

Ist der als Jugendsünde geknackte Kaugummiautomat noch immer aktenkundig, sieht's düster aus, denn das polizeiliche Führungszeugnis muss makellos sein.

Die umfangreichen Formulare, die Sie bei jedem US-Konsulat bekommen, können Sie selbstverständlich selbst ausfüllen, allerdings raten wir davon ab. Es gibt inzwischen in Deutschland eine Vielzahl seriöser und sachkundiger Agenturen, die den Papierkram gegen eine Gebühr (zwischen 35 und 80 Euro) für Sie erledigen. Dieses Geld sollten Sie investieren, denn: Über 30 Prozent der Bewerber, die ihre Formulare selbst bearbeiten, haben wegen kleiner Formfehler keine Chance.

Sollten Sie zu den glücklichen Gewinnern gehören, müssen Sie nicht Hals über Kopf nach Amerika auswandern. Es genügt ein Kurztrip, um die Greencard zu aktivieren. Danach allerdings sollten Sie einmal pro Jahr in die USA einreisen. Die Greencard gilt zehn Jahre, die Verlängerung – wenn Sie zwischendurch keine Straftat begangen haben – ist reine Formsache.

Die Sozialversicherungsnummer (Social Security Number) ...

... brauchen Sie jetzt, nachdem Sie legal eingewandert sind, als Allererstes. Denn ohne sie geht überhaupt nichts. Weder können Sie ein Bankkonto eröffnen, ein Auto kaufen, sich einen amerikanischen Führerschein besorgen noch einen Mietvertrag unterschreiben oder auch nur ein Telefon anmelden. Ohne Sozialversicherungsnummer gehören Sie in Amerika eigentlich der menschlichen Spezies gar nicht so richtig an. Diese Wundernummer enthält Ihre sämtlichen persönlichen Daten und ist unter anderem deshalb so wichtig, weil in den USA grundsätzlich keine Meldepflicht besteht. Wer sich also innerhalb dieses Riesenlandes verstecken will, hat gute Chancen, nicht gefunden zu werden. Die *Social Security Number (SSN)* ist für die Behörden die einzige Möglichkeit, Sie vielleicht doch aufzuspüren.

Um sie zu beantragen, benötigen Sie nur Ihren Reisepass und Ihre Geburtsurkunde. Damit müssen Sie zur *Social Security Administration*, die im ganzen Land zigtausende Repräsentanzen unterhält.

Zwar macht die *SSN* Sie ein Stück weit zu einem gläsernen Menschen, doch in Extremfällen können Sie auch von ihr profitieren. Dann nämlich, wenn Sie als Festangestellter Ihren Job verlieren und Arbeitslosengeld haben möchten. Das gibt es nämlich nur mit der Nummer.

Die Sprache ...

... sollten Sie, um in Amerika auf die Dauer erfolgreich und zufrieden leben zu können, auf jeden Fall beherrschen. Zwar ist Ihr

Schulenglisch eine gute Grundvoraussetzung, doch ein bisschen daran arbeiten werden Sie sicher müssen. In unseren Ohren klingt das amerikanische Englisch, besonders in Texas oder den Bundesstaaten des Mittleren Westens, wie der verzweifelte Versuch eines Dreijährigen, sich mit einem Riesenkaugummi im Mund zu artikulieren.

Die Amerikaner zählen nicht unbedingt zu den »fremdsprachenbegabtesten« Menschen unseres Erdballs. Außerdem erwarten sie von jedem Einwanderer, dass er zumindest Grundkenntnisse ihrer Sprache mitbringt. Durch die Multi-Kulti-Gesellschaft sind sie aber auch an mangelhafte Sprachkenntnisse der Ausländer gewöhnt. Sie geben sich grundsätzlich Mühe, Sie zu verstehen, erwarten keine Perfektion im sprachlichen Ausdruck und helfen Ihnen gerne weiter.

Sollten Sie nach Florida oder in den Süden Kaliforniens gehen wollen, sind auch ein paar Brocken Spanisch durchaus hilfreich. Der Anteil der Latinos in Kalifornien ist extrem hoch und in Teilen Floridas sind Speisekarten, Schilder etc. sogar zweisprachig – für die Exilkubaner.

Die Arbeit

Selten sind sie geworden, die Geschichten vom Tellerwäscher zum Millionär. Selten auch die von dem Deutschen, der sein Wägelchen bei Wind und Wetter über die Fifth Avenue in New York schiebt und mit der »original german bockwurst« Kohle ohne Ende scheffelt.

Gerade in Amerika gilt: Je besser qualifiziert, desto größer die Chancen auf einen Job. IT-Spezialisten, Ärzte, Lehrer, Finanzexperten und Juristen haben nach wie vor keine Probleme, Arbeit zu finden.

Niedrig qualifizierte Tätigkeiten sind extrem schlecht bezahlt, und nicht selten braucht man drei Jobs parallel, um über die Runden zu kommen. 15-Stunden-Tage sind keine Seltenheit, mehr als 14 Tage bezahlter Urlaub im Jahr in der Regel nicht drin.

Amerikanische Arbeitgeber erwarten überdurchschnittliche Leistungsbereitschaft und Engagement. Mit einer lächerlichen Erkältung zu Hause zu bleiben, machen Sie zweimal, dann sind Sie – wenn Ihr Boss keine Mutter-Theresa-Allüren hat – gefeuert.

Andererseits: Eine wirklich gute oder auch verrückte Idee zu haben und sich damit selbständig zu machen wird Ihnen kaum irgendwo leichter gemacht als in den USA.

Ich denke da nur an die beiden schon reichlich betagten Studenten, die nach viel zu vielen Jahren an der Uni vor der für sie betrüblichen Situation standen, nun endlich Geld verdienen zu MÜSSEN. In einer Bar kam den Jungs eine völlig beknackte Idee: Sie ließen Einkaufschips (die, die man im Supermarkt statt Münze in das Wägelchen stecken kann) herstellen. Die eine Seite des Chips zierte das Konterfei von George W. Bush, die andere eine Digitalanzeige, die die noch verbleibenden Tage der Amtszeit des Präsidenten bis auf null nach unten zählte. Am letzten Tag von Mr. B. im Weißen Haus gaben alle Chips im Umlauf synchron einen fröhlichen Piepton von sich.

Herstellung der Dinger in Taiwan für 80 Cent pro Stück, Verkauf ausschließlich über das Internet für fünf Dollar.

Drei Monate nach der Markteinführung dieses Produktes, das eigentlich keiner braucht, konnten sich unsere beiden Buben locker zurücklehnen. Sie waren mehrfache Millionäre. Und wenn sie jetzt weiterstudieren wollen, bis sie 90 sind, tut ihnen das auch nicht weh …

Grundsätzlich sind deutsche Einwanderer als Arbeitskräfte gern gesehen, denn die Amerikaner schätzen die typisch deutschen Tugenden wie Fleiß, Zuverlässigkeit und Gründlichkeit.

Die Steuern

Einkommensteuer wird in den USA nicht nur an den Bund *(federal tax)*, sondern – in geringerer Höhe – auch an den jeweiligen Bundesstaat *(state income tax)* abgeführt. Ausnahmen bilden die Staaten Alaska, Florida, Nevada, South Dakota, Texas, Washington und Wyoming, wo keine *state income tax* erhoben wird. In New Hampshire und Tennessee unterliegt nur solches Einkommen der Steuer, das aus Geldanlagen stammt.

Für *federal tax* und *state income tax* fallen am Anfang des Jahres jeweils eigene Steuererklärungen an. Die gebräuchlichsten Formulare liegen in den Postämtern aus, weitere Formulare kann man von den Behördenwebseiten herunterladen. Durch die Untiefen des amerikanischen Einkommensteuerrechts helfen einschlägige Computerprogramme, Bücher und Kurse.

Markante Unterschiede zum deutschen Steuerrecht bestehen unter anderem darin, dass viele Aufwendungen, die man in Deutschland steuerlich absetzen kann (z. B. die Fahrt zur Arbeit), in den USA nicht absetzbar sind und dass keine Belege eingereicht werden müssen. Die Belege sollte man dennoch fünf Jahre lang zu Hause aufheben, denn vereinzelt werden von der Steuerbehörde Stichproben durchgeführt. Freibeträge für Kinder und nicht erwerbstätige Ehepartner können in der Steuererklärung nur dann geltend gemacht werden, wenn sie entweder eine *Social Security Number* oder ersatzweise eine *Individual Taxpayers Identification Number (ITIN)* besitzen.

Die Steuererklärung muss spätestens am 15. April von der Post abgestempelt sein. Es ist möglich, eine Verlängerung bis maximal zum 15. Oktober zu beantragen. Da aber die Verlängerung selten in Anspruch genommen wird, kann es in den Postämtern am Abend des 15. April zu langen Schlangen kommen, obwohl einige Postämter dann bis Mitternacht geöffnet bleiben.

Wer den Arbeitsaufwand nicht scheut, kann die Steuererklärungen selbst bearbeiten und einreichen. Viele Amerikaner lassen sich dabei von einer kommerziellen Software helfen. Einfacher haben Sie es, wenn Sie sich an einen *Tax Preparation Service* wenden. Zum Gesprächstermin, den Sie vorher telefonisch vereinbart haben, bringen Sie alle Unterlagen mit, die möglicherweise benötigt werden. Die Mitarbeiterin bearbeitet Ihre Erklärungen für *federal tax* und *state income tax* in Ihrer Anwesenheit, und bevor Sie das Büro verlassen, erfahren Sie sogar die genaue Höhe des Betrages, den die Steuerbehörde Ihnen in wenigen Wochen per Scheck zurückerstatten wird. Die Gebühr, die Sie für die Leistungen des *Tax Preparation Service* bezahlen, liegt deutlich unter dem Honorar, das Ihnen in Deutschland ein Steuerberater berechnen würde. Wenn Sie denken, das klingt zu schön, um wahr zu sein, dann haben Sie recht: Während Ihr Steuerberater in Deutschland seine Expertise einem Hochschulstudium verdankt, sind die Mitarbeiterinnen in einem amerikanischen Steuerbüro angelernte Kräfte, denen für diese Tätigkeit oft nicht viel mehr beigebracht worden ist als die Bedienung der Software. Trotzdem entwickeln sich manche dieser Mitarbeiter mit den Jahren zu Experten, und bei Ihren ersten Gehversuchen im amerikanischen Steuerrecht können sie Ihnen auf jeden Fall helfen.

In dem Jahr, in dem Sie in die USA umziehen, wird zusätzlich zu den amerikanischen Steuererklärungen auch eine Steuererklärung in Deutschland fällig. Ihr Einkommen zerfällt in dem betreffenden Jahr in einen deutschen und einen amerikanischen Anteil; dasselbe gilt für Ihre steuerlich absetzbaren Belastungen. Bei Ihren Steuererklärungen müssen Sie jeweils entscheiden, welche Position gegenüber welcher Steuerbehörde geltend zu machen ist. Berücksichtigt werden dabei allerdings nur solche deutschen Steuererzahlungen, die nicht höher sind als das, was man in den USA als *federal tax* bezahlen würde. Letztere ist deutlich niedriger als die deutsche Steuer. Dennoch geht das deutsche Einkommen voll in die US-Progression ein. Leider gibt es bei der *state tax* keine entsprechende Regelung. Dasselbe gilt für die *local tax*, die manchmal ebenfalls gezahlt werden muss. In beiden Fällen muss das gesamte weltweite Einkommen versteuert werden, selbst wenn Sie in Deutschland schon Steuern gezahlt haben. Da Sie sich mit einem solchen Problem auf dem Gebiet des internationalen Steuerrechts befinden, kann Ihnen oft weder ein amerikanischer noch ein deutscher Steuerfachmann weiterhelfen.

Das Schulsystem

Das amerikanische Schulsystem unterscheidet sich grundlegend vom deutschen. So beginnt die Schullaufbahn mit der sechsjährigen *Elementary School*. Danach folgt die *High School*, die von der 7. bis zur 12. Klasse geht und die in *Junior High* (7.–9. Klasse) und *Senior High* (10.–12. Klasse) aufgeteilt ist. Ein dreigliedriges Schulsystem wie bei uns, mit Hauptschule, Realschule und Gymnasium, gibt es in den USA nicht.

Die Unterrichtsfächer an den amerikanischen *High Schools* kann jeder Schüler mit der Hilfe eines Vertrauenslehrers aus einem großen Angebot selbst auswählen. An großen *High Schools* füllen diese Angebote ganze Listen. Neben den vorgeschriebenen Fächern wie Englisch, Mathe und Geschichte kann man auch Fächer wie Drama, Informatik, Psychologie, Journalismus, Automechanik, Marketing, Tanz- oder Gesangsunterricht wählen.

Neben dem Unterricht treffen sich die Schüler zu *Extracurricular Activities* in Arbeitsgruppen wie Schülerzeitung, Schulfernsehen, Theater oder Fallschirmspringen.

Eine große Rolle spielt an den *High Schools* der Sport. Angeboten werden Sportarten wie American Football, Baseball, Basketball oder Fußball *(Soccer)*. Schüler, die hier besonders erfolgreich sind, werden von ihren Mitschülern bewundert und von den Lehrern gefördert. Die Cheerleader (meistens leichtbekleidete Mädels, die irgendwas singen und dabei die Beine in die Luft werfen) unterstützen die Schüler und sorgen während des Spiels und in den Pausen für Mörderstimmung.

Der Stundenplan eines Schülers wiederholt sich täglich in der gleichen Reihenfolge. Dazwischen gibt es immer wieder kleinere Pausen und mittags eine halbstündige Essenspause. Wer seinen Stundenplan nicht mit genügend Kursen füllt, muss in der freien Zeit die *Study Hall* besuchen. In der *Study Hall* werden die Schüler beaufsichtigt und können Hausarbeiten erledigen. Der Unterricht an amerikanischen *High Schools* endet erst am späten Nachmittag. Weil die Kinder und Jugendlichen sehr viel Zeit in der Schule verbringen und dort auch ihren Hobbys nachgehen, gehen amerikanische Kinder oft lieber in die Schule, als es die Deutschen tun.

Besonderheiten an amerikanischen *High Schools:* Jeder Schüler besitzt seinen eigenen *locker* (Schließfach), in dem er alle seine Bücher und die Sachen, die er zum Unterricht gerade nicht benötigt, einschließen kann. In jeder *High School* gibt es eine Cafeteria oder sogar einen McDonald's oder Pizza Hut. Zum Betreten des Schulgeländes benötigt jeder Schüler seinen *hall pass.* Diesen trägt man sichtbar an seiner Kleidung. Man braucht ihn sogar für den Gang auf die Toilette. An den meisten amerikanischen Schulen müssen die Schüler Schuluniformen tragen.

Vorstellungsgespräch und Klamottenknigge ...

... ist Ihrem potenziellen Arbeitgeber in der Regel wichtiger als die Papierlage (Zeugnisse, Referenzen etc.). Die will er zwar sehen, aber der persönliche Eindruck, den Sie auf ihn im Gespräch machen, wird letztlich spielentscheidend sein. Je nach Branche sollten Sie keine Berührungsängste mit dunklem Anzug, weißem Hemd, Krawatte und geputzten Schuhen haben. Die Kleiderordnung, zumindest in den Bürojobs, ist in den USA noch sehr viel konservativer als bei uns. Selbst in Gebieten mit sehr warmen Temperaturen sind der Anzug bei ihm und das Kostüm bei ihr eine Selbstverständlichkeit. Einzige Ausnahme: der sogenannte *casual friday.* Als Auftakt zum Wochenende ist am Freitag die saubere

Jeans mit Polohemd gestattet. Vorausgesetzt natürlich, es steht kein wichtiger Termin mit einem Geschäftskunden an.

Im Erstgespräch beeindrucken Sie Ihren künftigen Chef mehr mit einem gesunden Selbstbewusstsein als mit Unterwürfigkeit. Stellen Sie Ihr Licht nicht unter den Scheffel, verkaufen Sie ihm aber auch keine Qualifikationen, die Sie in Wirklichkeit nicht haben.

Verwechseln Sie die Tatsache, dass Ihr Vorgesetzer Ihnen sehr schnell seinen Vornamen als Anredeform (die englische Sprache kennt keine Unterscheidung zwischen »Sie« und »Du«) anbieten wird, nicht mit einem Freundschaftsbeweis. Es ist lediglich für beide Seiten unkomplizierter.

Wohnen ...

... kann in den USA ganz schön ins Geld gehen, muss aber nicht. In Großstädten wie New York, Boston, Los Angeles oder Miami können Sie für eine Drei-Zimmer-Wohnung in einer ordentlichen Lage schon mal locker mit einem Mietpreis von 2000 bis 3000 Dollar rechnen. Sind Sie allerdings bereit, die Zentren der Metropolen zu verlassen und sich in die Vorstädte zurückzuziehen, kommen Sie wesentlich billiger weg. Übrigens ein Trend, dem auch die Amerikaner folgen. Was dazu führt, dass die Innenstädte nach einem Arbeitstag immer mehr zu »Schlafstädten« werden.

Bevor Sie sich in der neuen Heimat nicht eingelebt haben, raten wir von einem Haus- oder Wohnungskauf ab. Dafür ist später immer noch Zeit, wenn Sie sich einigermaßen etabliert haben. Der Markt für Gebrauchtimmobilien ist riesig, denn die Amerikaner tendieren dazu, alle fünf Jahre umzuziehen. In jeder noch so kleinen Stadt gibt es sogenannte *Real Estate Agencies* (Maklerbüros), die Ihnen bei Kauf und Miete behilflich sind. Ihre Portfolios sind meist umfangreich, so dass für jede Preisklasse immer etwas dabei sein dürfte. Die amerikanischen Immobilienbüros sind wesentlich engagierter als bei uns, denn sie sind Ihnen auf Wunsch auch nach Abschluss eines Miet- oder Kaufvertrages weiterhin behilflich. Sie kümmern sich um Strom, Wasser, Telefonanschluss, eben um die gesamte Infrastruktur, die Sie in Ihrem neuen Domizil gerne hätten.

Auch um Möbel brauchen Sie sich zunächst nicht kümmern. Die meisten Objekte wird man Ihnen komplett möbliert anbieten. Das bedeutet natürlich, dass Sie Ihre Umzugskosten deutlich minimieren können.

Das Auto ...

... bitte in Deutschland verkaufen. Denn der Transport über den großen Teich per Schiff oder gar per Luftfracht ist absolut ruinös. Von den Einfuhrzöllen gar nicht zu reden. Wir empfehlen: Kaufen Sie sich, wenn Sie angekommen sind, erst einmal einen Gebrauchtwagen, am besten ein amerikanisches Modell. Denn bei einem »Ausländer« wird Ihnen der Händler die eigenen Importkosten natürlich auf den Preis aufschlagen. Und keine Angst: Auch die Amerikaner haben in den letzten Jahren dazugelernt. Inzwischen bauen auch sie nicht mehr nur Autos, die einer neunköpfigen Familie locker Platz bieten und bei denen die Tankanzeige schneller sinkt, als der Sekundenzeiger Ihrer Armbanduhr sich eine Runde gedreht hat.

Überhaupt macht das Tanken in Amerika noch Spaß. Die Maßeinheit für Benzin ist die Gallone (etwa 3,9 Liter), die man Ihnen je nach Region zwischen 1,90 und 2,50 Dollar in Ihren Tank füllt.

Beim Fahrtempo bitte aufpassen: Selbst auf den *Highways* (Autobahnen) gilt eine Geschwindigkeitsbegrenzung von 55 mph (Meilen), das sind etwa 82 km/h. In Ortschaften und Wohngebieten gelten 30 mph.

Die Währung

Davon kriegen Sie für Ihren Euro derzeit richtig viel. Denn augenblicklich ist ein US-Dollar etwa 1,40 Euro wert.

Aber aufpassen, denn da alle Dollarscheine bis auf den Wert von gleicher Form, Farbe und Größe identisch aussehen, passiert es dem Unerfahrenen nicht selten, dass er etwas für zehn Dollar kauft, aus Versehen aber einen 50er oder gar 100er über den Ladentisch schiebt und vergisst, sich das Wechselgeld herausgeben zu lassen. Und plötzlich war das Schnäppchen ganz schön teuer.

Die Zeitzonen

In den Vereinigten Staaten gibt es sechs verschiedene Zeitzonen (siehe unten). Grundsätzlich laufen die USA uns zeitlich hinterher. Also, seien Sie bitte nicht sauer, wenn Sie nach deutscher Zeit um elf Uhr vormittags Ihren Kumpel in Los Angeles anrufen, um ihm mitzuteilen, wie toll doch das Wetter derzeit in Castrop-Rauxel ist, und er ausgesprochen misslaunig reagiert. Sie haben den guten

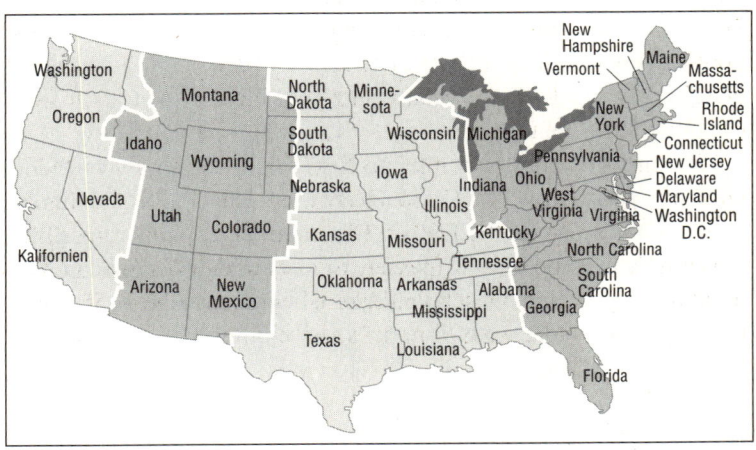

Mann nämlich höchstwahrscheinlich aus den schönsten Träumen gerissen, denn bei ihm ist es zwei Uhr morgens und stockdunkel.

In den USA gibt es folgende Zeitzonen:

EST:	Eastern Standard Time	MEZ – 6 Std
CST:	Central Standard Time	MEZ – 7 Std
MST:	Mountain Standard Time	MEZ – 8 Std
PST:	Pacific Standard Time	MEZ – 9 Std
	Alaska	MEZ –10 Std
	Hawaii	MEZ –11 Std

Nicht auf der Karte: Alaska (AK), Hawaii (HI)

Die Klimazonen

Das Gebiet der USA erstreckt sich (mit Ausnahme von Alaska und Hawaii) über sechs Klimazonen.

Die Continental *Moist Zone* liegt im Nordosten, die südwestliche Begrenzung dieser Klimazone verläuft in etwa entlang der Grenze von Iowa mit Nebraska und Missouri. Die Sommer sind dort warm und sehr niederschlagsreich, die Winter kalt. An den großen Seen muss man mit strengen Wintern mit Schnee und Frost rechnen.

Südlich der *Moist Zone* schließt sich die *Subtropical Moist Zone* an, die nach Westen bis an die Grenzen von Oklahoma mit Arkansas und Louisiana und im Süden bis an den Golf von Mexiko reicht. Dieses Gebiet ist ähnlich wie die *Continental Moist Zone* von milden Temperaturen geprägt, mit warmen, regnerischen Sommern. Hier sind die jahreszeitlichen Unterschiede nicht so extrem, und die Winter werden nicht so kalt. Die Hurrikan-Saison dauert von Anfang Juni bis Ende November.

Die *Continental Steppe Zone* liegt im Nordwesten der USA und zieht sich durch die großen Binnen- und Hochebenen westlich der

Rocky Mountains. Dieses Gebiet ist niederschlagsarm. Die Sommer sind warm, die Winter kühl und trocken.

Die Rocky Mountains selbst bilden zusammen mit den Gebirgszügen an der Pazifikküste die *Highland Climate Zone*. Wegen der Hochlage sind die Temperaturen in diesem Gebiet grundsätzlich niedriger als in Gebieten auf dem gleichen Breitengrad in Tallage.

In der weiten Tiefebene zwischen den Rocky Mountains und den Erhebungen an der Ostküste liegt die *Continental Desert Zone*, die sich im Süden bis zur mexikanischen Grenze erstreckt. In diesem Wüstenklima wird es im Sommer sehr warm, im Winter kühl. Es fallen das ganze Jahr über kaum Niederschläge.

Der Küstenstreifen am Pazifik mit dem Tal des Sacramento River bildet die *Marine Temperate Zone*. Hier herrscht sehr gemäßigtes Klima, die Sommer sind warm, im Süden heiß, und die Winter sind im Norden kühl und im Süden mild. Die meisten Niederschläge fallen im Winter.

In Alaska gibt es drei unterschiedliche Klimazonen. An der Südküste herrscht gemäßigtes ozeanisches Klima. Die größte Klimazone ist die subarktische Zone, die bis zum Brooks-Range-Gebirge im Norden reicht. Die Winter werden hier recht kalt. Die kälteste Zone ist das Gebiet im Norden des Bundesstaates, die Tundra-Zone mit Dauerfrost, kurzen Sommern und langen Wintern.

Wesentlich wärmer ist das Klima im tropischen Bundesstaat Hawaii. Im Frühling und Herbst fallen an den Ostküsten der Inseln allerdings heftige Niederschläge.

Mit dem Monat Juni startet in den USA die *Hurricane Season*, jene sechs Monate, in denen sich weit draußen auf dem Atlantik gewaltige Wirbelstürme bilden – und die gesamte US-Küste vom Golf von Mexiko bis hinauf nach Neuengland bedrohen.

Die Bundesstaaten

50 sind schon eine ganze Menge. Umso schwerer fällt dem Auswanderer die Entscheidung, wo er seine »Zukunft mit Aussicht«
finden möchte.

Um wirklich sagen zu können, »ja, hier möchten wir bleiben«,
empfehlen wir vor der endgültigen Auswanderung einen mindestens sechswöchigen Aufenthalt in den USA. Am besten lernen Sie
das Land kennen, wenn Sie sich ein Wohnmobil mieten und sich
die Mühe machen, so viele Staaten wie möglich zu besuchen.

Erstens lernen Sie bei einem solchen Trip Land und Leute schon
ein wenig kennen, zweitens bekommen Sie einen Eindruck von
den gigantischen Dimensionen dieses Landes, und drittens werden Sie vielleicht sogar ein Gefühl dafür kriegen, wo Sie sich niederlassen möchten. Außerdem kann es durchaus sein, dass Ihnen
auf einer solchen Fahrt eine zündende Geschäftsidee kommt. Ganz
einfach, weil Sie vielleicht mitten in Missouri plötzlich feststellen,
»Mensch hier eine deutsche Bäckerei eröffnen, das wär's«.

Die beliebtesten Regionen für deutsche Auswanderer in den USA

Florida, wegen des guten Klimas und der Arbeitsmöglichkeiten in der Tourismusbranche.

Kalifornien, denn auch hier ist es das ganze Jahr warm (zumindest im Süden), und viele verfallen immer noch dem Traum von Hollywood. Und nicht zu vergessen: das Silicon Valley mit seinen Arbeitsmöglichkeiten für Computer-Spezialisten.

New York, ist im Winter zwar schweinekalt, aber der *Big Apple* hat trotzdem seine Reize. Die beste Infrastruktur, multikulturell, gute Arbeitschancen.

Washington D. C., Juristen und gelernte Bürofachkräfte werden hier immer ihr Auskommen finden. Besonders reizvoll: die unmittelbare Nähe zu drei Bundesstaaten (Washington, Virginia, Maryland), dadurch sehr hoher Freizeitwert.

Die Bundesstaaten

Die durch die Verfassung geschaffene föderative Einheit ist das beherrschende Merkmal des amerikanischen Regierungssystems. Insgesamt bestehen die USA aus 50 Staaten sowie Washington D.C. Die letzten beiden Staaten, die der Union beigetreten sind, waren im Jahre 1959 Alaska und Hawaii als 49. beziehungsweise 50. Staat. Washington D.C. hat den Status eines Bundesdistrikts und untersteht der Befehlsgewalt des Kongresses.

Im Allgemeinen liegen Angelegenheiten, die sich vollständig innerhalb der Grenzen der einzelnen Staaten der USA befinden, ausschließlich im Zuständigkeitsbereich der jeweiligen Staatsregierungen. Das umfasst den internen Kommunikationsbereich; gesetzliche Regulierungen bezüglich Eigentum, Industrie und Unternehmen sowie öffentlicher Versorgungseinrichtungen; und das staatliche Gesetzbuch sowie das Arbeitsrecht innerhalb des Staates. Es existieren jedoch auch sich überlappende Bereiche von Staats- und Bundesgesetzgebung. In den letzten Jahren hat die Bundesregierung weitreichendere Verantwortung in den Bereichen Gesundheit, Erziehung, Sozialwesen, Transport, Wohnungswesen und Städtebau übernommen.

Die Verfassungen der einzelnen Staaten unterscheiden sich in einigen Details, folgen aber im Allgemeinen einem Muster, das dem der Bundesverfassung ähnelt. Bezüglich der Tätigkeit von Unternehmen, Banken und öffentlichen Versorgungseinrichtungen sowie wohltätiger Institutionen sind die Verfassungen der einzelnen Staaten oft sehr viel detaillierter und eindeutiger als die Bundesverfassung.

Die Regierungsform der Vereinigten Staaten ...

... ist relativ kompliziert. Wenn Sie aber die wichtigsten Eckdaten, die wir hier für Sie zusammengefasst haben, kennen, haben Sie bereits ein solides Basiswissen.

Die amerikanische Verfassung ist die älteste der Welt, die noch gültig ist. Aufgrund der Möglichkeit, Zusatzartikel einzufügen, konnte die Verfassung bis zur heutigen Zeit durch 27 Zusatzartikel aufrechterhalten werden, welche unter anderem die Grundrechte der Bevölkerung bewahren.

Die Regierungsform gliedert sich in drei Teile auf:

1. Die Exekutive

Sie wird durch den Präsidenten vertreten. Er ist Staats- und Regierungschef, Oberbefehlshaber der Streitkräfte und hat das Recht, über personelle Angelegenheiten freier Bundesrichterstellen zu entscheiden. Er wird für vier Jahre von den Bürgern ins Amt gewählt und kann nur einmal wiedergewählt werden.

Der Präsident ernennt nach der Zustimmung des Senats die Leiter der Ministerien.

2. Die Legislative

Der Kongress besteht aus zwei Häusern, dem Senat mit 100 Mitgliedern und dem Repräsentantenhaus mit 435 Mitgliedern.

Jeder Repräsentant vertritt einen Wahlbezirk, der alle zehn Jahre durch eine Volkszählung festgelegt wird. Er wird für zwei Jahre in sein Amt gewählt, während die Senatoren für sechs Jahre gewählt werden. Im Senat verfügt jeder Staat, unabhängig von seiner Größe und Bewohnerzahl, über zwei Sitze. Der Repräsentant vertritt jeweils drei- bis vierhunderttausend Bürger der Staaten. Die Mitglieder des Kongresses werden von den Bürgern gewählt.

Ein Gesetzesvorschlag muss von beiden Kammern anerkannt werden, bevor er dem Präsidenten zur Zustimmung vorgelegt wird. Allein der Kongress besitzt die Macht über die Finanzen, Bundesgesetze zu erlassen, einen Krieg zu erklären und internationale Abkommen zu treffen.

3. Die Judikative

An deren Spitze steht der Oberste Gerichtshof, dessen Urteil endgültig ist.

Stars and Stripes oder auch Sternenbanner, so der offizielle Name der amerikanischen Flagge. Die dreizehn rot-weißen Querstreifen stehen für die Gründungsstaaten der USA. Die weißen Sterne auf blauem Grund repräsentieren jeweils einen Bundesstaat.

Nationale Feiertage

Das Wort *holiday* geht auf den Ausdruck *holy day* (= heiliger Tag) zurück. Der größte Teil der amerikanischen Feiertage ist allerdings nichtreligiösen Ursprungs. Die meisten erinnern an historische Ereignisse oder wurden von Einwanderern unterschiedlichster ethnischer Herkunft »mitgebracht« und im Laufe der Jahre amerikanisiert. Heute werden in den USA viele Feiertage richtig zelebriert, mit allem was dazugehört: Paraden, Feuerwerk und Zeremonien verschiedenster Art.

Da in den USA grundsätzlich jeder Bundesstaat selbst über seine Feiertage entscheiden kann, gibt es nur wenige nationale, bundeseinheitliche Feiertage. Rechtlich betrachtet können aber auch Präsident und Kongress nur Feiertage für die Regierungsangestellten festlegen. Tatsächlich werden jedoch in fast allen Bundesstaaten die allgemeinen von der Regierung bestimmten zehn gesetzlichen Feiertage begangen.

Dabei handelt es sich um:

New Year's Day (Neujahr): 1. Januar
Martin Luther King Day (Gedenktag für den 1968 ermordeten Martin Luther King): 3. Montag im Januar
President's Day (ursprünglich der Geburtstag von George Washington, heute Feiertag zu Ehren aller US-Präsidenten): 3. Montag im Februar
Memorial Day (zu Ehren der im Krieg für das Vaterland Gefallenen): letzter Montag im Mai
Independence Day (Unabhängigkeitstag, erinnert an die Verabschiedung der Unabhängigkeitserklärung 1776): 4. Juli
Labor Day (Tag der Arbeit): 1. Montag im September
Columbus Day (erinnert an die Landung von Christoph Columbus in der Neuen Welt 1492): 2. Montag im Oktober
Veterans Day (erinnert an die Gefallenen des Ersten Weltkriegs, Tag des Waffenstillstandes): 2. Montag im November
Thanksgiving Day (Erntedankfest): 4. Donnerstag im November
Christmas Day (Weihnachten): 25. Dezember

Viele dieser Feiertage werden an Montagen begangen. Dies wurde 1971 vom damaligen Präsidenten Richard Nixon eingeführt.

Fallen Neujahr, der *Independence Day* oder Weihnachten auf einen Sonntag, ist der nächste Tag ebenfalls ein Feiertag. Fällt einer dieser Tage auf einen Samstag, dann wird der vorangehende Freitag zum Feiertag.

An den gesetzlichen Feiertagen bleiben sämtliche Regierungsstellen und Ämter geschlossen. An den wichtigsten Feiertagen, zum Beispiel am *Independence Day* und an Weihnachten, sind auch Schulen und Geschäfte geschlossen.

Zusätzlich gibt es noch andere gesetzliche oder offizielle Feiertage, die nur in bestimmten Bundesstaaten oder nur in einer bestimmten Region gefeiert werden. Ob an diesen Tagen arbeitsfrei ist und ob Geschäfte, Schulen und Ämter schließen, bleibt ebenfalls den einzelnen Staaten überlassen.

Die medizinische Versorgung/Krankenversicherung ...

... gilt als eine der besten der Welt. Dafür ist sie aber auch nicht ganz billig. Der Durchschnittstarif einer Krankenkasse für die Grundversorgung beträgt etwa 370 Euro pro Monat. Sind Sie in einem festen Angestelltenverhältnis, ist es üblich, dass Ihr Arbeitgeber diese Beiträge übernimmt. Trotzdem sollten Sie sich nach Möglichkeit privat zusätzlich absichern. Als Freiberufler haben Sie diese Kosten selbst an der Backe. Prüfen Sie gegebenenfalls, ob Ihre deutsche Krankenkasse in den USA für Sie da ist, und vergleichen Sie die Angebote der Versicherer und ihre Leistungen ganz genau.

Gefällt Ihnen Ihre Nase oder Ihr Dekolleté nicht mehr, und Sie möchten sich unter das Messer eines dieser in Amerika so beliebten Schönheitschirurgen begeben, nehmen Sie die eigene Sparsau am besten gleich mit. Schönheitsoperationen zahlt Ihnen in der Regel kein Versicherer. Dass die professionellen »Verschönerer« alle ihre Villen in den Bestlagen von Los Angeles oder Miami haben, kommt nicht von ungefähr. Wenn die Ihnen nämlich ihre Rechnung präsentieren, können Sie sich gleich noch mal auf den OP-Tisch legen – weil Ihnen der Kiefer runtergefallen ist.

Im Übrigen: Was bei uns die gute alte Arztpraxis ist, läuft in den USA unter *Medical Center*. Dahinter verstecken sich meist große Gemeinschaftspraxen.

Dringend würden wir von dem Modell abraten, erst mal unversichert nach Amerika zu gehen. Denn nach Murphy's Law erwischt Sie in genau dieser »versicherungsfreien« Zeit eine blöde Krankheit, die behandlungsbedürftig ist. Sie gehen zum Arzt, der macht Sie auch wieder heil, aber dann will er Bares sehen. Selbst viele Amerikaner sind, weil sie es sich nicht leisten können, nicht oder nur minimal krankenversichert. Brauchen sie dann mal einen Arzt oder gar einen stationären Aufenthalt in einer Klinik, haben sie ein dickes Problem.

Das soziale Netz in den Staaten kann mit dem deutschen in fast keiner Beziehung mithalten.

Rente und Altersvorsorge

Bevor Sie Deutschland für längere Zeit oder gar für immer verlassen, sollten Sie sich mit der deutschen Rentenversicherungsanstalt in Verbindung setzen und dort einen Antrag auf Kontenklärung stellen. Damit bleibt für Sie die Möglichkeit erhalten, nach einer Rückkehr nach Deutschland erneut in die Rentenversicherung einzuzahlen. So sind Sie vor späteren Überraschungen hinsichtlich fehlender Belege geschützt.

Rentenanwartschaften, die man in Deutschland bereits erworben hat, bleiben auch nach einem Umzug in die USA erhalten. Beim Erreichen des Rentenanspruchs wird die deutsche Rente per Überweisung oder Scheck auch in die USA gezahlt. Ein deutsch-amerikanisches Rentenabkommen gewährleistet darüber hinaus, dass eine Einzahlungszeit in die amerikanische Rentenversicherung *(Social Security)* auf die deutsche Einzahlungszeit, angerechnet werden kann, wenn diese zum Rentenanspruch nicht ausreicht. Umgekehrt gilt dasselbe. Nicht angerechnet werden jedoch Erziehungszeiten, die außerhalb von Deutschland verbracht wurden.

Ebenso wie in Deutschland sollten Sie auch in den USA unbedingt an ausreichende private Rücklagen denken. Die gesetzliche und betriebliche Altersvorsorge reicht auch in den USA für einen komfortablen Ruhestand kaum aus. Im Internet findet man verschiedene *retirement calculators*, mit denen man ausrechnen kann, wie viel Geld man jeden Monat zurücklegen muss, wenn man im Ruhestand ein bestimmtes Vermögen zur Verfügung haben will.

Ein paar Zahlen über die USA

Die USA sind 9,6 Millionen Quadratkilometer groß. Auf diese gigantische Fläche verteilen sich knapp über 300 Millionen Einwohner (Sie selbst noch nicht mitgerechnet). Die Vereinigten Staaten sind damit etwa 27-mal so groß wie Deutschland.

Kriminalität

CSI Miami und NYPD Blue: Die Botschaft ist angekommen. In den USA passieren Morde im selben Rhythmus, in dem bei uns Straßenbahnen verkehren. Ergänzt wird dies noch durch Amok laufende Massenmörder und schießwütige Schüler, das Wissen, dass man dort Waffen kaufen kann wie bei uns Brötchen, rundet das Bild ab. Zu den Tatsachen: Amok laufende Massenmörder (Schüler und Erwachsene) treten nahezu ausschließlich in den USA auf, die Wahrscheinlichkeit, ihnen zu begegnen, tendiert gegen null. Die Kriminalität in den USA ist, wie überall auf der Welt, nicht linear verteilt: Schwerpunkte sind die Ballungsgebiete, auf dem Land lebt man etwas sicherer. Will die Kriminalität in den USA mit Zahlen unterlegen, so stellt sich das Problem, dass die »normale« Kriminalitätsstatistik für die meisten Auswanderer ohne Relevanz ist, da der Immigrant von zahlreichen Formen der Kriminalität, die in diese allgemeine Statistik einfließen, nicht betroffen ist (z. B. Zuhälterei, Drogenhandel, Konkursbetrug, Bankraub, Unterhaltsverzug, Versicherungsbetrug). Mit ein paar Vorsichtsmaßnahmen (nachts nicht allein durch die berüchtigten Stadtviertel laufen, sich nicht provozieren lassen, lieber die geforderten zehn Dollar rausrücken, als zu behaupten, man habe nur 50 Cent in der Tasche etc.) wird Ihnen auch nichts passieren. Die 8000-Dollar-Uhr in West Los Angeles oder Harlem offen über die Straße zu tragen, grenzt an Dummheit. Je mehr Bargeld Sie einstecken haben, desto mehr sind Sie im Zweifel auch los, wenn's denn mal passiert. Und alle Kreditkarten muss man ja auch nicht immer am Mann haben.

Eine Frage der Ehre ...

... ist in den USA das Thema Höflichkeit. Als absolutes *no-go* gilt, sich im Supermarkt mit seinem Einkaufswagen am Regalnachbarn so vorbeizudrängeln, dass man sich berühren könnte. Viel eleganter: Mit einem höflichen *excuse me* auf sich aufmerksam machen und dem anderen Gelegenheit geben auszuweichen. Auch beim Schlangestehen, egal wo, sind die Amerikaner äußerst diszipliniert. Sauber aufgereiht wie an einer Perlenschnur wartet man auf der Post, bis man an der Reihe ist. Ein ordentlicher »Sicherheitsabstand« zum Vordermann gilt als selbstverständlich.

Auch das gegenseitige Vorstellen wird in den Staaten ernster genommen als bei uns. Bei der jüngeren Generation reicht der Vorname, Ältere stellen sich auch mit ihrem Nachnamen vor.

Nachbarschaftshilfe wird gerade in amerikanischen Kleinstädten ausgesprochen großgeschrieben. Wenn Ihnen Ihr direkter Nachbar, mit dem Sie sich ab und zu selbstverständlich auch schon auf das ein oder andere Bier am Gartenzaun treffen sollten, am Freitag eröffnet, dass er morgen sein Dach repariert, können Sie Ihre Pläne für den Samstag abhaken. Aber Sie werden sehen: Wenn Sie zwei Wochen später Ihren Garten umgraben wollen, wird der Nachbar eisenhart neben Ihnen am Spaten stehen – und wenn's Katzen hagelt.

Essen, Trinken und Genießen

Dass die typisch amerikanische Küche nicht unbedingt zu den gourmettechnischen Highlights auf dieser Welt gehört, ist hinreichend bekannt. Und trotzdem kann man in den USA so gut essen wie nirgendwo anders.

Da sind zunächst einmal die Steaks, die nur von denen in Argentinien noch übertroffen werden. Das Barbecue (kurz: *BBQ*) mit Freunden am Wochenende gehört zu den Lieblings-Freizeitbeschäftigungen. Die Fleischlappen, die Ihnen da vom Holzkohlegrill (ungefähr so groß wie eine Hühnerbraterei in der Kölner Innenstadt) serviert werden, werden Sie so schnell nicht vergessen. Mit liebevoll selbst gemachten Sößchen hat's die amerikanische Lady trotz chromblitzender XXL-Küche nicht so sehr, aber die 26 verschiedenen Saucen aus dem Supermarkt sind eigentlich immer genießbar.

Und dann ist da natürlich das Frühstück in den berühmten *Breakfast-Inns*. Kaffee, so viel Sie mögen (Augen zu und runter damit), Steaks, Würstchen, Speck, Hot Dogs, komische müsliähnliche Breis und vieles andere mehr gibt's da nämlich für relativ kleines Geld. Nach einem ausgiebigen Truckerfrühstück brauchen Sie eigentlich den Rest der Woche gar nichts mehr zu essen. Aber ignorieren Sie einfach auch eine Zeit lang lieber Ihre Waage. Wenn Sie auswärts essen gehen wollen, bitte sehr, im Vielvölkerstaat USA finden Sie alles. Den besten Chinesen außerhalb Chinas, bessere Italiener als in Rom, und der Gourmettempel, auf den Sie in Paris so geschworen haben, wird Ihnen nach dem besten französischen Restaurant in New York allenfalls noch wie eine ganz ordentliche, aber überteuerte Take-away-Bude vorkommen. Sollten Sie, was ja viele Deutsche bekanntlich sind, zu den Biertrinkern gehören, werden Sie sich gewaltig umgewöhnen müssen. Zwar steht in Amerika mit Anheuser-Busch der größte Brauereikonzern der Welt, aber selbst die Amis bezeichnen ihre lokalen Biere als *horse piss* (die Bedeutung bitte selbst im Wörterbuch nachschauen, wir schämen uns). Bei den Weinen ist jegliche Sorge unbegründet. In den USA gibt es zahlreiche Weinanbaugebiete, die ausgezeichneten Stoff herstellen. Die wohl besten Tropfen kommen aus dem Nappa Valley im Norden Kaliforniens. Ach ja, und dann noch das Rauchen: Am besten, Sie gewöhnen es sich ab, bevor Sie Ihre »Zukunft mit Aussicht« in den USA beginnen. Nirgendwo sind die Anti-Raucher-Gesetze schärfer und die Strafen höher. In allen Restaurants, Bars und Kneipen ist es grundsätzlich verboten. Eine Ausnahme gibt es, doch die macht auch nicht wirklich Spaß: Hat ein Restaurant eine Freifläche oder Terrasse, gibt es dort Raucherbereiche. Allerdings zahlen Sie dort 10 bis 15 Prozent mehr für das, was Sie konsumiert haben, als in den rauchfreien Zonen.

DIE SCHWEIZ

Als der liebe Gott den Schweizer erschaffen hatte, war ihm dieser sogleich ans Herz gewachsen. Also fragte ihn der liebe Gott: »Mein lieber Schweizer, was kann ich noch für dich tun?«

Der Schweizer wünschte sich schöne Berge mit saftigen grünen Wiesen und kristallklaren Gebirgsbächen. Gott erfüllte ihm diesen Wunsch und fragte wiederum: »Was willst du noch?«

Darauf der Schweizer: »Jetzt wünsche ich mir auf den Weiden gesunde, glückliche Kühe, die die beste Milch auf der ganzen Welt geben.«

Gott erfüllte ihm auch diesen Wunsch, und der Schweizer molk eine der Kühe und ließ Gott ein Glas von der wunderbaren guten Milch kosten.

Und wieder fragte Gott:

»Was willst du noch?« –

»Fünf Fränkli für die Milch!«

Ja, so sind sie, die Klischees, die man, wenn man denn will, über jedes Land auf dieser Erde finden kann. Dass aber die Schweizer ein ausgesprochen freiheitsliebendes und tolerantes Volk sind, wird gern vergessen, zeigt aber die Geschichte. Das Nationaldrama »Wilhelm Tell« (Sie wissen schon, der mit dem Apfel und dem Bogen), 1803 und 1804 verfasst, handelt von dem Freiheitskampf der Schweizer in den Kantonen Uri, Schwyz und Unterwalden gegen die Tyrannenherrschaft der Landvögte des Kaisers im 14. Jahrhundert. Und nicht nur das: Seit dieser Zeit haben die Schweizer ihren Freiheitskampf fortgesetzt. Bis heute und mit Erfolg. Sie sehen also: Auch jahrzehntelang überlieferte Klischees müssen nicht unbedingt stimmen.

Denn irgendwie würde Geschichte mit heutiger Realität auch gar nicht zusammenpassen. Denn: Die kleine Alpenrepublik verfügt über eine der stabilsten Währungen der Welt, hat ein supermodernes Banken- und Versicherungssystem, stellt unübertroffen Uhren und Schokolade her, und überhaupt leben und arbeiten immerhin 100 000 Deutsche in der Schweiz und fühlen sich da offensichtlich sauwohl.

Daten und Fakten

Fläche: 41 285 qkm
Einwohner: 7 507 100 (Ende 2006)
Hauptstadt: Bern
Amtssprachen: Deutsch, Französisch, Italienisch und Rätoromanisch
Landeswährung: Schweizer Franken; 1 CHF = 100 Rappen.
Wechselkurs: 1 Euro = 1,67 CHF. 1 CHF = 0,60 Euro.

Die Einwanderung ...

... in unser kleines Nachbarland ist seit Juni 2007 kein Problem mehr. Jeder Deutsche kann in die Schweiz einreisen wie in einen EU-Staat. Die Erteilung einer Aufenthaltsgenehmigung ist dann nur noch eine Formsache. Innerhalb von acht Tagen müssen Sie beim Meldeamt Ihres Wohnortes Papiere und einen Arbeitsvertrag vorlegen. Die Dokumente werden an die kantonalen Migrationsbehörden weitergeleitet, die mehrjährige Aufenthaltserlaubnis erfolgt automatisch. Und dann kann's losgehen mit der Maloche, denn gearbeitet wird in der Schweiz richtig viel.

Die einzelnen Kantone

Nimmt man es ganz genau, ist die Schweiz eigentlich kein Land, sondern ein Verbund, was durch den Begriff »Eidgenossenschaft« bis heute symbolisiert wird. Die 26 Schweizer Kantone sind mit den deutschen Bundesländern nicht zu vergleichen, denn die Kantone haben ihre Eigenständigkeit behalten. Alle verfügen über eine eigene Verfassung sowie gesetzgebende, vollziehende und rechtsprechende Behörden. Das Volk wird durch ein Einkammer-Parlament (Großer Rat, Kantonrat, Landrat, Parlament) repräsentiert.

Hier eine Liste der Schweizer Kantone:

Aargau (AG)
Appenzell-Ausserrhoden (AR)
Appenzell-Innerrhoden (AI)
Basel-Land (BL)
Basel-Stadt (BS)
Bern (BE)
Fribourg/Freiburg (FR)
Genève/Genf (GE)
Glarus (GL)
Graubünden/Grischun (GR)
Jura (JU)
Luzern (LU)
Neuchâtel/Neuenburg (NE)

Nidwalden (NW)
Obwalden (OW)
Schaffhausen (SH)
Schwyz (SZ)
Solothurn (SO)
St. Gallen (SG)
Thurgau (TG)
Ticino/Tessin (TI)
Uri (UR)
Valais/Wallis (VS)
Vaud/Waadt (VD)
Zug (ZG)
Zürich (ZH)

Die Sprache

In der Regel kommen Sie in der gesamten Schweiz mit Deutsch ganz gut durch. Selbst in den französischen, italienischen und rätoromanischen Regionen wird man Sie verstehen. Das Schwyzerdütsch klingt in unseren Ohren zwar ein bisschen komisch, ist aber einigermaßen verständlich. Natürlich erleichtern Sie sich das Leben, wenn Sie, je nach Region, in der Sie sich niederlassen möchten, Italienisch- oder Französischkenntnisse haben.

Der Arbeitsmarkt

In der Schweiz ist die Arbeitslosenquote seit Jahren auf einem niedrigen Niveau und der Anteil der aktiven Bevölkerung an der Erwerbstätigkeit hoch (77,2 %). Auch für Jugendliche und ältere Erwerbspersonen, die im Allgemeinen schlechtere Arbeitsperspektiven haben, stellt sich der schweizerische Arbeitsmarkt grundlegend positiv dar. Es gibt allerdings deutliche regionale Unterschiede. In der deutschsprachigen Schweiz ist die Situation auf dem Arbeitsmarkt wesentlich günstiger als in der Westschweiz und im Tessin.

Die schweizerische Arbeitsverwaltung meldet einen Bedarf an Fachkräften mit ganz konkreten beruflichen Hintergründen: Das Handwerk sucht derzeit Baufachkräfte, Elektriker, Feinblechner, Installateure, Polsterer, Raumausstatter, Schlosser und Schmiede. Durch den Bau des Eisenbahntunnels sind beispielsweise Elektromonteure, Elektroinstallateure, Tunnelbauer und Fernmeldemonteure gefragt. Das Hotel- und Gaststättengewerbe stellt Personal für die Gästebetreuung, Köche, Servicekräfte, Rezeptionisten und Hausdamen ein. Im kaufmännischen Bereich werden Bank- und Finanzkaufleute, Verkäufer, Organisatoren (vor allem in den Bereichen Controlling und Logistik) und Bürokaufleute gesucht.

Auch die Beschäftigungsaussichten für IT-Fachleute, Webdesigner, Techniker, Berufe des Verkehrsgewerbes sowie der Textil- und Bekleidungsindustrie sind sehr gut. Unter den akademischen Berufen haben Ingenieure der Fachrichtungen Maschinen- und Fahrzeugbau sowie Elektrotechnik die besten Chancen.

Das selbständige beziehungsweise freiberufliche Arbeiten in der Schweiz ist zwar juristisch kein Problem, aber es ist nicht einfach, eine vielversprechende Marktlücke zu finden. Am einfachsten ist es noch in den künstlerischen Berufen. Witzigerweise sind die Schweizer Weltmeister in der Vergabe von Franchise-Partnerschaften in so ziemlich allen denkbaren Branchen. Auch Vertriebsprofis und Handelsvertreter auf freiberuflicher Basis werden laufend gesucht.

Lebenshaltungskosten

Geld sparen können vor allem diejenigen, die in der Schweiz leben und arbeiten und zum Einkaufen ins benachbarte Ausland fahren, denn das Schweizer Preisniveau liegt etwa ein Drittel über dem deutschen. Zwar werden in der Schweiz höhere Löhne gezahlt, berücksichtigt man jedoch die unterschiedlichen Preisniveaus, dann hat man in der Schweiz nach Abzug aller Lebenshaltungskosten vermutlich genauso viel Geld in der Tasche wie in Deutschland.

Löhne und Gehälter

Die Löhne und Gehälter, die in der Schweiz gezahlt werden, zählen zu den höchsten weltweit. Besonders viel verdient man in Zürich, Basel und in der Nordwestschweiz; am wenigsten im Tessin. Es gibt keinen allgemeinen gesetzlichen Mindestlohn, jedoch wurden in den Gesamtarbeitsverträgen für einige Branchen spezifische Mindestlöhne festgelegt. Sie lagen im Jahr 2005 für ungelernte Arbeitnehmer je nach Branche zwischen 2200 CHF (1397 €) und 4200 CHF (2667 €), für qualifizierte Personen zwischen 2800 CHF (1778 €) und 5300 CHF (3366 €). Im Jahr 2006 wurden die Mindestlöhne um durchschnittlich 1,1 Prozent erhöht.

Einheimische erhalten in der Regel höhere Vergütungen als entsprechend qualifizierte ausländische Arbeitnehmer. Frauen verdienen für vergleichbare Arbeiten zum Teil wesentlich weniger als Männer. Insbesondere für Arbeitnehmer in höheren Positionen wird die Vergütung als Paket gestaltet, das sich aus einer fixen Grundvergütung und aus variablen, leistungsbezogenen Einkommensbestandteilen zusammensetzt. Derzeit machen die variablen Teile und Zusatzleistungen oft 10 bis 30 Prozent der Gesamtvergütung aus – und dieser Anteil soll in den kommenden Jahren weiter steigen.

Die variablen Jahresprämien und Provisionen bemessen sich nach dem Grad, zu dem der Arbeitnehmer ein zuvor vereinbartes Arbeitsziel erreicht hat. Im Jahr 2004 erhielten Arbeiter mit einfachen Tätigkeiten im verarbeitenden Gewerbe durchschnittlich 4444 CHF (ca. 2800 €) brutto pro Monat, Arbeitnehmer mit sehr anspruchsvollen Aufgaben erhielten 7398 CHF (ca. 4700 €). Im Kredit- und Versicherungsgewerbe erhielten Beschäftigte durchschnittlich 5550 CHF (ca. 3500 €) beziehungsweise 10 082 CHF (ca. 6400 €), im Sektor Dienstleistungen 4127 CHF (ca. 2600 €) beziehungsweise 7635 CHF (ca. 4900 €) – jeweils basierend auf 40 Arbeitsstunden pro Woche.

Sozialabgaben und Steuern

Der Arbeitnehmeranteil an den Sozialabgaben beträgt je nach Altersstufe zwischen 13 und 24 Prozent vom Bruttogehalt. Hinzu kommt ein individuell vom Versicherer festgelegter Festbetrag für die Sozialversicherung. Der Durchschnittsbeitrag für Erwachsene beträgt rund 197 Euro im Monat. Für Kinder und Jugendliche unter 18 Jahren sind die Beiträge niedriger. Auch für unter 25-Jährige besteht die Möglichkeit, einen niedrigeren Beitrag festzusetzen. Mit dem Sozialversicherungsbeitrag sind alle wesentlichen Versicherungsbereiche abgedeckt: Krankheit und Mutterschaft, Invalidität, Alter einschließlich Leistungen für Hinterbliebene und Arbeitslosigkeit. Eine Beitragsbemessungsgrenze gibt es nur bei der Arbeitslosenversicherung. Sie liegt bei einem Jahresbruttogehalt von 68 744 Euro. Auf den Betrag, der nach Abzug der Sozialabgaben übrig bleibt, wird nach einem progressiven Tarif die Einkommensteuer erhoben. Unter www.steuern.sg.ch finden Sie einen Kalkulator, mit dem Sie Ihre Steuersumme selbst berechnen können.

Die Einkommensteuer setzt sich aus der Gemeindesteuer, der kantonalen Steuer und der direkten Bundessteuer zusammen. In St. Gallen etwa liegt die Steuerbelastung für Alleinstehende zwischen 0,5 Prozent und 30 Prozent. Da kommt doch Freude auf, oder?

Das Sozialversicherungssystem

Wer in der Schweiz arbeitet, unterliegt dem dortigen Sozialrecht. Die schweizerische Sozialversicherung umfasst die Krankenversicherung (in jedem Fall eine Grundsicherung), die Unfallversicherung (für abhängig Beschäftigte obligatorisch), die Alters-, Hinterlassenen- und Invalidenversicherung sowie die Arbeitslosenversicherung. Diese können Sie in der Schweiz oder in Deutschland anschließend geltend machen; auch die »Mitnahme« des Anspruchs für drei Monate in die Schweiz ist jetzt möglich. In der Schweiz gibt es zudem eine dritte Säule der Altersvorsorge, nämlich die zusätzliche freiwillige Vorsorge. Es ist auch bei kürzeren Beschäftigungszeiten in der Schweiz ratsam, zusätzlich vorzusorgen. Ein gutes und leicht lesbares Kompendium für EU-Bürger, die in der Schweiz arbeiten möchten, hat das Integrationsbüro der Regierung gemeinsam mit dem Bundesamt für Ausländerfragen herausgegeben.

Rund ums Auto

Wenn Ihres noch läuft, TÜV hat und Ihnen noch gefällt, nehmen Sie es ruhig mit. Die Alpenrepublik hat keine eigene Autoindustrie, dementsprechend teuer sind zumindest Neuwagen. Im ersten Jahr in der neuen Heimat können Sie sogar Ihre deutsche Autoversicherung, den Führerschein und Ihr Kennzeichen behalten. Nach zwölf Monaten allerdings brauchen Sie ein CH-Nummernschild, müssen Ihren Wagen vor Ort versichern und Ihren Führerschein umtauschen.

Die Promillegrenze liegt wie bei uns auch bei 0,5. Bei diesem Wert ist der Führerschein noch nicht zwingend weg, bei 0,8 Promille gehen Sie jedoch mindestens drei Monate zu Fuß. Denn wenn Sie Ihren Führerschein los sind, müssen Sie auch das Fahrrad stehen lassen. Die Schweizer machen nämlich keinen Unterschied zwischen Alkohol am Steuer und auf dem Drahtesel. Also lassen Sie den letzten Birnenbranntwein lieber stehen (schmeckt zwar gut, haut aber rein). Den typisch deutschen »Bleifuß« sollte man auch lieber in der alten Heimat lassen. In der Schweiz fährt man nämlich eher langsam. Auf Autobahnen maximal 120, auf Landstraßen 80, in geschlossenen Ortschaften 50 oder 60 und in Wohngebieten 30 km/h. Auf der Autobahn die Vignette nicht vergessen. Die kostet 40 Franken, gilt ein Kalenderjahr, gibt's an jeder Tankstelle und auf Postämtern.

Der Umzug

Da in der Schweiz – von Ferienwohnungen- und Häusern in den touristischen Gebieten abgesehen – die meisten Wohnungen unmöbliert vermietet werden, sollten Sie Ihr Mobiliar besser mitnehmen. Legen Sie beim Einpacken unbedingt eine Liste mit dem ungefähren Zeitwert der Sachen an. Dieses Papier müssen Sie nämlich beim Grenzübertritt am Zoll abgeben. Alles, was Sie aus Deutschland einführen (auch der struppige Goldhamster und der auf Hochglanz polierte Gummibaum), muss als Umzugsgut deklariert werden. Die geliebte Hanfpflanze besser zu Hause lassen und dem nichtsnutzigen Neffen schenken. Denn bei dem Versuch, Drogen einzuführen, reagiert der amtliche Eidgenosse ausgesprochen humorlos.

Wohnen

Durch das für uns gute Verhältnis des Euro zum Schweizer Franken ist das Wohnen in weiten Teilen der Schweiz längst nicht mehr so exorbitant teuer wie früher. Natürlich nur, wenn Sie nicht gerade in den Toplagen im Tessin suchen. Eine 100-Quadratmeter-Wohnung in ordentlicher Lage, in Zürich zum Beispiel lässt sich durchaus für umgerechnet 1100 Euro (kalt) finden.

Der Freizeitwert

Die Schweiz ist natürlich nicht nur kulturell ein abwechslungsreiches »Ländli«, nein, der Freizeitwert überhaupt ist hier besonders hoch. In ein und demselben Land können Sie schneebedeckte Berge und palmenbewachsene Uferpromenaden finden. Im Sommer kann man auf einem der wunderschönen Seen segeln, und im Winter hat man die besten Skiregionen in unmittelbarer Nähe. Für alle Bergwanderer ist die Schweiz ein Dorado. Wir können nur empfehlen, bei einer Reise durch die Schweiz den Weg von Genf nach Montreux (das bekannte Jazzfestival ist ebenfalls ein Hit) zu nehmen und die Weinberge und Uferstraßen der Schweizer Riviera in vollen Zügen zu genießen.

Wenn die Kinder mitkommen

In der Schweiz ist es oft schwer, Beruf und Familie zu vereinbaren: So sind rund 40 Prozent aller 40-jährigen Frauen mit Hochschulabschluss in der Schweiz kinderlos. Über die Hälfte aller erwerbstätigen Frauen arbeiten in Teilzeit, bei den Männern ist es jeder zehnte. Die meisten haben sich aus familiären Gründen dazu entschieden – unter anderem weil die Betreuungszeiten der Kinderkrippen und Schulen meist nicht den Bedürfnissen Vollzeiterwerbstätiger entsprechen. Das Betreuungsangebot für Kinder unterscheidet sich je nach Kanton stark. Informationen über die einzelnen Einrichtungen und Betreuungszeiten erhalten Sie in der Studie »Vereinbarkeit von Beruf und Familie« des Staatssekretariats für Wirtschaft, die Sie unter www.seco.admin.ch (Publikationen) kostenlos erhalten können. Kinder zwischen drei und sechs Jahren können den Kindergarten besuchen – meistens werden sie dort drei bis vier Stunden pro Tag betreut. Informationen über Kindertagesstätten, Tagesfamilienbetreuung und über Einrichtungen für die Nachmittagsbetreuung für Schulkinder sowie weiterführende Links finden Sie unter www.kinderkrippen-online.ch. Dort können Sie auch – unterteilt nach Kantonen – nach freien Betreuungsplätzen suchen.

Auch das Schulsystem ist von Kanton zu Kanton unterschiedlich geregelt. Der vier- bis sechsjährigen Primarschule schließt sich eine drei- bis vierjährige Übergangsstufe an. Danach können die Schüler innerhalb von drei bis vier Jahren eine Berufslehre abschließen, eine höhere Fachschule oder später die kantonalen Universitäten besuchen. Weitere Informationen dazu erhalten Sie beim Staatssekretariat für Bildung und Forschung unter www.sbf.admin.ch. Welche Schulen es in den einzelnen Kantonen der Schweiz gibt, erfahren Sie unter www.schulweb.de – dort finden Sie auch Links zu den Homepages der Schulen und weitere Informationen.

Mütter erhalten eine Mutterschaftsentschädigung in Höhe von 80 Prozent ihres durchschnittlichen Einkommens, wenn sie vor der Geburt mindestens neun Monate in der obligatorischen Krankenversicherung versichert und in dieser Zeit mindestens fünf Monate lang erwerbstätig waren. Die Entschädigung ist auf maximal 172 CHF (ca. 110 €) pro Tag begrenzt und wird für die Dauer von 14 Wochen nach der Geburt gezahlt (maximale Dauer des Mutterschaftsurlaubs). Die Familienleistungen sind – mit wenigen Ausnahmen – in den Gesetzen der einzelnen Kantone geregelt. Demnach erhalten Eltern für Kinder bis zum Alter von 16 Jahren Kindergeld, für Studenten und Azubis bis zum Alter von 25 Jahren. Je nach Kanton und Kinderzahl beträgt das Kindergeld zwischen 154 CHF (ca. 100 €) und 344 CHF (ca. € 220). Zehn Kantone zahlen eine Geburtszulage zwischen 600 CHF (380 €) und 1500 CHF (950 €). Über den Schutz schwangerer Arbeitnehmerinnen informiert eine Broschüre des Staatssekretariats für Wirtschaft (www.seco.admin.ch).

Nützliche Internetadressen

www.lebenin.ch. Die Website gibt hilfreiche Informationen über das Leben und Arbeiten in der Schweiz, Umzug in die Schweiz sowie über sozialversicherungsrechtliche Fragen und Freizeitmöglichkeiten.

THAILAND

Der Buchstabe »G« beziehungsweise zwei Wörter, die sich dahinter verbergen, haben in Thailand eine ganz besondere Bedeutung: Geist und Gesicht. 95 Prozent der Thailänder sind Buddhisten und glauben an böse wie gute Geister. Ein Teil des täglichen Lebens eines Thai ist den Bemühungen gewidmet, die Geister milde und wohlwollend zu stimmen.

Auf einer der zahlreichen kleinen Inseln in Südthailand wurde ich einmal Zeuge einer merkwürdigen Begebenheit: Ein reicher Einheimischer aus Bangkok wollte sich auf besagter Insel ein Ferienhaus bauen lassen. Die Arbeiten waren in vollem Gange, Wände wurden hochgezogen, es wurde gemauert, gehämmert und gesägt. Plötzlich, wie auf einen unsichtbaren Befehl, ließen die Arbeiter ihre Werkzeuge fallen, stellten die Arbeit ein und setzten sich im Schneidersitz auf den Boden. Die Atmosphäre war weniger angespannt als ängstlich. Der Besitzer des künftigen Hauses wurde eilig herbeigerufen, die Arbeiter redeten auf ihn ein, und er verschwand. Kurze Zeit später tauchte er wieder auf der Baustelle auf, bewaffnet mit einem sogenannten Buddha-Häuschen, einer Art Minialtar, in dem sich eine Buddha-Statue befindet. An einer bestimmten Stelle des Baus wurde der Altar aufgebaut und mit Opfergaben wie Räucherstäbchen, Duftkerzen und Früchten versehen. Zehn Minuten später waren die Arbeiten an dem Haus wieder in vollem Gange.

Was war passiert? Einem der Handwerker war aufgefallen, dass an genau der Stelle, an dem jetzt der kleine geschmückte Altar stand, ein Geist wohnte, der dem Hausbau nicht wohlgesinnt war und der durch das Buddha-Häuschen und Geschenke milde gestimmt werden musste. Dem künftigen Hausbesitzer wäre es niemals in den Sinn gekommen, sich den Forderungen seiner Arbeiter zu widersetzen. Denn erstens hätte er dann keine Arbeiter mehr gehabt und zweitens hätte er sein Gesicht verloren, das zweite große »G«. Den Gesichtsverlust scheuen die Thais fast ebenso wie die schlechte Laune ihrer Geister. Als Ausländer sollten Sie deshalb im Zusammenhang damit unbedingt ein paar Regeln beachten, die sowohl Sie selbst als auch Ihre Gastgeber das Gesicht behalten lassen. Auf die wichtigsten werden wir später noch zu sprechen kommen.

Daten und Fakten

Hauptstadt und Regierungssitz Thailands ist Bangkok. Als »Dorf im Pflaumenhain« oder »Stadt der Engel« – so die wörtlichen Bedeutungen von *Bangkok* – kann man die Hauptstadt allerdings kaum noch bezeichnen. Das Stadtgebiet allein hat 6,6 Millionen registrierte Einwohner. Die nicht gemeldeten Bewohner dürften nach Schätzungen etwa noch einmal drei Millionen ausmachen. Im Großraum Bangkok sind 11,2 Millionen Menschen offiziell erfasst.

Fläche: 513 115 qkm
Einwohnerzahl: ca. 67 Mio.
Regierungsform: Militärregierung / Konstitutionelle Monarchie
Staatsoberhaupt: König Bhumibol Adulyadej, der den Premierminister einsetzt.
Verwaltungsgliederung: 76 Provinzen
Währung: Thailändischer Baht (THB)
Wechselkurs: 1 Euro = ca. 46 THB.
Nationalfeiertag Thailands: 5. 12. (Geburtstag des Königs)
Verfassungstag Thailands: 10. 12.
Zeitzone: + 6 h gegenüber MEZ

Die Einwanderungsbestimmungen

Deutsche Staatsangehörige können ohne Visum einreisen, wenn sie ein Rück- oder Weiterflugticket in der Tasche haben und ihr

Aufenthalt nicht länger als 30 Tage dauert. Für einen längeren Aufenthalt wird ein Visum benötigt, das in jedem Fall vor der Einreise bei einer thailändischen Auslandsvertretung beantragt und in Empfang genommen werden muss. Das Visum hat eine Gültigkeitsdauer von 90 Tagen ab Ausstellungsdatum. Das Visum ist keine Aufenthaltserlaubnis. Die eigentliche Aufenthaltserlaubnis wird erst bei der Einreise von dem zuständigen thailändischen Passbeamten in Form eines Einreisestempels im Pass angebracht. Abhängig von der Art des Visums, das von der thailändischen Auslandsvertretung erteilt wird, werden bei der Einreise Aufenthaltserlaubnisse mit folgender Gültigkeitsdauer erteilt: Touristen-Visa mit 60 Tagen Aufenthalt, Non-Immigrant-Visa mit 90 Tagen Aufenthalt. Eine Verlängerung muss vor Ablauf der Aufenthaltserlaubnis persönlich entweder beim *Immigration Office (Royal Thai Police Department, Soi Suan Phlu)* in Bangkok oder dem jeweiligen *Immigration Office* am Aufenthaltsort beantragt werden. Ausländer beantragen ein Einwanderungsvisum bei einer thailändischen Botschaft oder einem thailändischen Konsulat im Ausland.

Ausländer, die über eine Daueraufenthaltserlaubnis in Thailand verfügen, können auf Wunsch eine Arbeit aufnehmen und müssen hierzu eine Arbeitserlaubnis beim *Labour Department* beantragen. Falls ein Ausländer ein Gewerbe betreiben oder arbeiten möchte, muss er dazu die folgenden Unterlagen beibringen:

Ärztliche Bescheinigung von einem staatlichen Krankenhaus; Arbeitserlaubnis vom *Labour Department*; Nachweis über Berufseignung oder -erfahrung. Dann wollen die thailändischen Behörden noch einen Organisationsplan sehen, der alle Positionen der in der Firma angestellten Personen angibt, einschließlich der Anzahl der dort arbeitenden Ausländer, Vertragsurkunde (entspricht in etwa unserem Handelsregisterauszug) und Bestimmungen der Firma, Bürgschaftsbrief über die Urkunde der Registrierung, Name der Teilhaber und Firmenvermögen, Nachweis über Zahlung der Firmensteuer. Darüber hinaus wird ein Nachweis über eine Kaution von nicht weniger als 100 000 Baht (etwa 2063 Euro), die bei einer Handelsbank in Thailand hinterlegt werden muss, verlangt.

Die medizinische Versorgung

Die Gesundheitsversorgung in Bangkok und den Touristenzentren Thailands ist sehr gut, in den ländlichen Regionen jedoch lückenhaft. Besonders die internationalen Krankenhäuser und Militärhospitäler sind, was die technischen Standards und die Qualifikation des Personals betrifft, durchaus gut. Als besonders qualifiziert gelten die thailändischen Zahnärzte, die für einen Bruchteil dessen arbeiten, was deutsche Zahnärzte verlangen.

Die Krankenversicherung

Eine gute Krankenversicherung gibt es befristet für drei Jahre bei der DKV ab ca. 35 Euro pro Monat oder ab ca. 37 Euro pro Monat bei der BUPA Blue Cross in Thailand. Wir erwähnen die DKV hier ausdrücklich, weil nicht alle deutschen Krankenversicherungen in Thailand anerkannt werden. Für den Anfang sollte eine vernünftige Auslandskrankenversicherung genügen, die man, sobald man sein Visum hat, mühelos auf die BUPA Blue umschreiben lassen kann.

Die Sprache

Wenn man nicht gerade ein Einsiedlerdasein führen will, gehört es dazu, dass man sich bemüht, die Sprache zu erlernen. Thai ist sehr leicht zu lernen, schwieriger wird es mit der Schrift. Die gesprochene Alltagssprache ist einfach, sie hat kaum grammatikalische Regeln, man reiht einfach Wort für Wort hintereinander, und mit ein paar hundert Wörtern kann man sich als Ausländer schon gut unterhalten. Viele Thai, gerade in Bangkok und auf den Inseln, sprechen Englisch, oder das, was sie dafür halten. Ich zumindest brauchte eine Zeit des Nachdenkens, um dahinterzukommen, dass die Ansage eines Einheimischen »me go be« nichts anderes als »I go to the beach« bedeutet. Thai schon in Deutschland zu lernen ist relativ sinnlos, es sei denn, Sie haben hier thailändische Freunde, die es Ihnen beibringen. Viel einfacher: sich vor Ort einen Privatlehrer nehmen, der Ihnen in ein paar Wochen das Wichtigste aus der Umgangssprache beibringt. Bei dem thailändischen Lohnniveau werden Sie diese Ausgabe in Ihrem Sparschwein kaum spüren.

So benimmt sich ein Farang (sprich: »Falang«) in Thailand

Farang ist nichts anderes als die thailändische Bezeichnung für einen hellhäutigen, langnasigen Ausländer, also Sie. Das Wort wird in Thailand völlig wertfrei verwendet.

Ein paar Grundregeln müssen Sie als Ausländer in Thailand unbedingt befolgen, selbst wenn Ihnen manchmal die Einsicht dafür fehlt. Will der *Farang* längere Zeit mit den Thais gut auskommen und mit ihnen leben, dann muss er akzeptieren, dass diese eine grundlegend andere Einstellung zu den alltäglichen Dingen des Lebens haben als der Durchschnittseuropäer. Hüten Sie sich davor, eine vermeintliche Überlegenheit zu zeigen oder gar arrogant und besserwisserisch zu wirken.

Den allgegenwärtigen Glauben an die Geister zu akzeptieren, oder zumindest zu tolerieren, ist die erste und vielleicht wichtigste Lektion eines *Farang*. Thais rufen bei jeder möglichen Gelegenheit die Geister oder bringen ihnen ein Opfer dar. Der richtige Umgang mit den Geistern ist im täglichen Leben allgegenwärtig. Denn die Geister könnten Spott oder Herabsetzung übel aufnehmen und sich am *Farang* und auch an den Menschen, mit denen er zusammenlebt, rächen. Der Geisterglaube gibt den Thais Sicherheit. Lassen Sie Ihren Thaifreunden diese Lebenssicherheit. Wenn der *Farang* seine Frau, seine Kinder und die Menschen im Dorf vor erzürnten Geistern schützen will, muss er die Geister akzeptieren; er muss ja nicht wirklich an sie glauben, sollte sich aber hüten, dies allzu deutlich zu zeigen. Letztendlich schützt der *Farang* sich selbst, wenn er in angemessener Weise den Geisterglauben und die Geisterverehrung respektiert.

Die Einstellung der Thais zum Geld unterscheidet sich vollkommen von der unseren: Obwohl sie nach unseren Begriffen meist bettelarm sind, geben sie das bisschen Geld, das sie irgendwie verdienen, sofort wieder aus. Für die Thais verbirgt sich hinter der westlichen Art, Geld zusammenzuhalten und zu vermehren, Geiz. Nach ihrer Ansicht sollte man sich oder anderen mit Geld eine Freude machen. Wer weiß schon, ob man morgen noch gesund ist oder gar noch lebt oder ob das Geld dann nicht längst schon abhandengekommen ist? Das Argument, dass man im Alter von Erspartem leben möchte, wird auf vollkommenes Unverständnis stoßen. Unseren Arbeitsrhythmus, fünf bis sechs Tage pro Woche arbeiten und nur gelegentlich Urlaub machen, damit man es zu was bringt und sich wohlfühlt, kann man kaum einem Thai begreiflich machen. Gearbeitet wird dann, wenn das Feld bestellt werden muss oder ein Kunde etwas bestellt hat. Hat man dann etwas Geld in der Tasche, wird so lange nicht gearbeitet, bis das Geld ausgegeben ist.

Thais weichen unangenehmen Dingen gerne aus und vermeiden Konflikte, soweit es irgendwie geht. Auseinandersetzungen in der Öffentlichkeit auszutragen ist vollkommen undenkbar. Wer dies tut, verliert sein Gesicht. *Farangs* neigen allzu leicht dazu, ihren Ärger zu zeigen oder irgendetwas zu kritisieren. Der Thai vermeidet es aus Höflichkeit, etwas direkt abzulehnen oder zu verneinen. Fragt man einen Thai nach dem Weg, wird er vermutlich eher einen falschen Weg angeben, bevor er zugibt, den Weg nicht zu kennen. Man wird selten von einem Thai eine Absage zu hören bekommen, selbst wenn es ihm unmöglich ist, der Bitte zu entsprechen.

Ausflüchte, Nichtstun oder hinhaltendes Verhalten als Lüge oder Unwillen zu bezichtigen ist das Ungeschickteste, was der *Farang* tun kann. Der Thai wird Ihnen glaubhaft versichern, dass die von Ihnen sehnsüchtig erwartete Ersatzteillieferung jeden Tag hätte kommen müssen. Möglicherweise wird er den *Farang* zu einem Altar führen und ihn auf die Opfergabe für die Götter hinweisen. Damit ist für den Thai alles Nötige getan, um das das Problem der nicht vorhandenen Ersatzteile zu lösen.

Der *Farang*, der eine lang ersehnte Dose deutscher Leberwurst unversehrt per Post erhalten hat und diese in den Kühlschrank legt mit den Worten, dass diese deutsche Delikatesse ausschließlich für ihn persönlich bestimmt sei, wird womöglich als Dieb am gemeinsamen Eigentum betrachtet. Thais leben oft ihr ganzes Leben mit anderen Menschen in einem Zimmer. Privatsphäre oder Privateigentum ist ihnen fremd. Alles was vorhanden ist, ist für jeden da, auch für die Geister.

Eine den Erfordernissen der Situation entsprechende möglichst ordentliche Kleidung gehört zu dem, was in Asien allgemein mit dem Begriff »Gesicht« gemeint ist, und das »Gesicht« zu wahren ist in Thailand alles. Helfen Sie bei der Feldarbeit, so ist ein Schlips sicher nicht erforderlich, aber eine ordentliche, saubere Hose und ein Poloshirt, nach Möglichkeit ohne Löcher, würde Ihnen als reichem *Farang* – und in den Augen der Thais sind Sie reich – jedenfalls gut zu Gesicht stehen. Jeder Büroangestellte in Bangkok, egal, wo er arbeitet, kommt mit Krawatte, langärmeligem Hemd und, wenn es irgendwie geht, mit Jackett zur Arbeit. Wer sich ordentlich anzieht, zeigt damit auch, dass er ein höflicher Mensch *(khon suparp)* ist. Durch ordentliche Kleidung gewinnt man nicht nur selbst an »Gesicht«, sondern zeigt auch seinen Kollegen und Kunden, dass man sie respektiert. Ein *Farang*, der etwas auf sich hält, trägt auch zu geschäftlichen Anlässen immer Anzug und Krawatte, auch wenn es noch so heiß ist.

Thais denken bei all ihren Handlungen vor allem an den Augenblick und daran, ihr »Gesicht« zu wahren. Kurz- oder gar längerfristige Folgen sind den Thais nicht wichtig. Diese Lebenseinstellung, so liebenswert sie einem auch erscheinen mag, ist für den Westeuropäer manchmal ausgesprochen mühsam. Eine lang- oder auch nur mittelfristige Geschäftsstrategie mit Ihrem thailändischen Geschäftspartner zu entwickeln ist nahezu unmöglich. Versuchen Sie es auch gar nicht erst, denn es wird Ihnen nicht gelingen. Garantiert. Ihre einzige Chance ist: »Friss oder stirb«, denn ändern können Sie allenfalls Ihre eigene Sicht auf das Leben, aber nicht die der Thais.

Wohnen und Lebenshaltungskosten ...

... sind in Thailand um ein Vielfaches niedriger als in Deutschland. Ein paar Beispiele: Saubere Einzimmerapartments finden Sie selbst in Bangkok für etwa 90 Euro monatlich. Normalerweise sind die Nebenkosten hier bereits enthalten. Wer komfortabler wohnen möchte, hat die Auswahl zwischen einem Riesenangebot an möblierten oder unmöblierten Wohnungen in allen Preisklassen. Kleinere zweistöckige Häuschen finden Sie bereits ab 150 Euro Monatsmiete. Ein mittleres Einfamilienhaus kostet zwischen 250 und 300 Euro, kleine Villen mit Pool sind ab 300 Miete zu bekommen. Für Nebenkosten sollte eine vierköpfige Familie noch einmal etwa 40 Euro kalkulieren. Da Einkaufen auf den Märkten ausgesprochen billig ist und selbst Essengehen den Geldbeutel nicht übermäßig strapaziert, kann eine Familie bei einem vernünftigen Lebensstandard mit 800 Euro (ohne Versicherungen) im Monat auskommen. Mit ca. 1000 bis 1200 Euro kann man dagegen schon ein bisschen auf den Putz hauen, im Prinzip lebt man damit schon fast wie ein König im Land des Lächelns.

Typische monatliche Kosten in Thailand betragen etwa: (angenommene Tauschrate: 1 € = 45 Baht):

Miete ab:	78,- €	3500,- THB
Strom ohne Klimaanlage:	17,- bis 22,-€	800,- bis 1000,- THB
Strom mit Klimaanlage:	26 bis 33 ,- €	1200,- bis 1500,- THB
Wasser (mit Waschmaschine etwas teurer):	2,- €	100,- THB
Müll (in einigen Regionen frei):	1,- €	50,- THB
Telefon Grundgebühr:	2,- €	100,- THB
Internet (DSL) ab:	11,- €	500,- THB
Kabel-TV oder Satelliten-TV:	11,- oder 35,- €	500,- oder 1600,- THB
Gesamt ab:	122,- €	5500,- THB

Eine Haushaltshilfe, die bei Ihnen wohnt, isst und sich um die Kinder kümmert, schlägt mit ca. 100 Euro pro Monat zu Buche. Brauchen Sie nur eine Teilzeitkraft, die Haus und Wäsche auf Vordermann bringt, kalkulieren Sie einen Euro pro Stunde.

Sollten Sie an den Kauf einer Immobilie denken, vergessen Sie's zumindest im Augenblick mal. Denn nach der momentan gültigen Rechtslage ist Ausländern der Landerwerb in Thailand nicht gestattet. Es gibt zwar Hintertürchen, mit denen man dieses Gesetz umgehen kann, die meisten sind jedoch illegal, und wir raten Ihnen dringend davon ab. Sobald Sie Land und Leute ein bisschen besser kennengelernt haben, können Sie sich mit einem seriösen Anwalt in Verbindung setzen, der Ihnen möglicherweise auf legalem Wege dazu verhelfen kann, doch noch Immobilienbesitzer in Thailand zu werden.

Die besten Jobchancen ...

... haben Sie derzeit in den folgen Berufen: Hotelmanager, Tauchlehrer & Divemaster, Englischlehrer (an normalen Schulen), Reiseleiter (ausschließlich in der Heimatsprache; der Beruf des *Tour*

Guide ist sonst ausdrücklich für Ausländer verboten!), Koch (nur für europäisches Essen), Immobilienmakler (in der Regel nur mit eigener Firma und laut Verbotsliste nur für internationale Geschäfte erlaubt), Musiker (in Hotels, Lobbys etc.), Manager seiner »eigenen« Firma (die Firma kann fast alles machen, aber die einzelnen Arbeiten müssen von Einheimischen verrichtet werden), Kommissions-Jäger (wer gut reden und verkaufen kann, kann sich sein Geld damit verdienen, Touristen zu verschiedenen Geschäften zu schleifen und anschließend eine Provision zu kassieren. Das funktioniert vom Mopedverleih bis hin zu Immobiliengeschäften. Ausgangspunkt ist jedoch meistens eine Bar, ein Restaurant oder eine Hotelanlage). Das heißt natürlich nicht, dass Sie sich nicht auch mit anderen Qualifikationen durchaus vernünftig über Wasser halten können. Die Erteilung einer Arbeitsgenehmigung ist dann allerdings eine Fall-zu-Fall-Entscheidung der thailändischen Behörden.

Die thailändische Küche ...

... gilt als eine der abwechslungsreichsten der Welt. Aber Vorsicht: Das, was man Ihnen in Deutschland bei Ihrem Lieblings-Thailänder vorsetzt, hat mit der Landesküche oft nur herzlich wenig zu tun. Die echte Thai-Küche wird dem Europäer zunächst den Schweiß auf die Stirn treiben und den Atem rauben. Und auch der »Nachbrenner« am nächsten Morgen ist nicht von schlechten Eltern. Doch schon sehr bald werden Sie die scharfen Gerichte schätzen lernen. Denn sie sind eine große Hilfe, die Hitze und das feuchte Klima besser zu ertragen. Außerdem haben sie eine aseptische Wirkung, die das Risiko von Infektionen minimiert.

Neben Knoblauch, Ingwer und Chili gibt es eine Unzahl von Gewürzen, die die Gerichte der Landesküche ausgesprochen schmackhaft machen. Die wichtigsten Grundnahrungsmittel sind Eiernudeln, Reis, Kokosmilch, Yam-Wurzeln, Maniok, Süßkartoffeln, Huhn, Schwein, Ente, Lamm und Rind. Und natürlich Fisch und Meeresfrüchte. Dazu gibt es jede Menge verschiedener Gemüsesorten, die allesamt köstlich und knackig zubereitet sind. Nie würde es einem thailändischen Koch einfallen, seine Auswahl an Gemüse einfach in heißes Wasser zu werfen und dort so lange garen zu lassen, dass selbst ein Zahnloser sie mühelos in den Magen befördern könnte – jeglicher Geschmack aber futsch ist.

Wer nicht in ein Restaurant gehen möchte, dem seien die zahllosen Garküchen auf der Straße empfohlen, wo man die Speisen direkt vor Ihren Augen zubereitet. Die Qualität des Essens ist exzellent, die Preise lächerlich günstig.

Getrunken wird sehr viel grüner Tee, gelegentlich das durchaus genießbare einheimische Singha-Bier. Wein ist teuer und schlecht, wen es nach härteren Alkoholika gelüstet, bekommt überall den berühmten Mekong-Whisky (hat mit Whisky in seiner klassischen Form, ob Scotch oder Bourbon, rein gar nichts zu tun), riskiert dabei aber gelegentlich sein Augenlicht. Vermutlich war er ursprünglich zur Desinfektion von Wunden gedacht. Die orale Aufnahme im Übermaß ist für uns Europäer ausgesprochen gewöhnungsbedürftig. Kurz: Sie sind in Rekordzeit hackedicht und haben am nächsten Morgen einen Kopf wie ein Rathaus und garantiert einen Filmriss.

Der Sextourismus

Deutsche Auswanderer, zumal wenn sie männlichen Geschlechts sind und sich Thailand als Ziel ihrer »Zukunft mit Aussicht« ausgesucht haben, haben zunächst mal ein massives Imageproblem. Zwar nicht bei den Menschen in ihrem künftigen Gastgeberland, aber möglicherweise bei den Kumpels in der Stammkneipe um die Ecke. »Da willst du doch bloß wegen der Frauen hin«, gehört noch zu den harmlosesten Varianten, wenn auf den Sextourismus angespielt wird, der leider automatisch mit Thailand in Verbindung gebracht wird. Versuchen Sie erst gar nicht, sich zu wehren oder gar zu rechtfertigen. Denn dieses Vorurteil ist in Deutschland so zementiert, dass Sie schon schweres Werkzeug bräuchten, um es aufzubrechen. Einfacher ist es, sich umzudrehen und die Kumpels ab sofort als Ex-Kumpels zu betrachten. Okay, jetzt könnte man sagen, wo Rauch ist, da ist auch Feuer. Und in der Tat, es gibt ihn, den Sextourismus, in bestimmten Teilen dieses wunderschönen Landes. Das ist schlimm und besonders ekelhaft und kriminell dann, wenn Kinder im Spiel sind. Aber den Markt dafür haben eindeutig die Europäer geschaffen. Sie haben die Armut der Einheimischen ausgenutzt und dem Ruf dieses stolzen Königreiches massiv geschadet. Wir raten dringend von jeglichem Kontakt zu dieser miesen »Branche« ab. Sowohl privat, vor allem aber auch zum Zweck des Broterwerbs. Das Rotlichtmilieu ist auf der ganzen Welt ein knallhartes Geschäft. In Ländern wie Thailand sogar in mehrfacher Hinsicht ausgesprochen gefährlich. Kommen Sie diesem Geschäft zu nah, haben Sie die Wahl zwischen Not und Elend – will heißen: Aids oder Knast.

Das Schulsystem

Der Besuch der staatlichen Schulen in Thailand ist kostenfrei. Ab dem Alter von sieben Jahren besteht Schulpflicht, die seit einem Gesetz von 1998 mindestens sechs Jahre dauert. In den letzten Jahrzehnten ist der Alphabetisierungsgrad in Thailand im Vergleich zu den vorhergehenden Generationen durch zunehmende Schüler- und Studentenzahlen stark gestiegen. Mittlerweile wechseln fast 40 Prozent aller thailändischen Schüler nach der Grundschule auf höhere Schulen. Für ein Hochschulstudium ist eine Eingangsprüfung Voraussetzung, zudem herrscht ein großer Wettbewerb um die Studienplätze. Der Anteil männlicher Studenten in Thailand ist wesentlich höher als der von Frauen. Hauptgrund ist, dass männliche Studenten preiswert in den vielen *Wats* (Tempeln) wohnen können, während Frauen die teuren Unterkünfte während des Studiums meist nicht finanzieren können.

Für Ausländer mit Daueraufenthaltsgenehmigung gilt das gleiche System. Ausnahme: Auch männliche Schüler und Studenten dürfen nicht in den *Wats* wohnen. Kostenpflichtige Privatschulen, die sehr viel billiger als in Europa sind, finden sich in jeder größeren Stadt.

DÄNEMARK

Es war kein »Hallo« oder »Schön, dass du hier bist«, das mich am Flughafen Kopenhagen bei meiner Ankunft erwartete, sondern ein »Du brauchst sofort ein Fahrrad«. Ich glaubte meinem Freund kein Wort. Gewöhnt an Münchner Verhältnisse, wo jede Strecke mit U- oder S-Bahn oder dem eigenen Auto zu bewältigen ist, und verwöhnt durch Temperaturen deutlich jenseits der Zehn-Grad-Marke, wenn ich mich auf meinen Drahtesel schwang, tat ich diesen Satz mit einem Kopfschütteln ab. Ich wurde eines Besseren belehrt.

Als ich mich zu einem etwas abgelegeneren Stadtteil aufmachte, wurde ich vom Anblick mehrerer 10 000 Fahrräder schier erschlagen. Und der entsprechenden Ausrüstung: batteriebetriebene Fahrradlichter, Radschlösser, die selbst für Panzerknacker unzerstörbar sein dürften, Fingerwärmer und fahrradgeeignete Kleidung für jede Wetterlage, ja sogar batteriebetriebene Sattelwärmer fielen mir auf (na und, jedes bessere Auto hat ja auch Sitzheizung). Und es gibt auf den Radwegen, die überall, ja wirklich überall, vorhanden sind, feste Hand- und Klingelzeichen, bei Absteigen, Anhalten, Abbiegen und Überholen. Nach einigen Tagen und bösen Zurufen und Fast-Unfällen waren auch meine morgendlichen sechs Kilometer als frisch integrierter Fahrrad-Kopenhagener erlernt. Und ich hatte mit meinem neu (günstig) gekauften Rad einen kurzen Weg – andere fuhren 20, 25 Kilometer mit dem Rad zur Arbeit, und zwar jeden Tag, bei jedem Wetter. Das Rad übernimmt in Kopenhagen die Rolle des Autos – zweifelsohne sind mehr Räder als Autos im Stadtbild zu sehen, und größere Strecken werden völlig selbstverständlich auf dem Zweirad bewältigt, ohne auch nur einen Gedanken an das Auto zu verschwenden.

Daten und Fakten zu Dänemark

Fläche: 43 098 qkm
Einwohner: ca. 5,4 Mio.
Hauptstadt: Kopenhagen (ca. 504 000 Einwohner)
Staatsform: Parlamentarische Monarchie (das älteste König-
reich der Welt)
Staatsoberhaupt: Königin Margarethe II.
Bevölkerungsdichte: 126 Einwohner/qkm
Bevölkerungswachstum: ca. 0,3 %
Geschäftssprachen: Dänisch, Englisch, Deutsch
Währung: Dänische Krone (dkr); 1 dkr = 100 Öre
Wechselkurs: 1 Euro = 7,45 dkr

Das Wetter in Dänemark

Das Wetter in Dänemark ist viel besser als sein Ruf – und vor
allem nicht so kalt, wie oft behauptet wird. Wer gerne einen warmen Sommer hat, aber nicht nur in der Sonne relaxen, sondern
auch mit seiner Familie aktiv sein möchte, der ist in Dänemark genau richtig. Blauer Himmel, strahlender Sonnenschein – das gibt
es in Dänemark ganz oft.

Beeinflusst wird das Wetter in Dänemark stark durch den Golf-
strom, der für ein mildes Klima sorgt. Der Wind kommt überwiegend aus westlichen Richtungen, was oft für wechselhaftes Wetter
sorgt. Bei östlichem Wind ist das Wetter stabiler.

Der Sommer dauert von Juni bis September. Der Februar ist
der kälteste Monat, Frühling und Herbst sind mild. Das wärmste
Klima in Dänemark bieten allerdings die dänischen Südseeinseln.
Die Ostsee ist mild und freundlich, das Meer wärmer und ruhiger
als an der rauhen Nordsee. Die sanfte Meeresbrise und die klare
Luft sind besonders für Kinder sehr gut geeignet.

Die Aufenthaltsgenehmigung

Sofern man sich mehr als drei Monate in Dänemark aufhalten will, braucht man eine Aufenthaltsgenehmigung, die für deutsche Staatsbürger allerdings eine reine Formsache und auf unbürokratischem Weg zu bekommen ist. Der Antrag kann beim zuständigen Bezirksamt (Staatsamt) des dänischen Wohnorts oder bei der zuständigen dänischen Botschaft im Heimatland gestellt werden.

Die Aufenthaltsgenehmigung ist das wichtigste Dokument für einen Ausländer. Sie muss ständig bei sich getragen und auf Verlangen vorgezeigt werden.

Die Arbeitserlaubnis

Die Arbeitserlaubnis muss vor der Einreise nach Dänemark beantragt werden. Das geschieht in der dänischen Botschaft im Heimatland des Antragstellers. Hierzu sind der Antrag und zwei Passfotos nötig. Wenn die Botschaft den Antrag, den Sie auch per Post stellen können, erhält, wird er an die dänische Einwanderungsbehörde in Kopenhagen weitergeleitet. Diese wartet auf eine Stellungnahme des dänischen Arbeitsministeriums. Die Prozedur dauert etwa drei bis sechs Wochen.

Es muss darauf geachtet werden, dass der Antrag korrekt ausgefüllt ist, da sich die Erteilung der Arbeitserlaubnis sonst erheblich verzögern kann. Erst wenn man die Arbeitserlaubnis persönlich abholt, muss ein gültiger Ausweis oder Reisepass zur Legitimation mitgebracht werden.

In welchen Jobs habe ich Chancen?

Im Großraum Kopenhagen (1,8 Mio. Einwohner) haben die größten dänischen Unternehmen und mittlerweile rund 2000 ausländische Firmen ihren Hauptsitz. Die Erwerbstätigen in dieser Region arbeiten überwiegend in der Bauindustrie, in der Informations- und Kommunikationstechnik und in der Lebensmittelindustrie. Darüber hinaus gibt es in dieser Region eine bemerkenswerte Konzentration von Unternehmen bestimmter Sparten des Gesundheitssektors (Medizintechnik, Pharmaindustrie, Biotechnologie): In und um Kopenhagen findet man drei Viertel aller Erwerbstätigen und die Hälfte aller Firmen, die in diesen Sparten tätig sind.

Aktuell meldet die Arbeitsverwaltung einen Bedarf an Fachkräften mit ganz konkreten beruflichen Hintergründen: Das Handwerk sucht Baufachkräfte, Maler und Lackierer, Raumausstatter und Polsterer, Tischler und Modellbauer sowie Fachkräfte der Metallerzeugung und -bearbeitung. Im Einzelhandel sind kaufmännisch versierte Geschäftsbereichsleiter gefragt. Im Industriesektor besteht Bedarf an Metallfeinbauern, Monteuren, Metall- und sonstigen Fertigungsberufen. Darüber hinaus haben Berufe des Verkehrsgewerbes und einige akademische Berufe (Betriebswirte, Diplom-Kaufleute, Ingenieure der Fachrichtungen Maschinen- und Fahrzeugbau) sehr gute Beschäftigungsaussichten.

Und so sieht es aus, wenn Sie nicht als Angestellter, sondern als Selbständiger in Dänemark Ihr Knäckebrot (ja, gibt's hier auch) verdienen wollen: Die traditionelle Form selbständiger Erwerbstätigkeit wird in Dänemark durch Landwirte, Handwerker oder Besitzer von kleinen Geschäften repräsentiert, die außer sich selbst und ihre Ehepartner vielleicht noch einige weitere Arbeitnehmer beschäftigen. Neben dieser herkömmlichen Gruppe von Selbständigen ist außerdem die große und wachsende Gruppe der traditionell freiberuflich Tätigen wie Ärzte, Rechtsanwälte, Steuerberater und Architekten zu nennen. Neue Formen der selbständigen Erwerbstätigkeit gewinnen aber auch in anderen Bereichen zunehmend an Bedeutung: zum einen bei Anbietern von Dienstleistungen für Unternehmen (Werbung, Computer-Software etc.), die als Selbständige oft in sehr ähnlicher Weise wie traditionelle Freiberufler organisiert sind; zum anderen bei einer wachsenden Zahl von Selbständigen, die unter Bedingungen arbeiten, die denen von Lohnempfängern sehr ähnlich sind, da sie Geschäftsbeziehungen nur zu einem einzigen Unternehmen unterhalten und als Dienstleister im Wesentlichen ihre eigene Arbeit zur Verfügung stellen.

Rechtlich gesehen kann selbständige Erwerbstätigkeit in Dänemark verschiedene Formen annehmen. Im einfachsten Fall führt der Selbständige sein Unternehmen als persönliche Firma, wobei der Selbständige in vollem Umfang für die Verbindlichkeiten des Unternehmens haften muss. Als weitere Formen existieren ähnlich wie in Deutschland verschiedene Varianten von Firmen mit beschränkter Haftung, bei denen die wirtschaftliche Verantwortung des Selbständigen auf einen bestimmten Betrag beschränkt ist und eine klare Trennung zwischen der Wirtschaft des Besitzers und der des Unternehmens besteht. Die persönliche Firma ist besonders unter kleineren und neu gegründeten Unternehmen sehr stark verbreitet. Normalerweise ist eine Firma mit beschränkter Haftung notwendig, damit der Besitzer Vorteile aus der unterschiedlichen Besteuerung des persönlichen Einkommens und des Firmeneinkommens ziehen kann. Nach den dänischen Steuergesetzen können jedoch auch Steuerzahler mit persönlichen Firmen einige Vorteile nutzen, die Besitzern von Firmen mit beschränkter Haftung offenstehen.

Das Gehaltsniveau

In Dänemark werden mit die höchsten Gehälter in der EU gezahlt. Dafür sind die Lebenshaltungskosten EU-Spitze, und auch die Steuern sind sehr hoch. Allerdings sind die meisten Sozialversicherungsbeiträge hier schon enthalten. Schauen Sie also genau hin, wenn Sie Ihr deutsches Einkommen mit dem Verdienstniveau in Dänemark vergleichen möchten.

Einen gesetzlichen Mindestlohn gibt es nicht. Die Gewerkschaften handeln laufend Tarifverträge aus, die vor allem für den öffentlichen Sektor gelten. Darüber hinaus vereinbaren Arbeitgeber immer öfter erfolgsabhängige Prämien mit ihren Beschäftigten. Ein 13. Monatsgehalt, Weihnachts- oder Urlaubsgeld wie in Deutschland gewähren die Betriebe allerdings selten. Dafür gibt es oft eine bessere Versorgung in der Sozialversicherung, einen Firmenwagen oder andere Zusatzleistungen.

Das Einkommen unterscheidet sich je nach Region recht stark. Angestellte in und um Kopenhagen verdienen am meisten. Auch in den Regionen um Frederiksborg, Roskilde und Ribe ist der Verdienst hoch.

Durchschnittliche Verdienste von Beschäftigten privater Unternehmen:

Beruf	Brutto-Monatsentgelt
Arzt	6600 €
Buchhalter	5015 €
Elektriker (im Baubereich)	3960 €
Koch	3150 €
Maschinenbau-Ingenieur	5640 €
Maurer	3720 €
Pflegefachkraft	4170 €

Die Steuern

In Dänemark bekommen Sie von der örtlichen Finanzbehörde *(skatteforvaltning)* eine Lohnsteuerkarte mit Informationen über Ihren Steuersatz und Freibeträge. Ein Freibetrag von 38 600 Kronen ist immer steuerfrei, das entspricht rund 5180 Euro im Jahr. Darüber hinausgehende Einkommen werden stufenweise besteuert. Der Spitzensteuersatz beträgt rund 60 Prozent.

Ausländische Experten und Führungskräfte können unter Umständen eine günstigere Regel in Anspruch nehmen: Sie müssen dann während ihrer ersten drei Jahre in Dänemark nur eine Pauschalsteuer von 25 Prozent zahlen (plus 9 Prozent Beiträge zur Sozialversicherung). Eine der Voraussetzungen ist ein Mindesteinkommen von 54 300 Kronen im Monat (knapp 7300 Euro).

Beispiel für eine Steuerberechnung:	
Jahreseinkommen brutto	46 935 €
Einkommensteuer (einschließlich gesetzlicher Sozialversicherung)	– 14 105 €
Arbeitsmarktbeitrag	– 3754 €
gesonderter Versorgungsbeitrag	– 469 €
= Jahreseinkommen netto	28 607 €

Die Lebenshaltungskosten

In Dänemark sind die Lebenshaltungskosten um rund ein Viertel höher als in Deutschland. Kopenhagen ist eine der teuersten Städte der Welt. Kleinere Städte und ländliche Gegenden sind daher wesentlich preiswerter.

Preisindex in Dänemark und Deutschland (Durchschnitt 27 EU-Länder im Jahr 2005 = 100)		
Konsumgut	Dänemark	Deutschland
Nahrungsmittel	106	103
Alkoholfreie Getränke	107	104
Alkoholische Getränke	102	102
Kleidung und Schuhe	92	99
Wohnung und Nebenkosten	106	106
Wohnungseinrichtung, Reparaturen	102	101
Transport	103	104
Freizeit und Kultur	107	103
Restaurants und Hotels	104	103

Sozialsystem und Krankenversicherung

Wer in Dänemark lebt und arbeitet, unterliegt dem dänischen Sozialversicherungssystem und den dazugehörigen Rechtsvorschriften. Ausführliche Informationen und die Adressen von Beratungsstellen in Ihrer Nähe gibt es unter www.deutsche-rentenversicherung.de. Die deutsche Rentenversicherung führt auch internationale Beratungstage durch, bei denen Fachleute ausländischer und deutscher Versicherungsträger kostenlos beraten und Auskunft geben. Informationen zu aktuell stattfindenden Beratungstagen erhalten Sie unter www.deutsche-rentenversicherung.de unter dem Stichwort »Beratung«. Die dänische Sozialversicherung umfasst Leistungen in den Bereichen Alter, Behinderung, Krankheit und Gesundheitsvorsorge. Melden Sie sich nach dem Umzug so bald wie möglich beim Einwohnermeldeamt Ihrer Wohnsitzgemeinde, dort erhalten Sie eine CPR-Karte mit einer Personennummer und werden so automatisch in das Krankenversicherungssystem aufgenommen. Mit der CPR-Karte oder Ihrem Krankenversicherungsausweis *(sygesikrings bevis)* ist die medizinische Versorgung durch Ärzte und Krankenhäuser grundsätzlich kostenlos. Zahnbehandlungen werden nur teilweise von der Krankenkasse übernommen. Touristen und Arbeitssuchende werden im Notfall auch kostenlos versorgt. Wenn Sie keine Beiträge an die nationale Sozialversicherung leisten, sollten Sie sich um eine private Krankenversicherung kümmern. Die Arbeitslosenversicherung ist keine Pflichtversicherung.

Das Auto

Ein Auto, ein Preis. Und das in ganz Europa. Ein Traum, der wohl noch lange weit von der Realität entfernt ist. Aber: Bei vielen EU-Nachbarn kosten Neuwagen zum Teil gut ein Drittel weniger als bei uns. Besonders günstig sind Autos in den skandinavischen Nachbarländern. Spitzenreiter ist dabei Dänemark. Deshalb: Wenn Ihr Wagen nicht mehr nagelneu ist, hier möglichst teuer verkaufen und in Dänemark zuschlagen. Wenn Sie geschickt sind, kriegen Sie dort einen Neuwagen zu dem Preis, den Sie für Ihren Gebrauchten hier erzielt haben.

Mitnahme von Haustieren

Seit dem 1. Oktober 2004 gelten neue Einfuhrregelungen für bestimmte Haustiere. Nämlich für Hunde, Katzen und Frettchen (von denen haben wir ja alle gleich ein ganzes Dutzend). Um diese Haustiere nach Dänemark einführen zu dürfen, muss der Tierhalter oder Besitzer für jedes Tier einen europäischen Heimtierausweis mitführen. Diese Heimtierausweise werden von Tierärzten gegen eine Gebühr ausgestellt und enthalten aktuelle Informationen über die erfolgten Impfungen des Haustieres. Zusätzlich zum Heimtierausweis muss das Haustier per Tätowierung oder eingepflanztem Mikrochip identifizierbar sein und mindestens drei Wochen vor Abreise eine Tollwutimpfung erhalten haben. Diese Regeln gelten grundsätzlich auch für die Einfuhr von Haustieren, die weniger als drei Monate alt sind. Hier kann jedoch von der Voraussetzung einer Tollwutimpfung abgesehen werden, wenn sich das Tier seit seiner Geburt an ein und demselben Ort aufgehalten hat, ohne Kontakt zu wilden Tieren gehabt zu haben (Ihr Welpe darf also in seinen ersten Lebenswochen nicht wie Mowgli mit Panthern und Schlangen im Dschungel gehaust haben).

Essen und Trinken

Wer Lust auf einen Snack hat, sollte sich an einem der in Dänemark zahlreich vertretenen Imbissstände *Almindelig* bestellen, einen Hot Dog mit Zwiebeln, Gurkenscheiben, Remoulade, Ketch-

up und Senf. Ein beliebtes und vor allem bekömmliches Mittagessen ist *Smørrebrød*, auch wenn es mit einfachem Butterbrot
(wie der Name suggeriert) nichts zu tun hat. Vielmehr handelt es
sich dabei um ein reichlich belegtes Roggenbrot, zum Beispiel mit
mariniertem Hering, Zwiebeln und Dill oder mit gekochter Rin-
derbrust und Meerrettich. Abends lassen es sich die Dänen richtig
schmecken: Zu den beliebtesten Spezialitäten zählt zum Beispiel
Dansk bøf, frische Frikadellen mit Zwiebeln, Kartoffeln und Roter Bete. Köstlich ist auch *Fyldt Rødspætte*, gebratene Scholle mit
einer Füllung aus Tiefseekrabben und Spargelspitzen, oder *Stegt
ål*, gebratener Aal. Als Dessert kommen Gaumenfreuden wie Rote
Grütze mit Sahne oder Blätterteigkuchen mit Marzipan und Zimt
auf den Tisch.

Getrunken wird neben Bier *(Øl)* und *Gammeldansk* (Kräuter-
schnaps) auch Aquavit. Das Destillat aus Kümmel und anderen
Gewürzen gehört zum Dinner einfach dazu. Wenn die Dänen richtig feiern, gibt es meist *Anretning*, ein zehngängiges Menü, bei
dem sich kalte und warme Speisen abwechseln. Dazu wird gesun-
gen und in rauhen Mengen Aquavit getrunken. Und dann fragen
Sie nicht nach Sonnenschein …

Die Sprache

Dänisch ist de facto die Amtssprache in Dänemark, wenn dies
auch nicht offiziell geregelt ist. Es ist zweite Amtssprache in Grön-
land (neben Grönländisch) und auf den Färöern (neben Färöisch,
meist in der Varietät Gøtudanskt). Auf Island wird es als Pflicht-
fremdsprache gelehrt, aber nicht mehr als erste Fremdsprache, wo
es durch Englisch ersetzt wurde. Im Gegensatz zu uns Deutschen
sind die skandinavischen Völker ausgesprochen sprachbegabt.

Neben ihrer Muttersprache sprechen die meisten Dänen – selbst
in den einfacheren Bevölkerungsschichten – fließend Englisch.
Und in Dänemark, zumindest in den Regionen, die an Deutsch-

land grenzen, auch Deutsch. Trotzdem ist es für einen Dänemark-Auswanderer natürlich sinnvoll, sich mit der Landessprache vertraut zu machen. Und das geht am besten hier. Durch realistische Alltagssituationen werden Sie bequem innerhalb kürzester Zeit Dänisch lernen und sich fließend unterhalten können.

Wenn Kinder mitkommen

Die meisten dänischen Eltern finden es selbstverständlich, dass beide Partner arbeiten, auch wenn Kinder da sind. Fast alle Gemeinden garantieren Betreuungsplätze für Kinder ab 30 Wochen. Kinder bis zu sechs Jahren werden einer Betreuungsstelle zugewiesen (oft Tagesmütter für bis zu Dreijährige, danach Kindergärten). Die Gebühr liegt je nach Ort und Alter des Kindes zwischen 1300 und 3000 Kronen im Monat. Jüngere Geschwister zahlen die Hälfte. Betreuungseinrichtungen sind meist von 6.30 bis 17 Uhr geöffnet. Arbeitende Eltern können zum Teil auch Abend- und Nachtbetreuung in Anspruch nehmen.

Unterrichtspflichtig sind Kinder von 7 bis 16 Jahren. Das Schuljahr geht meist von Anfang August bis Ende Juni, der Unterricht beginnt um acht Uhr. Erst- bis Drittklässler haben ab mittags schulfrei, können aber oft noch Freizeitangebote in der Schule nutzen. Ältere Schüler haben bis 14 oder 15 Uhr Unterricht. Informationen zum Schulsystem finden Sie unter www.fit-for-europe.info.

In Nordschleswig, einem Gebiet mit deutscher Minderheit, sowie in Kopenhagen gibt es Schulen mit deutschsprachigem Unterricht. Eine Schulliste und weitere Informationen finden Sie unter www.schulweb.de sowie unter www.ambberlin.um.dk.

Kindergeld wird für Kinder bis zum 18. Lebensjahr gewährt, es liegt zwischen 13 480 Kronen für Kleinkinder und 9584 Kronen für Jugendliche (unabhängig vom Verdienst der Eltern).

Schwangere haben Anspruch auf kostenlose Vorsorge und Entbindung, wenn sie in den letzten 13 Wochen vor Beginn des Mutterschaftsurlaubs mindestens 120 Stunden bei einem Arbeitgeber tätig waren. Der Mutterschaftsurlaub beginnt frühestens vier Wochen vor dem Geburtstermin und endet 14 Wochen nach der Entbindung. Der Vater erhält zwei Wochen Vaterschaftsurlaub. Nach Ablauf der 14 Wochen können die Eltern weitere 32 Wochen Elternurlaub nehmen, die bis zum neunten Lebensjahr des Kindes aufgeteilt werden dürfen.

Weitere beliebte Auswanderungsländer

KENIA

Meryl Streep war es nicht vergönnt und Robert Redford auch nicht. Sie haben nur so getan, als säßen sie in dem legendären Zug, in dem laut der Erzählung von *Jenseits von Afrika* Karen Blixen 1914 ihrem Denys begegnete. Alles gelogen! Erstens lernte sich das reale Liebespaar erst fünf Jahre später in einem Club in Nairobi kennen, und zweitens war das antike Prunkstück bereits im Eisenbahnmuseum der Hauptstadt, als 1985 die Dreharbeiten stattfanden. Es bedurfte einer nicht unerheblichen »Spende«, dass die Original-Dampflok noch mal rausgeholt und ihr ordentlich Feuer unterm Kessel gemacht werden konnte. Zwecks authentischer Schwadenentwicklung. Mehr nicht. Denn transportiert wurden Meryl, Robert, Crew und Komparsen in Wirklichkeit per profaner Diesellok.

Es freut mich, Ihnen mitteilen zu können, dass ich in dieser Hinsicht Miss Streep und Mister Redford etwas voraushabe: Ich saß, aß, lief, schlief und genoss die 13-stündige Nachtfahrt von Mombasa nach Nairobi noch im Originalzug von 1900! Nicht ganz so alt war das Toastbrot, das man zum ersten der vier Dinner-Gänge reichte. Da war der Himmel »diesseits von Afrika« und mit ihm die faszinierende Savanne leider schon tintenschwarz. Kein brüllender Löwe weit und breit! Es hätte ihn auch niemand hören können – so laut wie die Räder auf den ältlichen Schienen ratterten, rumpelten und quietschten.

Unser persönlicher Steward – man hatte uns zu First Class geraten, und das fand ich, nachdem ich meine Erkundungstour durch die überfüllten, stickigen anderen Waggons beendet hatte, eine sehr gute Idee – war schon zu Beginn der 900 Kilometer langen Strecke sehr, sehr müde. Was bei seinem Alter – ich schätze Anfang 70 – verständlich ist. Hatte er mir beim Boarding in Mombasa noch ein Schemelchen zum Einsteigen aufgedrängt, so gähnte er mir nun im wundervoll verplüschten Speisesaal bereits beim zweiten Gang unverhohlen ins Gesicht. Ach, wie blendend weiß seine Zähne sich im antiken, blank geputzten Silberbesteck spiegelten! Noch zweimal holte ihn eine Art Aktivitätsschub aus seiner Lethargie: als er blitzschnell den durch Zugschlingern verrutschten Suppenrand mit dem Zeigefinger wegwischte und danach, als ich mich in unserem Abteil für königliche Zwerge bewegte. Das war nicht vorgesehen! Dass sich ein Mensch inmitten dieses irre engen Sammelsuriums mit Troddeln, Plüsch und Pleureusen umwendet. Mein Fehler. Wahrscheinlich musste er mir das runtergeklappte Bett ins Kreuz hauen. Die Nacht war hart (Matratze), schwül und laut. Aber dieser Morgen! Mit ihm konnte sich bisher nie wieder einer messen! Mit einem *early morning tea* und nassen heißen Tüchern zum Erfrischen weckte uns unser Steward. Dann passierte es: Er zog die Vorhänge zurück. Und da, am Horizont, war nicht nur dieser unbeschreibliche Himmel über Kenia, sondern sie standen alle zu unserem Empfang da. Zuerst sah ich die Elefanten, dann die Giraffen, wenig später die Flamingos, danach Antilopen. Glauben Sie nicht? Ging mir zunächst auch so. Ich dachte, das seien Attrappen, aufgestellt an der Bahnlinie für die Touris im Zug. Aber dann sah ich, wie sich die Tiere bewegten. Und als die Nashörner eine wahre Stampede veranstalteten, wusste ich: Das hier, das ist real. Eines der schönsten Naturschauspiele der Welt, kein Film-Fake wie bei Meryl, Robert und Co.

Daten und Fakten

Offizieller Name: Republik Kenia
Fläche: 582 600 qkm
Einwohner: ca. 34 Mio.

Bevölkerungsdichte: 62 Einwohner pro qkm
Regierungsform: Republik seit 1964
Landeshauptstadt: Nairobi (ca. 3,5 Mio. Einwohner)
Landessprache: Swahili, Englisch
Religion: Christentum (55 %), afrikanische Religionen (27 %), Islam (6 %)
Währung: 1 Kenia-Schilling = 100 Cents
Zeitzone: MEZ + 2 h
Höchste Erhebung: Mount Kenia (5199 m)
Die wichtigsten Städte: Nairobi (1,6 Mio. Einwohner), Mombasa (750 000 Einwohner), Kisumu (280 000 Einwohner), Nakuru (125 000 Einwohner)

Einwanderung

Sollte man mit der Absicht zu arbeiten nach Kenia einreisen, muss der Arbeitgeber ein *Work Permit* beim *Principal Immigration Officer* vor der Einreise beantragen. Es ist nicht möglich, als Tourist einzureisen und sich danach um die Aufenthalts- und Arbeitserlaubnis zu kümmern.

Arbeitswillige müssen sich auch beim Immigrationsamt zwecks Registrierung melden. Weiterhin kann die Einwanderungsbehörde bei längerem Aufenthalt vom Immigranten finanzielle Sicherheiten *(Bonds)* verlangen.

Wirtschaft und Beruf

Kenia ist ein von Landwirtschaft geprägtes Land. Etwa 30 Prozent der Kenianer sind in diesem Sektor beschäftigt, 60 Prozent der Exporterlöse werden aus landwirtschaftlichen Erzeugnissen, den sogenannten *Cash-Corps* (z. B. Kaffee, Tee, Früchte, Kokosnüsse, Zucker, Fleisch u. v. m.) erzielt. Allerdings sind nur 20 Prozent der Landfläche – hauptsächlich in den Highlands – für den Acker- bau geeignet. Industrie gibt es in Kenia wenig und konzentriert sich besonders auf die größeren Städte. Verbreitet sind hauptsäch- lich die Nahrungsmittelindustrie, ferner die chemische, Bau- und Automobilindustrie. Der Tourismus konzentriert sich auf die Küs- tengebiete und Safari-Parks. Auswanderer haben in Kenia die Möglichkeit, in speziellen Berufen (z. B. Ingenieure, Architekten, Techniker, Wissenschaftler, sehr gut ausgebildete Tourismusfach- kräfte) durch Entwicklungsprojekte in Lohn und Brot zu kom- men. Für Tätigkeiten, die auch von der einheimischen Bevölke- rung vorgenommen werden können (z. B. Büroarbeiten), besteht keine Aussicht auf Arbeit. Grundsätzliche Voraussetzung für eine Arbeitsaufnahme in Kenia sind gute Englischkenntnisse und eine Arbeitserlaubnis.

Allerdings wird die Erteilung von *Work Permits* von Jahr zu Jahr strenger gehandhabt. Für Beschäftigungen, die von Kenia- nern ausgeführt werden können, werden Ausländer generell nicht mehr zugelassen. Die Hauptgründe dafür sind die hohe und wei- ter steigende Arbeitslosigkeit und die vor allem von den Gewerk- schaften immer wieder neu belebten Kenianisierungskampagnen.

Sollte es doch zu einer Anstellung kommen, sollten Arbeitsbe- dingungen unbedingt vertraglich geregelt werden, namentlich die Höhe des Gehalts sowie Spezialvergünstigungen (Unterkunft, Be- reitstellung eines Dienstwagens, Ferien und Heimaturlaub, Reise- entschädigung, Sozialleistungen usw.). Die Vertragsdauer hängt mit der Arbeitserlaubnis zusammen, die nach neuer Praxis nur noch für höchstens ein Jahr erteilt wird. Eine Verlängerung ist möglich, solange die Stelle nicht von einem Kenianer besetzt werden kann.

Das Schulsystem

Das kenianische Schulsystem gliedert sich in die obligatorische achtjährige Grundschule *(Primary School)* und die darauf aufbauende freiwillige weiterführende Schule *(Secondary School)*, die vier Jahre dauert. Mit der Gebührenbefreiung für die Grundschulausbildung *(Primary School)* hat die Regierung ein wichtiges Wahlversprechen eingelöst. Da die bestehenden staatlichen Schulen dem dadurch ausgelösten Ansturm (1,3 Mio. zusätzliche Kinder) nicht gewachsen sind, leidet das Grundschulsystem unter überfüllten Klassen und Lehrermangel. Bildungspolitik wird daher auch weiterhin ein wichtiges Thema bleiben. Seit Frühjahr 2007 wurde ein Teil der Gebühren auch für die *Secondary School* erlassen.

Die Unterrichtssprache in Kenia ist Englisch, Swahili ist ein eigenes Unterrichtsfach. In der weiterführenden Schule werden Französisch, Deutsch oder Arabisch (vorwiegend an der Küste) als Fremdsprachen unterrichtet. Das Interesse an Deutsch als Fremdsprache geht jedoch zurück.

Die Hochschulausbildung umfasst ein vierjähriges Studium. Kenia verfügt über sechs staatliche Universitäten und eine Vielzahl von privaten Hochschulen. Zurzeit ist die erste Universität in Mombasa im Aufbau begriffen, finanziert vor allen Dingen durch Gelder aus Saudi-Arabien. Die Plätze an den staatlichen Hochschulen werden nach einer Rangliste des landesweiten Abschlussexamens der *Secondary School* verteilt.

Impfung und Vorsorge

Bei der Einreise direkt aus Europa wird keine Impfbescheinigung verlangt. Sollte jedoch die Einreise aus afrikanischen Staaten erfolgen, muss man Nachweise über eine Cholera-Impfung erbringen. Empfohlen wird außerdem eine Gelbsucht- und Tetanus-Impfung, eventuell auch eine Malaria-Prophylaxe. Vor dem Reiseantritt sollte man sich rechtzeitig bei der kenianischen Botschaft informieren.

Typische Krankheiten, die in Kenia auftreten, sind Erkältungen,

Malaria, Dysenterie, Bilharziose, Hepatitis und Aids. Erkältungen entstehen leicht durch die starken Temperaturschwankungen; Dysenterie wird meist durch infizierte Nahrungsmittel verursacht. Malaria tritt inzwischen auch in Nairobi auf. Bei Reisen im Lande, besonders an die Küste und in die Gegend des Victoria-Sees, sind prophylaktische Maßnahmen ratsam. Es wird empfohlen, nur in Gewässern zu baden, die frei von Bilharziose sind. Aids und Geschlechtskrankheiten sind in Kenia sehr verbreitet. Es ist sehr empfehlenswert, sich zu schützen (Kondome sind in Apotheken und Supermärkten erhältlich).

Einige wenige Krankenhäuser in Nairobi und Mombasa vermögen die wichtigsten Grundbedürfnisse für Ausländer zu decken.

Ansonsten befindet sich die Gesundheitsvorsorge in desolatem Zustand. Es ist deshalb ratsam, komplizierte chirurgische Eingriffe und Behandlungen in Europa vornehmen zu lassen. Zahnärzte, die aus Europa und Asien stammen, arbeiten nach westlichen Methoden. Medikamente unterstehen der behördlichen Kontrolle; man findet in den Apotheken alle gebräuchlichen Arzneien.

Die Landesküche

Die kenianische Küche ist einfach und deftig – nicht unbedingt etwas für Gourmets mit feinem Gaumen. Nationalgericht und wichtigstes Grundnahrungsmittel ist *Ugali*, ein fester Maisbrei, vergleichbar mit der norditalienischen Polenta. Wer es sich leisten kann, isst dazu möglichst viel *Nyama Choma* (Grillfleisch vom Rind oder Ziege). Ärmere Leute müssen sich mit *Sukuma Wiki* begnügen, einem dem Grünkohl ähnlichen Gemüse mit hohem Vitamingehalt. Sehr beliebt in Zentralkenia sind auch Gemüsegerichte auf Basis von Stampfkartoffeln oder Mais *(Irio, Githeri)*. Im wärmeren Westkenia gibt es außerdem Kochbananen und Süßkartoffeln. An der Küste wird gern und exotisch gewürzt. Die jahrhundertelange Verbindung zum Orient ist hier spürbar. Im Landesinneren beschränkt sich heute der Gebrauch von Gewürzen auf Salz, Chilipulver und (in Restaurants) Ketchup: ein bedauerliches Erbe der britischen Kolonialherrschaft. Nur in abgelegenen Gebieten kennen alte Frauen noch die traditionellen aromatischen Würzkräuter.

Etwas Abwechslung erfährt die kenianische Küche durch den Einfluss der indischen Immigranten. *Chapati* (Fladenbrot) und *Samosas* (mit Fleisch oder Gemüse gefüllte Teigtaschen) sind auch in den *Hoteli* genannten Imbissbuden auf dem Land zu haben. An den zahlreichen Imbissständen können Sie preiswerter und oft auch bekömmlicher essen als im Restaurant. Die Zutaten sind meist frisch. Das gilt sowohl für das Gemüse wie für das Fleisch. Auf dem Land können Sie morgens vor dem Hotelimbiss noch die Ziege grasen sehen, die für das Mittagsmenü ausgewählt wurde. Die Steaks in vielen Mittelklasse-Restaurants stammen dagegen oft aus der Kühltruhe – und sind wegen Stromausfall möglicherweise schon mehrfach aufgetaut gewesen.

In Kenia wird vorzüglicher Tee und Kaffee angebaut. Im Landesinneren bevorzugen die Leute Chai-Tee, landestypisch zur Hälfte mit Milch aufgekocht und stark gesüßt. An der Küste, vor allem in Mombasa, gibt es dagegen eine ausgeprägte Kaffee-Kultur.

AUSTRALIEN

Australien – das sind unendliche Weiten, die man meist nur mit dem Auto durchstreifen kann. Straßen gibt es genug, aber das Autofahren in Australien birgt für den Durchschnittseuropäer einige Tücken. Da ist zunächst der leidige Linksverkehr, an den man sich mit gutem Willen und Konzentration allerdings mit der Zeit gewöhnt. Trotzdem findet man sich auch nach Wochen gern mal nach dem Linksabbiegen auf der rechten Fahrbahnseite wieder oder startet früh morgens, halb verschlafen, auf der gewohnten rechten Straßenseite. Das kann vor allem in der Stadt oder in Gegenden mit viel Verkehr gefährlich werden.

Da fährt es sich auf dem Land schon besser. Oder etwa nicht? Nun ja, hier fangen die Probleme damit an, ob man überhaupt fahren kann. Denn je tiefer man in das Outback vordringt, desto seltener werden auch die Tankstellen. Deshalb empfiehlt es sich, Schilder wie »NEXT GAS STATION IN 256 KM« wirklich ernst zu nehmen. Apropos ernst nehmen. Die Trucker in ihren *Road-Trains* von bis zu 50 Metern Länge verstehen auch nicht so viel Spaß. Vor allem beim Bremsen. Denn die Ungetüme auf zwölf Achsen haben den durchschnittlichen Bremsweg eines Öltankers. Also Augen auf, wo Sie Ihr Auto stehenlassen.

Und dann sind da noch die kleinen, quadratischen Schilder, die auf der Spitze stehen und ein Känguruh zeigen. Das sind keine Hinweise für fotowütige Touristen. Das merkt man, wenn man Einheimische in der Dämmerung nach dem Weg fragt. Die fügen, gewohnt hilfsbereit, ihrer Antwort immer hinzu: »Aber fahren Sie lieber morgen früh!« Auch Kuhfänger und die Gitter vor den Windschutzscheiben der Trucks lassen einen ins Grübeln kommen. Und wenn man dann noch das x-te tote Känguruh am Straßenrand liegen sieht, begreift man langsam: das ist keine Epidemie, die Hüpfer stehen einem oft im Weg. Känguruhs haben mit unseren Rehen nicht nur den Kopf gemeinsam, sondern auch die blöde Angewohnheit, einfach stehen zu bleiben, wenn sie geblendet werden. Und wenn man einen »Großen Roten« über den Haufen fährt, sitzt er im besten Falle neben einem auf dem Beifahrersitz. Denn die Beutler machen kurz vor dem Aufprall doch noch einen Hüpfversuch, der dann meist in der Windschutzscheibe endet. Also, entweder, man fährt langsam und äußerst aufmerksam, oder man hört doch auf die Einheimischen: »Fahren Sie doch lieber morgen früh!«

Daten und Fakten

Fläche: 7,71 Mio. qkm
Bevölkerungsdichte: 2,7 Einwohner pro qkm
Bevölkerungswachstum: 1,3 %
Hauptstadt: Canberra (332 000 Einwohner)
Größte Stadt: Sydney (ca. 3,8 Mio. Einwohner)
Einwohnerzahl: ca. 20,6 Millionen
Offizieller Landesname: Australischer Bund/Commonwealth of Australia
Währung: Australischer Dollar ($A) = 100 Cents
Wechselkurs: 1 $A = 0,6097 Euro
Klimazonen: Tropisch, Subtropisch und gemäßigtes Klima
Fläche: 7 741 220 qkm
Höchster Punkt: 2230 m, Mount Kosciusko, Great Dividing Range
Tiefster Punkt: −16 m, der Lake Eyre in Südaustralien

Die Bundesstaaten

New South Wales	Victoria
Queensland	Westaustralien
Südaustralien	
Tasmanien	

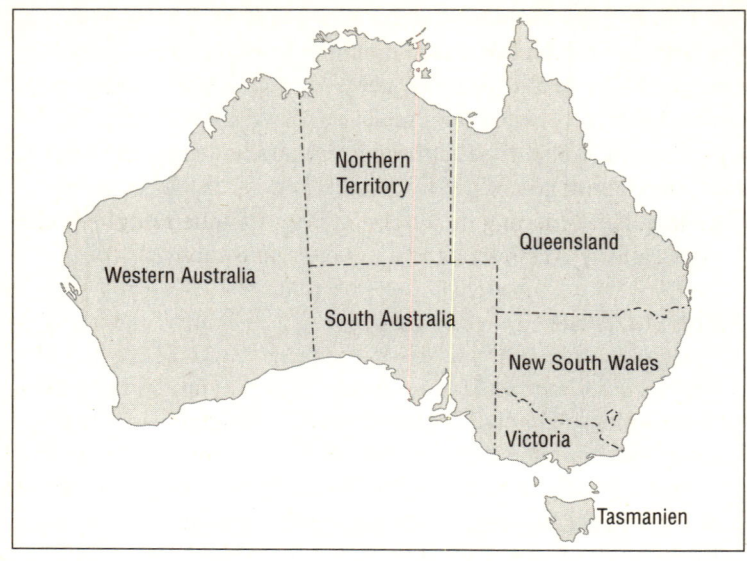

Die Territorien

    Australian Capital Territory
    Northern Territory
    Weitere abhängige Gebiete: Norfolkinseln

Einwanderungsvisa

Es ist nicht einfach, ein dauerhaftes Visum für Australien zu bekommen. Denn es zählt zu den beliebtesten Einwanderungslän-
dern der Welt und kann sich daher ganz genau aussuchen, wer für
länger oder sogar immer bleiben darf. Es wird jährlich festgelegt,
wie viele Einwanderer ein Langzeitvisum bekommen. Übrigens
ist die Herkunft der Einwanderer dabei völlig egal. Bei der Bewilligung eines Langzeitvisums wird ein Punktesystem angewendet.
Von Vorteil in diesem Punktesystem ist es, wenn man:

- selbständig ist
- schon einmal in Australien gelebt und gearbeitet hat
- Kurse an der Uni belegt und sehr gute Englischkenntnisse nachweisen kann
- bereits ein Arbeitsangebot eines australischen Arbeitgebers hat
- eigenes Vermögen besitzt
- finanzielle Förderung durch ein direktes Familienmitglied oder durch eine in Australien anerkannte Organisation erhält.

Bei der australischen Einwanderungsbehörde kann man noch weitere Informationen erhalten: www.immi.gov.au.

Für die Bearbeitung eines Einwanderungsvisums, die manchmal ein halbes Jahr dauern kann, fällt eine Gebühr von mehreren 100 Euro an. Die Gebühr wird auch nicht im Falle eines negativen Bescheids zurückgezahlt. Wie hoch die Gebühren für die verschiedenen Visa sind, kann man auf der Seite der australischen Botschaft einsehen: www.australien-embassy.de.

Befristete Visa

Es gibt sehr viele unterschiedliche Visa, je nach Dauer des Aufenthalts und ob man arbeitet, studiert oder Urlaub macht.

Touristen können ein Visum für einen Aufenthalt von drei bis sechs Monaten beantragen. Studenten können ebenfalls mit diesem Visum einreisen bei einem Studienaufenthalt von maximal drei Monaten. Möchten sie noch länger in Australien studieren, müssen Studenten ein spezielles Studentenvisum beantragen. Dazu sind ein Reisepass, vier Passbilder, eine Immatrikulationsbescheinigung der australischen Universität und der Nachweis über eine Krankenversicherung vorzulegen. Falls man zusätzlich arbeiten möchte, fällt eine weitere Visagebühr an.

Außerdem gibt es noch das *Working-Holiday-Visa*, das Ausländer im Alter von 18 bis 30 Jahren dazu berechtigt, bis zu einem Jahr in Australien zu arbeiten. Das Arbeitsverhältnis zu einem australischen Arbeitgeber darf dabei nicht länger als drei Monate bestehen, und der Arbeitnehmer muss vorweisen, dass er über ausreichende finanzielle Mittel verfügt, um sich einen Rückflug zu leisten (ca. 2800 €). Das Visum kann man ausschließlich online beantragen, und es gilt ebenso für Praktikanten, die ein Praktikum von maximal drei Monaten anstreben. Soll der Arbeitszeitraum verlängert werden, muss der Arbeitgeber ein *Occupational Training Visa* beantragen.

Einen jahrelangen Aufenthalt in Australien gewährleistet zu bekommen ist schwierig und wird meistens nur sehr hochqualifizierten Fachkräften angeboten. Der Arbeitgeber muss zudem nachweisen, dass er die Stelle nicht mit einem arbeitslosen Australier besetzen kann. In diesem Fall beantragt man das *Long Stay Visa* oder *Business Visa*. Zwar kann man das in Einzelfällen verlängern, jedoch gilt es allgemein für einen Zeitraum von vier Jahren. Eine Möglichkeit ist auch, sich bei deutschen Unternehmen zu bewerben, die einen Sitz in Australien haben.

Der Trend am Arbeitsmarkt

Ein ungebremster Aufschwung sorgt derzeit für Vollbeschäftigung in Australien. Angesichts der niedrigen Arbeitslosenquote und einer Vielzahl offener Stellen bemüht sich die australische Regierung seit Jahren um ausländische Arbeitskräfte. Australien gilt als attraktives Einwanderungsland. Zu den zurzeit besonders gesuchten Fachkräften zählen Handwerker wie Elektriker, Friseure, Kfz-Elektriker, Kfz-Mechaniker, Maurer, Schreiner, Stuckateure, Installateure, Klempner, Kälteanlagenbauer, Konditoren, Metallbauer und Werkzeugmacher. Informationen über aktuell gesuchte Berufe erhalten Sie unter www.immi.gov.au und www.arbeit-australien.de.

Weitere gefragte Berufe:

Buchhalter
Anästhesisten
Ingenieure
Zahnärzte
Hautärzte
Unfall- und Notfallärzte
Allgemeinmediziner
Krankenhaus Apotheker
Röntgenologen
Nuklearmediziner
Gynäkologen
Pathologen
Physiotherapeuten
Psychologen
Krankenschwestern
Hebammen
Pharmavertreter
Chirurgen
Köche und Küchenchefs

Automechaniker
Fliesenleger
Kunsttischler
Schreiner
Elektriker
Vertreter für Elektroaus-
    rüstungen
Polsterer
Klempner
Friseure
Metallfacharbeiter
Maschinisten
Mechaniker (Motoren)
Konditoren
Mechaniker für Klimaanlagen
Tapezierer
Werkzeugmacher
Autolackierer
Schweißer

Die Steuern

Ein leidiges Thema, um das wir leider nicht herumkommen. Jeder, der in Australien arbeitet, muss auch Einkommensteuern bezahlen. Die Steuer wird automatisch vom Lohn abgezogen und vom Arbeitgeber ans Finanzamt abgeführt. Der Spitzensteuersatz beträgt 47 Prozent. Zu viel gezahlte Steuern bekommt man nach der Steuererklärung zurückerstattet. Das australische Steuerjahr beginnt jeweils am 1. Juli und endet am 30. Juni.

Steuerpflichtiges Einkommen	Besteuerung auf diesem Einkommen
$A 0 – $A 6000	keine Abgaben
$A 6001 – $A 21 600	17 c für jeden $A 1 über $A 6000
$A 21 601 – $A 58 000	$A 2652 plus 30 c für jeden $A 1 über $A 21 600
$A 58 001 – $A 70 000	$A 13 572 plus 42 c für jeden $A 1 über $A 58 000
über $A 70 000	$A 18 612 plus 47 c für jeden $A 1 über $A 70 000

Sozial- und Krankenversicherung

In Australien gibt es ein duales System von staatlicher und privater Krankenversicherung. Die staatliche Krankenversicherung, *Medicare*, wird über Beiträge finanziert, die automatisch in die (Einkommen-)Steuersätze mit eingerechnet werden. Nach deutschen Maßstäben sind die Beiträge sehr niedrig (ca. 1,5 % vom Bruttolohn). Dafür sind die Leistungen von *Medicare* stark eingeschränkt. Zahnarztbesuche und Krankentransporte sind zum Beispiel überhaupt nicht inbegriffen, bei anderen Leistungen muss man zum Teil kräftig zuzahlen. Versichert sind alle australischen Bürger und jeder, der eine Daueraufenthaltsgenehmigung hat. Die Versicherung über ein privates Versicherungsunternehmen ist in jedem Fall zusätzlich zu empfehlen.

Offizielle Informationen zum australischen Gesundheitssystem bietet das *Department of Health and Ageing* (www.health.gov.au).

Anders als in Deutschland ist das australische Sozialsystem steuerfinanziert. Es gibt keine separat zu zahlenden Sozialversicherungsbeiträge. Das heißt aber nicht, dass jeder, der Steuern zahlt, auch versichert ist. Ein Recht auf Sozialleistungen hat man nämlich nur, wenn man mindestens zwei Jahre im Land lebt und eine Daueraufenthaltsgenehmigung vorweisen kann. Ansonsten muss man auf Beihilfen wie Arbeitslosenhilfe, Wohngeld, Kinder- oder Alleinerziehungsgeld und alle Arten von Renten verzichten. In der Regel sind die Leistungen deutlich niedriger als in Deutschland. Wenn man sich dauerhaft in Australien niederlassen will, sollte man sich daher zusätzlich privat absichern, vor allem in Bezug auf die Altersversorgung.

Löhne und Lebenshaltungskosten

Die Lebenshaltungskosten in *Down Under* sind etwas geringer als in Deutschland, wodurch das niedrigere Einkommen (mindestens ein Viertel weniger als bei uns, selbst für Akademiker und andere qualifizierte Berufe) zumindest annähernd wieder ausgeglichen wird.

Viele Lebensmittel, besonders Fleisch und Fisch, sind günstiger, während Obst und Gemüse etwa genauso viel kosten wie in Deutschland. Alkohol und Zigaretten sind dagegen deutlich teurer.

Die Mietpreise sind sehr von der Region abhängig. In Großstädten bezahlt man ähnliche Preise wie in Deutschland, aber im Umland liegen die Preise dafür deutlich unter mitteleuropäischem Durchschnitt.

Das Schulsystem

Die meisten Schulen haben einen recht intensiven Kontakt zur Gemeinde, zu den Eltern oder den weiterführenden Bildungsinstitutionen, um eine umfangreiche Bildungsgrundlage zu schaffen. Die Schuluniform ist ebenfalls ein Ausdruck von Tradition und Verbundenheit der Schüler mit den Werten ihrer Schule. Seit 2006 ist das *PREP Year (Preparatory School)* eingeführt, eine Vorschule für Kinder ab fünf Jahren. Dieses Programm ist sogar an den *Public Schools* kostenfrei für ausländische Schüler, wenn die Eltern ein passendes Visum haben.

In australischen Schulen steht grundsätzlich die Förderung der

Kreativität im Vordergrund. Auch versucht man mehr auf die individuellen Bedürfnisse einzelner Schüler einzugehen, als man das von Deutschland gewöhnt ist. Man sollte sich deshalb als Schüler ruhig trauen, über persönliche Stärken und Schwächen mit den Lehrern zu reden.

Schulpflicht besteht bis jetzt nur von sechs bis einschließlich 15 Jahren. Die *Primary* und *Junior Secondary School* umfassen zusammen zehn Schuljahre, danach können die Schüler eine Berufsausbildung an einer berufsbildenden staatlichen oder privaten Berufsakademie starten. Die meisten Schüler besuchen jedoch die elfte und zwölfte Klasse der *Senior Secondary School*, um eine Berechtigung für ein Hochschulstudium zu erhalten. Einige Schulen bieten während des gesamten High-School-Jahres sogenannte Mentorenprogramme an, die Kontakte zwischen Schülern und Berufstätigen herstellen. Die in der Abschlussprüfung erzielten Leistungen sind Grundlage für das Auswahlverfahren der Universitäten. Jeder australische Bundesstaat hat ein eigenes Prüfungsverfahren, dessen Ergebnisse im ganzen Land übertragbar sind.

SÜDAFRIKA

Brauchen Sie ein Taxi in Kapstadt? Rufen Sie ein Rikki Taxi. Dieser Tür-zu-Tür Service ist sicher, zuverlässig und preisgünstig. Lernen Sie das Kapstädter Stadtleben in all seinen hektischen Facetten kennen, mit Anekdoten der Fahrer und der kosmopolitischen Fahrgäste.
Die Rikki Taxis fahren in der City Bowl von Kapstadt sowie an die Atlantikküste. Mit Ausflügen zu allen großen Touristenattraktionen sowie zum Flughafen. Die Rikkis werden von den örtlichen Tourismusbüros anerkannt.
Cape Town Pass:
Der Cape Town Pass enthält fünf kostenlose Gutscheine für die Rikkis.
1. Von überall in der Stadt zum Strand
2. Vom Strand nach überall in der Stadt
3. Von Kapstadt nach Kirstenbosch
4. Von Kirstenbosch / Houtbay in die Stadt
5. Überall innerhalb der Stadt

Dies verkündete vollmundig eine große Werbetafel am *Cape Town International Airport*. So weit, so gut, dachte ich mir, mit dem *Rikki* kannst du eigentlich nichts verkehrt machen. Todmüde, nach zehn Stunden Nachtflug, ließ ich mich als Erstes an den Strand fahren und war so überwältigt, dass ich ein bisschen dableiben wollte. Ich vereinbarte mit dem Fahrer, dass er mich in 90 Minuten abholen und in die Stadt zurückbringen sollte.

Natürlich, wie sollte es anders sein, bin ich am Strand prompt eingeschlafen. Als ich wieder aufwachte, stand die Sonne wie ein glühend roter Feuerball knapp über dem Meer. Als ich mich langsam orientiert hatte, wurde mir klar, dass ich den halben Tag verschlafen hatte. Da fiel mein Blick auf einen großen Findling ein paar Meter von mir entfernt, auf dem ein Schwarzer ruhig in der Sonne saß. Auf den zweiten Blick wurde mir schlagartig klar:

Das ist dein *Rikki*-Fahrer. Schüchtern ging ich auf ihn zu, voller Angst, was die dreieinhalb Stunden, die er offenbar geduldig meinen Schönheitsschlaf abgewartet hatte, auf seinem Taxameter ausmachen würden. Doch irgendwie schien dem freundlichen Chauffeur meine finanziell nicht gerade berauschende Lage klar zu sein. Lässig meinte er: »Don't worry, Sir. We agreed on 90 minutes and 90 minutes is what you pay for.« (Keine Angst, mein Herr, wir haben 90 Minuten vereinbart, und für 90 Minuten zahlen Sie.«) Ich war zu Tränen gerührt vor Freude, stieg in das *Rikki*, sah die Sonne im Meer versinken und spürte: Du bist angekommen – am Kap der Guten Hoffnung.

Daten und Fakten

Fläche: 1,22 Mio. qkm
Einwohner: ca. 47,4 Mio.
Regierungsform: Präsidialdemokratie mit föderativen Elementen
Amtssprachen: Afrikaans, Englisch
Hauptstadt: Pretoria (ca. 1 Mio. Einwohner)
Währung: 1 Rand (R) = 100 Cents
Wechselkurs: 1 Euro = 9,60 R

Deutsche in Südafrika

In Südafrika leben etwa eine Million deutschstämmige Menschen, teilweise bereits in der dritten oder gar vierten Generation. Die meisten von ihnen sprechen noch immer deutsch und pflegen bis heute das Brauchtum aus der alten Heimat. 100 000 Deutsche sind in den letzten zehn Jahren nach Südafrika eingewandert.

Das Visum

Bis zu einem Aufenthalt von 90 Tagen brauchen Deutsche für Südafrika kein Visum. Danach ist ein Besuchervisum (auch für Geschäftsreisen), Studien- und Arbeitsvisum (Langzeitvisum) oder ein Transitvisum obligatorisch.

Mit einem Besuchervisum darf man in Südafrika allerdings weder bezahlte noch unbezahlte Arbeit aufnehmen und auch nicht studieren.

Eine Daueraufenthaltsgenehmigung gibt ihrem Inhaber die maximale Freiheit in Bezug auf Ein- und Ausreise sowie Aktivität innerhalb Südafrikas. In einigen Kategorien oder Einzelfällen werden den Ausländern Bedingungen oder Beschränkungen auferlegt. Nach spätestens fünf Jahren ist jedoch jeder Daueraufenthaltsberechtigte frei in der Wahl seiner Aktivität.

Die Daueraufenthaltsgenehmigung hat keinen Einfluss auf die Staatsangehörigkeit. Der Inhaber kann einen mit den Worten »Nicht-Staatsangehöriger« versehenen südafrikanischen Personalausweis *(identity document* oder *ID document)* erhalten, aber keinen südafrikanischen Reisepass.

Im Einzelfall sollte man eingehend darüber nachdenken, ob eine Daueraufenthaltsgenehmigung überhaupt erstrebenswert ist, da durch sie gewisse Steuervorteile verlorengehen. Will man jedoch langfristig in Südafrika leben, führt kein Weg an der Daueraufenthaltsgenehmigung vorbei, denn ohne sie ist keine legale Arbeit möglich.

Die Branchen mit Zukunft

Südafrikas Wirtschaft strotzt vor Geschäftsmöglichkeiten in etlichen Bereichen, die als Zonen von besonders hohem Wachstums- und Investitionspotenzial identifiziert werden. Dies trifft auf die folgenden Branchen zu:

Landwirtschaft und Agrarindustrie

Das Zusammenspiel von Südafrikas Artenreichtum und seiner sich über 3000 Kilometer erstreckenden Küste, die von sieben Handelshäfen versorgt wird, begünstigt die Kultivierung einer großen Vielfalt von Meeres- und Landwirtschaftsprodukten, von Obst, Zitrusfrüchten und tropischen Früchten bis zu Getreide, Wolle, Schnittblumen, Vieh und Wild. Davon abgesehen ist das Thema Wein in Südafrika (mit ihrer berühmten Weinroute von Kapstadt nach Stellenbosch) immens wichtig und bietet ausgebildeten Winzern immer genügend Arbeitsmöglichkeiten.

Automobilindustrie

Die Automobilproduktion ist die zweitgrößte Industrie in Südafrikas verarbeitender Industrie und eine der am schnellsten wachsenden dazu. Autoexporte haben sich seit 1994 fast verneunfacht und machen nahezu sieben Prozent der Exporte des ganzen Landes aus. Alle großen Autohersteller sind in Südafrika vertreten sowie einige führende Autoteilehersteller und drei der vier größten Reifenhersteller.

Auslagerung von Unternehmenszweigen und Prozessen

Weil Unternehmen weltweit zunehmend auf steigende Kosten und Leistungsdruck reagieren, ist Südafrika in der glücklichen Lage, ein bevorzugter zukünftiger internationaler Standort für die Auslagerung von Unternehmensteilen und -prozessen wie auch für Callcenter zu sein.

Chemieindustrie

Südafrika verfügt über eine gut entwickelte Chemieindustrie. Führend ist das Land hierbei in der auf Kohle basierenden Synthese und den *Gas to Liquids*-Technologien.

ICT und Elektronik

Südafrika ist innerhalb Afrikas das führende Land in der Entwicklung von Informations- und Kommunikationstechnologien. Darüber hinaus ist das Land ein wichtiger Abnehmer von IT-Produkten.

Bergbau und Mineralien

Obwohl schon weit über ein Jahrhundert alt, ist Südafrikas Bergbau-Industrie von der völligen Ausschöpfung der Ressourcen weit entfernt. Das Land ist international für seinen Reichtum an Bodenschätzen bekannt, die einen großen Anteil an der Weltproduktion und deren Reserven darstellen.

Textilien und Bekleidung

Seit 1994 wurden mehr als eine Milliarde US-Dollar für den Ausbau und die Modernisierung der Textil-, Bekleidungs- und Schuhindustrie Südafrikas ausgegeben, um sie so für den internationalen Wettbewerb fit zu machen.

Tourismus

Südafrikas landschaftliche Reize, die herrliche Natur, das sonnige Klima, die kulturelle Vielfalt, die relativ günstigen Preise führen dazu, dass es im Tourismusbereich in den letzten Jahren ein immenses Wachstum verzeichnen konnte.

In allen genannten Wirtschaftszweigen haben clevere und qualifizierte Auswanderer gute Chancen, entweder als Arbeitnehmer einzusteigen oder aber auch sich selbständig zu machen. Die besten Arbeitschancen für Deutsche bestehen vor allem im Ölgeschäft, im Gesundheitswesen und in der Gastronomie/Hotellerie. Fachkräfte aus der Gastronomie/Hotellerie werden zum Beispiel häufig in den beliebten, aber einsam gelegenen Safari-Lodges gesucht.

Die medizinische Versorgung

Die medizinische Versorgung in Südafrika gilt als gut bis exzellent. Um eine Behandlung von europäischem Standard zu erhalten, sollte man sich an eine der zahlreichen Privatkliniken wenden, die grundsätzlich hervorragend ausgerüstet sind – sowohl personell als auch was Hygiene und Medizintechnik anbelangt. Qualifizierte Fachärzte sind eine Selbstverständlichkeit. Oder, wer meint, seine Nase sei zu groß und die Ohren müssten angelegt werden, auch kein Problem. In Südafrika finden Sie die besten Schönheitschirurgen der Welt.

Die staatlichen Krankenhäuser sind nicht ganz so komfortabel, aber im Normalfall durchaus ausreichend. Die Behandlungskosten in den privaten *Medical Centres* und Privatkliniken liegen weit unter den in Deutschland üblichen Tarifen. Auch Medikamente kosten einen Bruchteil dessen, was hierzulande verlangt wird.

Die Krankenversicherung

Die Wahl einer geeigneten Krankenversicherung ist nicht immer einfach. Deshalb finden Sie im Folgenden vier Alternativen je nach Bedarf.

• Internationale Krankenversicherung
Beschreibung: weltweite freie Ärzte- und Spitalwahl 1. Klasse mit 100 Prozent Kostendeckung. Lebenslange Mitgliedschaftsgarantie. Eignet sich für: Personen mit höchsten Ansprüchen, die ihre Versicherungsdeckung nicht dem Zufall überlassen wollen. Unterlagen in: Englisch und Deutsch.

• Deutsche Krankenversicherung
Beschreibung: freie Ärzte- und Spitalwahl weltweit. International sehr anerkannte Versicherung mit hohem Standard. Eignet sich

für: dauerhaft im Ausland Lebende sowie Privat- und Firmenkunden, die länger als sechs Monate im Ausland leben. Unterlagen in: Englisch, Deutsch, Italienisch, Französisch und Spanisch.

• Südafrikanische Krankenversicherung
Beschreibung: freie Ärzte- und Spitalwahl in Südafrika, an Tarifregelungen gebunden. Deckung im Ausland bis zu maximal 90 Tagen. Eignet sich für: in Südafrika lebende Personen. Unterlagen in: Englisch.

• Schweizer Krankenversicherung
Beschreibung: weltweite freie Ärzte- und Spitalwahl 1. Klasse mit 100 Prozent Kostendeckung. Lebenslange Mitgliedschaftsgarantie. Eignet sich für: Personen mit höchsten Ansprüchen, die ihre Versicherungsdeckung nicht dem Zufall überlassen wollen. Die Leistungen sind analog zu schweizerischen Krankenversicherungsmodellen aufgebaut. Unterlagen in: Englisch, Deutsch und Französisch.

Die Steuern

Die Zeiten, in denen Südafrika für Ausländer eine Steueroase war, sind leider vorbei. Und dennoch: Verglichen mit den deutschen Steuersätzen, ist der Zugriff des Fiskus relativ moderat (s. Tabelle auf S. 134). Der Spitzensteuersatz beträgt derzeit 40 Prozent.
Gesellschaften unterliegen einem Steuersatz von 30 Prozent ihrer steuerpflichtigen Einnahmen. Ausnahme: Trusts müssen 40 Prozent Steuern abführen. Gesellschaften, die ihren Sitz nicht in Südafrika haben, werden mit einem Steuersatz von 35 Prozent belegt.
Kontaktieren Sie in jedem Fall einen Steuerberater, da die Steuergesetzgebung in Südafrika komplex ist und jährlich Anpassungen vorgenommen werden.

Einkommen in SA:	Einkommensteuer-Tarif:
0 – 100 000 R	18 %
100 001 – 160 000 R	18 000 R + 25 % a. d. Teil, der 100 000 R übersteigt
160 001 – 220 000 R	33 000 R + 30 % a. d. Teil, der 160 000 R übersteigt
220 001 – 300 000 R	51 000 R + 35 % a. d. Teil, der 220 000 R übersteigt
300 001 – 400 000 R	79 400 R + 38 % a. d. Teil, der 300 000 R übersteigt
400 001 u. höher	117 000 R + 40 % a. d. Teil, der 400 000 R übersteigt

Die Lebenshaltungskosten

Nach Ansicht von Finanzexperten ist der Preis eines Big Mac aus dem Konzern mit dem goldenen »M« ein guter Indikator für die Lebenshaltungskosten in einem Land. Und der kostet in Südafrika etwa 1,34 Dollar. Sollte der Vergleich mit dem klebrigen Fleischklops wirklich stimmen – und das scheint in der Tat so zu sein –, dann liegen die Lebenshaltungskosten in Südafrika deutlich unter deutschem Niveau.

Alle nachfolgenden Angaben in Südafrikanischem Rand (ZAR):

Unterkunft pro Monat ab	1500,–
Automiete pro Monat ab	2000,–
Autokauf ab	12 000,–
Liter Benzin	6,–
Minibusfahrt	2,50 bis 4,50
Taxi pro Kilometer	8,– bis 10,–
Bier	12,–
Cocktail	30,–
Sandwich	20,–

Hauptgericht im Restaurant	40,–
Gericht im gehobenen Restaurant	100,–
Kinoticket	36,–
Tageszeitung	6,–
Musik CD lokal	80,–

Das Gehaltsniveau

Die Gehälter in Südafrika sind allerdings ebenfalls weit niedriger als in Deutschland. Ein Berufseinsteiger mit abgeschlossenem Hochschulstudium verdient beispielsweise etwa 8000 Rand, was rund 833 Euro entspricht. Allerdings sind die Kosten für die Lebenshaltung auch deutlich geringer, so dass der aus Deutschland gewohnte Lebensstandard in etwa gehalten werden kann. Übrigens: Ein akademischer Grad ist keinesfalls ein Gradmesser für das mögliche Einkommen. Ein gut ausgebildeter Handwerker kann leicht das Doppelte eines Arztes oder Rechtsanwalts verdienen.

Die Kriminalität

Über die Kriminalität in Südafrika wird in der europäischen Presse viel und gern berichtet. Dabei wird oft viel Schwarzmalerei betrieben und Südafrika als ein Land dargestellt, in dem es von Verbrechern nur so wimmelt und die Polizei sich im Nichtstun übt. Südafrikaner – zumindest diejenigen, die den Tourismus im Lande fördern möchten – tendieren auf der anderen Seite dazu, ein allzu rosiges Bild von der Sicherheit in Südafrika zu malen und die Kriminalität herunterzuspielen.

Fest steht, dass in Südafrika nach wie vor ein beträchtlicher Teil der Bevölkerung in großer Armut lebt, auf engstem Raum in den Wellblechhütten der Elendsquartiere und ohne nennenswertes Einkommen. Diese *Townships* – ein Erbe aus der Zeit der Apartheid –

liegen in den Randgebieten der Städte und sind eine Brutstätte für Kriminalität und Gewalt, zumal hier auch viele illegale Einwanderer aus anderen Ländern Afrikas leben. Der überwiegende Teil aller Delikte findet innerhalb dieser Elendsquartiere statt, so zum Beispiel die zahlreichen Vergewaltigungen, Mord- und Totschlagsdelikte, die die entsprechenden Zahlen in Deutschland um ein Mehrfaches übertreffen. Aufgrund der schwierigen Zugriffsmöglichkeiten ist die Polizei oft machtlos, und so ist auch die Aufklärungsquote für Gewalttaten niedriger als die in Deutschland.

Ein paar Tipps für Ihre Sicherheit

- Meiden Sie *Townships!* Wer Einblick in das Leben innerhalb eines *Townships* bekommen möchte, der sollte dies nicht auf eigene Faust tun, sondern nur im Rahmen einer geführten Tour.
- Machen Sie am Abend keine Spaziergänge durch dunkle Parks, dunkle Innenstadtbereiche und an Stränden.
- Nehmen Sie grundsätzlich keine Anhalter mit.
- Halten Sie Ihre Handtasche geschlossen, wenn Sie über Märkte oder durch Einkaufspassagen gehen.
- Lassen Sie keine Wertsachen sichtbar im Auto liegen (auch keine Münzen).
- Halten Sie Autofenster und Autotüren geschlossen, wenn Sie durch Städte fahren und wenn Sie an Ampeln halten müssen. Dies gilt besonders für Johannesburg, wo es immer noch zahlreiche Fälle von *Carjacking* gibt.
- Seien Sie wachsam, wenn Sie Tankstellen nach 21 Uhr anfahren.
- Halten Sie nicht an, wenn Ihnen verdächtige Personen am Straßenrand signalisieren, dass sie Ihre Hilfe benötigen. Dies kann eine Falle sein.
- Reisen Sie möglichst mit einem eingeschalteten Mobiltelefon.

Mit dem Auto unterwegs

Südafrika verfügt über kein vernünftiges öffentliches Transport-system. Die wenigen Busse sind meist alt, wenig komfortabel und verkehren nicht oft genug. Ähnliches gilt für die wenigen Vorort-bahnen. Die Pendler aus den *Townships* der Städte benutzen vor-wiegend Sammeltaxis, Kleinbusse mit viel zu vielen, engen Sitzen und oft in schlechtem Zustand. Wer immer es sich leisten kann, fährt darum im eigenen Auto, was eine hohe Verkehrsdichte auf den Straßen zur Folge hat, besonders während der Stoßzeiten.

Alkohol am Steuer

Die Promillegrenze beträgt in Südafrika 0,5 Promille. Verkehrs-kontrollen sind selten. Allerdings wird es sehr teuer, wenn man erwischt wird.

Führerschein für Südafrika

Zur Anmietung eines Autos in Südafrika wird ein internationaler Führerschein benötigt. Das Mindestalter beträgt 21 Jahre.

Linksverkehr

In Südafrika fährt man auf der linken Straßenseite. Überholt wird rechts.

Parken in Südafrika

Parkplätze sind in Großstädten rar. Im Allgemeinen gibt es Park-wächter, bei denen man Parktickets kaufen kann. Eine durchgezo-gene rote Linie am Straßenrand bedeutet Parkverbot. Falschpar-ken führt zu erheblichen Geldbußen.

Sicherheitsgurte

Das Anlegen von Sicherheitsgurten auf allen Sitzplätzen ist in Südafrika vorgeschrieben.

Straßenkreuzungen

An Kreuzungen ohne Ampel *(Four Way Stops)* gilt folgende Regelung: Jedes Fahrzeug hält an der Stopp-Linie. Wer zuerst kam, fährt zuerst, danach der Zweite usw. Das kann manchmal wehtun, denn wer zuerst ankam, ist ganz individuelle Auslegungssache. Also lieber Vorsicht, sonst sieht Ihr Auto sehr schnell wie eine zerknautschte Sardinenbüchse aus.

Tankstellen in Südafrika

Südafrika verfügt über ein dichtes Netz an Tankstellen, viele haben rund um die Uhr geöffnet. Da es noch viele ältere Fahrzeuge in Südafrika gibt, bekommt man an den Tankstellen auch noch verbleites Benzin. Neuere Autos tanken dagegen *Unleaded,* also bleifrei. Anders als in Deutschland gibt es stets Tankwarte, die das Betanken und Kassieren übernehmen. Für das Tanken allein erwartet der Tankwart kein Trinkgeld. Meist reinigt er jedoch noch die Scheiben und bekommt dafür ca. zwei Rand. Der Benzinpreis liegt bei ca. sechs Rand/Liter. Bezahlt wird bar. Südafrikanische Tankstellen akzeptieren keine Kreditkarten.

Telefonieren im Auto

Ohne Freisprechanlage lieber lassen, sonst wird's teuer. Und wenn's besonders blöd läuft, nimmt man Ihnen auch den Führerschein für ein paar Wochen ab. Für fernmündliche Kommunikation im Auto haben die Südafrikaner nun mal nichts übrig.

Tempolimits in Südafrika

Die Höchstgeschwindigkeiten sind in Südafrika generell begrenzt: innerhalb von Ortschaften 60 km/h, auf der Landstraße 100 km/h und auf den Autobahnen 120 km/h. Geschwindigkeitskontrollen sind weniger häufig als in Deutschland, jedoch auch keine Seltenheit. Geschwindigkeitsüberschreitungen werden mit relativ hohen Geldstrafen geahndet.

Überholen auf Nationalstraßen

Südafrikanische Nationalstraßen sind meist zweispurig mit einem breiten Seitenstreifen. Es ist gängige Praxis, dass man schnelleren Fahrzeugen das Überholen erleichtert, indem man links auf den Seitenstreifen ausweicht. Der Überholende bedankt sich anschließend mit der Warnblinkanlage, der Überholte grüßt mit der Lichthupe zurück.

Worauf ganz Südafrika wartet

2010 wird in Südafrika die 19. Fußball-Weltmeisterschaft ausgetragen. Dies beschloss am 15. Mai 2004 das Exekutivkomitee der FIFA in Zürich. Südafrika konnte sich schon beim ersten Wahlgang durchsetzen und erreichte damit den Sieg, die FIFA-WM 2010 auszutragen. Ein Großereignis, dem am Kap der Guten Hoffnung alle entgegenfiebern. Denn noch nie wurde eine Fußball-WM auf dem afrikanischen Kontinent veranstaltet.

Doch bis es so weit ist, wartet auf Südafrika noch ein ganzes Stück Schwerstarbeit, um die Infrastruktur zu schaffen, die für ein solches Weltereignis nötig ist. Und so ganz ohne Hilfe ausländischer Arbeitskräfte wird das nicht funktionieren. Mögliche Jobs finden Auswanderer unter:www.jobs.vivastreet.de/job-kleinanzei gen/praktika-suedafrika.

Die Spiele werden in neun verschiedenen Städten in insgesamt zehn Stadien mit einer Kapazität zwischen 40 000 und 96 000 Plätzen ausgetragen. Einige der Stadien müssen allerdings erst noch fertiggestellt werden.

Das Schulsystem

In Südafrika wird ein Schüler meistens mit fünf Jahren in eine staatliche oder private Grundschule eingeschult. In diesem Alter besucht er die erste Klasse *(Grade One,* früher Substandard A). In der achten Klasse *(Grade Eight)* kommt er in die Sekundarstufe *(High School).* Viele streben das *Matrik*, den südafrikanischen Schulabschluss *(Senior Certificate)* nach der zwölften Klasse, an. Aber schon in der zehnten Klasse kann die Schule mit dem *Junior Certificate* verlassen werden, wonach der Schüler normalerweise eine technisch orientierte Laufbahn einschlägt.

Die Lehrpläne in Südafrika, die früher von der Apartheid geprägt waren, wurden durch ein neues *Curriculum 2005* ersetzt, womit Gleichheit auf der Erziehungsebene geschaffen werden soll. Das *Matrik* ist der südafrikanische Schulabschluss, der durch schriftliche Examina am Ende des zwölften Schuljahres abgelegt wird. Die Prüfung wird entweder vom *Independent Examination Board* oder von den provinziellen Erziehungsministerien zusammengestellt und korrigiert.

NORWEGEN

Exakt 90 Grad nördlicher Breite. Wo mag das wohl sein? Richtig, diese Angabe ist die korrekte geographische Bezeichnung für den Nordpol. Bis vor knapp 100 Jahren hat noch nie eine menschliche Seele seinen Fuß auf dieses Stück Land – oder vielleicht sollte man besser sagen Eis – gesetzt. Bis zum 6. Mai 1909, als der amerikanische Ingenieur und Polarforscher Robert Edwin Peary (1856–1920) mit einer Expedition den nördlichsten Punkt der Erde als Erster erreichte. Seitdem hat es viele gegeben, die dem wackeren Helden seine Tat streitig machen wollten und den »Erstbezug« des Nordpols für sich reklamieren.

So ganz endgültig wird sich diese Frage wohl auch historisch nicht klären lassen, aber egal, tun wir einfach mal so, als sei Peary der Erste gewesen. Fakt ist, der Nordpol – dort, wo die Sonne im Sommer niemals untergeht – fasziniert inzwischen Generationen von Forschern, Abenteurern, exotischen Touristen und neugierigen Auswanderern. Eine Reise zum Nordpol – der übrigens tatsächlich zu Norwegen gehört – ist eine Reise ans Ende der Welt. Spezielle, nuklear angetriebene Eisbrecher steuern den Pol mit 20 Knoten pro Stunde entweder von Spitzbergen oder von Murmansk, dem nördlichsten Hafen Russlands, an. Sie pflügen durch das sich ständig verändernde Panorama des Polarmeeres mit seinen windgeschliffenen Eisflächen. Helikopter und Schlauchboote bilden meist die Vorhut und erkunden die Route nach unterirdischen Gefahren. Draußen, in der Stille des Meeres, begegnen die Schiffe keinem menschlichen Wesen, dafür aber Eisbären, Seehunden, Walrossen und arktischen Vögeln, wie auf dem Präsentierteller.

Und wenn der Eisbrecher dann 90 Grad nördlicher Breite erreicht hat, wird eine passende Anlegestelle gesucht und die Landungsbrücke heruntergelassen (wenn es die Eisfläche zulässt). Die Passagiere verlassen dann für einen Spaziergang oder ein Picknick das Schiff. Die ganz Harten wagen sogar einen Sprung ins Polarmeer (nicht ohne akribisch darauf zu achten, dass sie dabei auch im Fokus eines Kameraobjektivs sind). Und dann kann die Party beginnen: Ein Mitglied der Besatzung fährt auf einer Eisscholle Fahrrad, ein anderes spielt eine Runde Golf (mit fluoreszierenden Bällen, denn weiß auf weiß wäre ja saublöd), und alle erinnern sich an die großen Berühmtheiten, die diesen Ort trotz aller Widrigkeiten erreicht haben. »Endlich, der Pol« schrieb Robert E. Peary am 6. Mai 1909 in sein Tagebuch. Und weiter: »Mein Traum und Ziel seit 23 Jahren. Endlich mein.«

Und wenn der Eisbrecher dann schließlich wieder abdreht in Richtung Zivilisation, dahin, wo die Tage noch hell und die Nächte noch dunkel sind, dann wird sich auch der Polarbär denken: »Endlich wieder mein … «

Daten und Fakten

Fläche: 323 802 qkm (ohne Spitzbergen)
Einwohner: ca. 4,7 Mio. (September 2006)
Regierungsform: Konstitutionelle Erbmonarchie,
König Harald V., Königin Sonja
Hauptstadt: Oslo (über 500 000 Einwohner)
Bevölkerungsdichte: 14 Einwohner pro qkm
Geschäftssprachen: Norwegisch, Englisch, Deutsch
Währung: Norwegische Krone (nkr); 1 nkr = 100 Öre
Wechselkurs: 1 Euro = 8,1194 nkr

Die Einreise

EU-Bürger können mit einem gültigen Personalausweis oder Reisepass nach Norwegen einreisen. Als Tourist kann sich jeder EU-Bürger drei Monate lang in Norwegen aufhalten, ohne sich anmelden zu müssen. Staatsangehörige aus EWR-Ländern benötigen keine Arbeitserlaubnis. Wer einen längeren Aufenthalt plant, sollte sich binnen sieben Tagen beim zuständigen Einwohnermeldeamt *(folkeregister)* melden und vor Ablauf der drei Monate eine Aufenthaltsgenehmigung bei der lokalen Polizeibehörde beantragen.

Die Lebenshaltungskosten

Oslo selbst zählt im internationalen Vergleich zu den teuersten Städten der Welt. Die Lebenshaltungskosten sind fast um die Hälfte höher als die von Frankfurt oder Berlin. Auf dem Land können die Preise zwar zum Teil erheblich darunterliegen, sie sind jedoch auch dort meist höher als in Deutschland.

Durchschnittliche Preise in Norwegen:

1 l Vollmilch	1,32 €
1 kleiner Becher Fruchtjoghurt	0,63 €
1 kg Zucker	1,63 €
1 kg Käse *(Gudbrandsdal)*	7,07 €
1 kg Hackfleisch	8,01 €
700 g Waschpulver	2,97 €
1 Schachtel Zigaretten (20 Stück)	8,43 €

Löhne und Gehälter

Mit einem durchschnittlichen Bruttoverdienst von gut 3400 Euro im Monat liegen norwegische Arbeitnehmer europaweit an der Spitze. Doch sie zahlen auch die höchsten Steuern Europas – rund die Hälfte des Verdienstes geht an Abzügen wieder verloren. Sehen Sie also genau hin, wenn Sie Ihr deutsches Einkommen mit einem möglichen Verdienst in Norwegen vergleichen möchten.

Einen gesetzlichen Mindestlohn gibt es in Norwegen nicht, doch die Gewerkschaften haben mit den meisten Arbeitgebern Mindestlöhne ausgehandelt. Etwa zwei Drittel der Unternehmen bieten ihren Beschäftigten außerdem finanzielle Zusatzzahlungen. Die Arbeitnehmer in Oslo verdienen ein gutes Zehntel mehr als ihre Landsleute.

In Norwegen verdient ein Krankenhausarzt im Monat durchschnittlich 7020 Euro brutto, ein Informatiker 5190 Euro, Pflegefachkräfte im Krankenhaus 3690 Euro und Verkäufer im Einzelhandel etwa 3540 Euro. Ein Elektriker auf dem Bau bekommt etwa 3390 Euro und Köche 2840 Euro im Monat. In diesen Zahlen sind Überstunden noch nicht enthalten.

Die Arbeit

Der norwegische Arbeitsmarkt ist in guter Verfassung. Die Arbeitslosenquote ist niedrig (Stand Mai 2007: 2,5 %) und die Beteiligung der aktiven Bevölkerung am Erwerbsleben hoch (75,4 %). Auch der Anteil älterer Personen, die einer Berufstätigkeit nachgehen, ist verglichen mit anderen europäischen Ländern überdurchschnittlich hoch (67,4 %). Vergleichsweise ungünstig stellt sich hingegen der Arbeitsmarkt für unter 25-Jährige mit einer Arbeitslosenquote von 7,1 Prozent dar, obgleich dieser Wert immer noch weit unter dem EU-Durchschnitt liegt.

Norwegen ist weltweit der drittgrößte Öl- und Gasexporteur. Da die Erschließung neuer Öl- und Gasfelder anhält und auch Modernisierungen für bestehende Anlagen anstehen, wird es bis 2009 umfangreiche Baumaßnahmen geben, ergänzt durch Infrastruktur- und Wohnungsbaumaßnahmen. Die Gewinnung von Erdöl und Gas ist ohne Frage eine Schlüsselindustrie innerhalb der norwegischen Volkswirtschaft, doch der Anteil an der Erwerbstätigkeit ist mit etwa 1,3 Prozent nur marginal. In der Fischerei, Land- und Forstwirtschaft arbeiten immerhin noch 3,5 Prozent der Erwerbspersonen. Andere wichtige Wirtschaftszweige sind die Unternehmensdienstleistungen, das verarbeitende Gewerbe, das Gesundheits- und Sozialwesen sowie der Groß- und Einzelhandel.

In der Ölindustrie besteht vornehmlich ein Bedarf an Ingenieuren (Elektrotechnik, Maschinenbau, Verfahrenstechnik) und Technikern. Die Arbeitssprachen sind Norwegisch und Englisch.

In der Schifffahrt gibt es einen Mangel an qualifizierten Schiffsoffizieren. Gute Arbeitsmöglichkeiten finden Ingenieure, Maschinisten, Schiffselektriker und -mechaniker, Stewards, Köche und Monteure. In der Bauindustrie ist vor allem in den großen Städten (Oslo, Bergen, Stavanger und Trondheim) die Nachfrage nach qualifizierten Baufachkräften hoch. Die besten Jobaussichten haben Schreiner, Tischler, Klempner, Rohrmonteure, Schweißer, Feinblechner, Gerüstbauer und Bauingenieure.

Im Gesundheitswesen werden nach wie vor Fachkräfte gesucht, und zwar vor allem Zahn- und Fachärzte. Der Bedarf an Pflegepersonal und Allgemeinmedizinern geht dagegen zurück.

Fachkräfte sind gesucht – am besten mit guten Norwegischkenntnissen. Besonders gefragt sind zurzeit Bauhandwerker, Facharbeiter in der Industrie, Köche, Zahnärzte und Ingenieure für die Ölindustrie – allerdings mit Spezialkenntnissen.

Die Steuern

Wenn Sie sich über ein halbes Jahr in Norwegen aufhalten, müssen Sie Ihre Einkünfte dort versteuern. Eine Ausnahme sind Studenten und Praktikanten, deren Wohnsitz noch in Deutschland ist. Erkundigen Sie sich frühzeitig bei den Finanzbehörden Ihres Wohn- und Arbeitsortes, welche Regeln für Sie gelten.

Im Allgemeinen werden 28 Prozent Ihres Verdienstes an Steuern abgezogen. Beantragen Sie rechtzeitig beim Finanzamt Ihrer Gemeinde eine Lohnsteuerkarte, auf der Ihr Steuersatz vermerkt ist. Ein Grundfreibetrag bleibt steuerfrei. Besserverdienende müssen außerdem eine Zusatzsteuer *(toppskatt)* zahlen. Im Jahr 2006 betrug sie neun Prozent und begann bei einem Jahreseinkommen von 394 000 Kronen (knapp 50 000 €).

Wer höchstens zwei Jahre in Norwegen arbeitet, kann einen Freibetrag von einem Zehntel auf seine Steuerkarte eintragen lassen *(standartfradrag)*. Auch Familien und Ältere können erhöhte Freibeträge nutzen. Jeder Beschäftigte in Norwegen muss außerdem Beiträge zur staatlichen Sozial- und Rentenversicherung in Höhe von 7,8 Prozent des Bruttoeinkommens zahlen. Der Satz ist relativ niedrig, weil er sich aus drei Töpfen finanziert: aus Beitragszahlungen der Arbeitnehmer und Arbeitgeber sowie aus Steuern. Eine Beitragsbemessungsgrenze gibt es nicht.

Weitere Informationen finden Sie bei der norwegischen Steuerbehörde *(skatteetaten),* www.skatteetaten.no (unter »International« auch einiges auf Englisch).

Ein kurzer Blick auf das Sozialversicherungssystem

Während Ihrer Beschäftigung in Norwegen gelten die norwegischen Sozialversicherungsbestimmungen. Nur wer von einem deutschen Arbeitgeber für höchstens ein Jahr nach Norwegen entsandt wird, ist weiterhin in Deutschland versichert.

Der Arbeitgeber zieht den Versicherungsbeitrag von Ihrem Gehalt ab. Die norwegische Sozialversicherung umfasst eine Vielzahl an Sozialleistungen einschließlich Altersrenten, Hinterbliebenenrenten für Ehegatten und Kinder, Leistungen im Fall von Invalidität, bei Behinderungen, zur Wiedereingliederung in das Berufsleben und bei Berufsunfällen, Beihilfen für Alleinerziehende, zur Entlastung bei Krankheit sowie bei Geburt und Adoption, Arbeitslosenunterstützung, medizinische Hilfe bei Krankheit, Verletzungen, Schwangerschaftsabbruch und Beerdigung. Die Sozialversicherung wird finanziert durch Arbeitnehmer- und Arbeitgeberbeiträge sowie staatliche Zuschüsse. Einen Überblick über das System der Sozialen Absicherungen findet man unter www.nav.no. Hier gibt es auch unter anderem die Adressen lokaler Beratungsstellen.

Es gibt kein eigenständiges Sicherungssystem für die Pflege. Die Versicherungsbeiträge für Arbeitsunfälle und Berufskrankheiten sowie Arbeitslosigkeit gehen zu Lasten des Arbeitgebers. Die Familienleistungen sind steuerfinanziert.

In Oslo wurde am 15. Oktober 2007 von vier norwegischen Behörden (Steueramt, Polizei, Ausländerbehörde und der norwegischen Organisation für Arbeit und Soziales, *NAV*) ein *Service Centre* für ausländische Arbeitnehmer eingerichtet. Das *Service Centre* bietet Unterstützung bei: erstmaliger Arbeitserlaubnis und Aufenthaltsgenehmigung; Erneuerung der Arbeitserlaubnis und Aufenthaltsgenehmigung; Lohnsteuerkarte; D-Nummer (Registriernummer für ausländische Staatsbürger, die in Norwegen nicht als Immigranten im *Population Register* registriert sind). Die Adresse:

Service Centre for Foreign Workers
Hagegata 28
0630 Oslo
Die Öffnungszeiten: 9 bis 15 Uhr.

Wenn die Kinder mitkommen

In wenigen Ländern sind Familie und Beruf so gut zu vereinbaren wie in Norwegen. Die Kinderbetreuung gilt als vorbildlich, und Männer können bereits seit 1993 Vaterschaftsurlaub nehmen. Der Anteil berufstätiger Frauen liegt über dem europäischen Durchschnitt.

Erkundigen Sie sich frühzeitig bei Ihrer norwegischen Gemeinde über das Aufnahmeverfahren der Kindergärten. Es kann schwierig sein, einen Platz zu finden. Manche Kindergärten sind acht oder neun Stunden täglich geöffnet, andere nur zwei oder drei Tage pro Woche. Die Gebühren unterscheiden sich je nach Gemeinde, sie betragen bis zu 285 Euro pro Monat für einen Ganztagsplatz. Eine Alternative sind Betriebskindergärten oder Tageseltern.

Kinder von 6 bis 15 Jahren sind schulpflichtig. Für Schulkinder der ersten vier Klassen bieten die Schulen nach dem Unterricht Betreuung und Freizeitaktivitäten an. Von Ende Juni bis Mitte August sind Schulferien. Unter www.fit-for-europe.info finden Sie weitere Informationen über das norwegische Schulsystem.

In Oslo gibt es eine deutsche Schule mit Kindergarten. Mehr über deutschsprachige Schulen im Ausland erfahren Sie unter www.schulweb.de.

Kindergeld wird für alle minderjährigen Kinder gezahlt, die mindestens ein Jahr in Norwegen leben. Es betrug zuletzt 120 Euro pro Kind und Monat. Für Kleinkinder, die nicht ganztags in staatlichen Einrichtungen betreut werden, bekommen Eltern außerdem eine Kinderbetreuungsbeihilfe *(kontantstotte)* von bis zu 415 Euro im Monat.

Und wenn Sie in Norwegen Kinder bekommen, können Sie die gleichen Leistungen in Anspruch nehmen wie die Norweger. Die Mutter oder der Vater haben Anspruch auf 44 Wochen Elternzeit mit vollem Entgelt, wenn sie oder er in den zehn Monaten vor dem Entbindungstermin sechs Monate berufstätig war und sich nach der Geburt um das Kind kümmert. Man kann stattdessen auch 52 Wochen Elternzeit wählen und bekommt dann vier Fünftel des vorigen Verdienstes.

Diese Wochen können auf mehrere Zeiträume aufgeteilt werden. Man darf die Elternzeit mit Teilzeitarbeit kombinieren, und Mutter und Vater können sich die Elternzeit teilen. Drei Wochen vor und sechs Wochen nach der Entbindung sind auf jeden Fall für die Mutter reserviert, sechs Wochen Elternzeit für den Vater. Nach der Elternzeit können beide Eltern noch bis zu einem Jahr unbezahlten Urlaub nehmen. Nicht erwerbstätige Mütter bekommen eine einmalige, steuerfreie Mutterschaftsbeihilfe von 4220 Euro.

Das Klima

Das Wetter, speziell in Oslo, ist sicherlich besser als sein Ruf. Der Sommer ist mit 20 Grad und viel Sonne angenehm mild, im Herbst regnet es häufig, nur der Winter ist extrem kalt. Im Dezember liegt der Tiefpunkt in Oslo bei etwa minus16 Grad, bei einer geschlossenen Schneedecke über mehrere Wochen. Im Landesinneren fallen die Temperaturen im Winter auch gerne mal auf minus 40 Grad (brrr).

Und ständig dunkel ist es im Winter auch nicht. Immerhin gibt es im Süden Norwegens sechs Stunden Tageslicht – gerade einmal zwei Sunden weniger, als bei uns.

ARGENTINIEN

»Der Tango ist ein trauriger Gedanke, den man tanzen kann«, sagte der argentinische Tango-Komponist Enrique Santos Discépolo. Und der Autor George Bernhard Shaw schrieb: »Der Tango ist der vertikale Ausdruck eines horizontalen Verlangens.«

Wer denkt nicht an Tango, wenn man von Argentinien spricht? Der Mix aus Lied und Tanz wurde sowohl von der Musik aus dem Land selbst als auch von spanischen, italienischen und kubanischen Rhythmen beeinflusst. Der Tango entstand gegen Ende des 19. Jahrhunderts als Tanz der Ärmeren von Buenos Aires. Gesellschaftsfähig wurde er erst nach einem Umweg über Paris. Nachdem er dort die Salons erobert hatte, erlebte er als gesungener Tango auch in seiner Heimat Buenos Aires nach 1920 den Durchbruch. Dazu verhalf ihm insbesondere der 1890 in Toulouse geborene Carlos Gardel, der unbestrittene »König des Tangos«.

Doch der *Tango Argentino* ist nicht nur ein Tanz, sondern vor allem ein Lebensgefühl. Es geht nicht um die Schritte, sondern darum, was dazwischen passiert. Der Mann führt die Bewegungen, gibt Richtung und Figuren vor, improvisiert, bestimmt das Tempo. Er trägt die Verantwortung, dass die Frau den Tanz genießen und die Augen schließen kann. Die Frau folgt den Signalen des Mannes. Sie komplettiert den Tanz und verziert ihn. Die Attraktivität und Freude am Tango liegt im Ausleben der Rollen und dem stark aufeinanderbezogenen Zusammenspiel der Geschlechter. Der Mann, extrovertiert, genießt, zu steuern und zu beschützen, genießt, darum zu konkurrieren, dass er die Frauen besonders gut »beglückt«, er soll und darf ganz Gentleman sein. Die Frau genießt, im Tango das Aus- und Erleben ihrer Weiblichkeit, Sinnlichkeit und ihrer Sensibilität. Nur sie hat das Privileg, mit geschlossenen Augen auf eine Reise der Gefühle und Emotionen gehen zu können, inniglich, in sich gekehrt. Sie soll und darf ihre Weiblichkeit zur Schau stellen.

Daten und Fakten

Fläche: 2,79 Mio. qkm
Einwohner: ca. 39,0 Mio.
Hauptstadt: Buenos Aires (ca. 11,5 Mio. Einwohner)
Bevölkerungsdichte: 14 Einwohner pro qkm
Bevölkerungswachstum: 1,0 % (Schätzung 2007)
Analphabetenrate: 2,8 %
Geschäftssprachen: Spanisch, Englisch
Währung: Peso (arg$); 1 arg$ = 100 Centavos
Wechselkurs: 1 Euro = 4,162 arg$
Inflationsrate (%): 2008: 11,0
Arbeitslosigkeit (%): 2004: 13,6; 2005: 11,7; 2006: 8
Durchschnittslohn (arg$ / Monat): 2004: 1200; 2005: 1475;
2006: 1625

Ein paar Basisinfos

Argentinien ist neben Chile das europäischste Land Südamerikas.
Die Pampa-Republik ist landschaftlich sehr abwechslungsreich.
Vom subtropischen Dschungelklima im Norden über die ausgedehnten Steppengebiete der Pampa bis in die subantarktische Zone
im Süden ist für jeden Geschmack etwas dabei. In den Anden zur
Grenze nach Chile wird das Land alpin, mit Gletschern, schneebe-
deckten Bergen und idealen Wintersportmöglichkeiten.

Argentinien ist ein klassisches Niedriglohnland. Das durchschnittliche Einkommen ist gering. Der garantierte Mindestlohn
wurde Ende 2007 von 800 Argentinischen Pesos (ca. 191 €) auf
900 Pesos erhöht und soll bis Ende 2008 auf 980 Pesos (ca. 235 €)
aufgestockt werden.

Argentinien weist eine hohe Zahl deutscher Einwanderer auf,
etwa eine Million Argentinier sind deutscher Abstammung.
Deutsch sprechen noch etwa 300 000. Es gibt deutsche Schulen

und Kindergärten, deutsche Bäckereien und Metzgereien sowie eine deutsche Wochenzeitung, das *Argentinische Tageblatt*.

Die Einreise

Deutsche, österreichische und Schweizer Staatsbürger brauchen für die Einreise kein Visum. Es genügt ein Reisepass, der noch mindestens sechs Monate gültig ist. Nach Einreise können Touristen sich auf diese Weise 90 Tage im Land aufhalten. Eine Verlängerung dieser Frist ist gegen Zahlung von 100 argentinischen Pesos beim Ausländeramt möglich. Eine Aufenthaltserlaubnis bekommt man nur, wenn man im Land studiert hat oder einen Arbeitsvertrag vorweisen kann. Die Daueraufenthaltsgenehmigung, mit der man auch im Land arbeiten darf, gilt drei Jahre. Danach kann man sie in eine unbefristete umwandeln lassen.

Die Steuern

Steuern sind in Argentinien ein heikles Thema. Dass der Staat sie braucht, um Schulen, Krankenhäuser und Straßen zu bauen, weiß jeder – aber zahlen will sie keiner, und einige können auch es auch nicht. Der Staat kämpft mit allen Mitteln um seine Einnahmen. Im Urlaubsort Mar del Plata, mitten in der Hochsaison, verteilen junge Damen in legerer Uniform am Strand Flyer vom Finanzamt. Angeboten wird ein 20-prozentiger Rabatt auf die Steuerschuld, wenn sie sofort beglichen wird. Darüber hinaus laufen flächendeckende Kontrollen der Steuerbehörde. Finanzinspektoren ziehen durch die Straßen auf der Suche nach Steuersündern. Dabei werden Baustellen, Immobilienfirmen, aber auch Autos und die Handtaschen von Kunden in den Fußgängerzonen überprüft. Nach offiziellen Schätzungen zahlen 45 Prozent der Argentinier keine Steuern. Dieser Prozentsatz soll auf 25 Prozent gedrückt werden.

Wer in Argentinien lebt und arbeitet, zahlt eine Einkommen steuer zwischen 9 und 35 Prozent. Die Höhe der Steuer hängt vom Verdienst ab. Somit ist das System wie in Deutschland progressiv. Die Unternehmenssteuer beträgt 35 Prozent.

Die Sprache

Die offizielle Amtssprache Argentiniens ist Spanisch. Nicht nur die Argentinier behaupten, in ihrem Land würde das sauberste und verständlichste Spanisch der Welt gesprochen. In Buenos Aires kann man sich auch gut mit Englisch verständigen, außerhalb der Metropole wird es allerdings schwer ohne ein paar Grundkenntnisse in Spanisch. Die Menschen sind sehr freundlich und offen, so dass man leicht mit ihnen in Kontakt kommt. Die Sprache ist dabei allerdings sehr wichtig, und wir empfehlen deshalb, vorab ein paar Vokabeln zu pauken.

Die Lebenshaltungskosten

Solange die argentinische Währung eins zu eins an den US-Dollar gekoppelt war, mussten Auswanderer in Argentinien – und vor allem in Buenos Aires – jeden Peso zweimal umdrehen. Argentiniens Metropole war nicht nur die mit Abstand teuerste Stadt Südamerikas. Leben, Reisen und Ausgehen in Buenos Aires war auch teurer als in den meisten Städten Europas und den USA. Heute ist genau das Gegenteil der Fall.

Argentiniens Währung hat sich zwar wieder etwas erholt, aber um die drei Pesos bekommen Sie immer noch für einen US-Dollar. In der Praxis bedeutet das: Ein kleines Studio-Apartment kann man schon für ca. 35 000 Euro kaufen. Nicht irgendwo, sondern immerhin in guter Lage in einer der schönsten Städte der Welt. Ein Haus oder Apartment, das früher um die 3000 Dollar im Monat Miete kostete, können Sie heute bereits für etwa 4000 Pesos bekommen.

Für ein Dinner für zwei mit einer guten Flasche Wein und dem besten Rindersteak der Welt zahlen Sie im guten Restaurant 80 Pesos, also etwa 25 Euro. Eine Tasse Kaffee in einem der wunderschönen, stilvollen Cafés von Buenos Aires kostet Sie gerade einmal 65 Cent. Die Nacht in einem Vier-Sterne-Hotel gibt es schon ab etwa 100 Euro, wenn Sie richtig verhandeln. Ein Liter Superbenzin kostet so viel wie eine Tasse Kaffee: knapp 65 Cent. Eine 50-minütige Bahnfahrt von einem Wohnviertel ins Zentrum von Buenos Aires kostet hin und zurück 45 Cent. Wir reden hier, wie gesagt, von einer der elegantesten und aufregendsten Städte der Welt.

1,50 € für 1 l Bier in der Kneipe, 0,50 € im Supermarkt

0,50 € 1 Packung Zigaretten

4 € Telefonanschluss im Monat

10 € Breitbandinternet-Flatrate

0,25 € für eine Tüte Brot

10 € für eine Taxifahrt quer durch Buenos Aires

0,25 € für ein Busticket

0,7 € für ein Paket Mate

0,04 € für 1 kWh Strom

0,50 € 1 kg Tomaten

1,25 € 1 h Privatunterricht Spanisch

4–5 € pro Nacht bei Unterkunft in *Hostal* oder Familienunterkunft

Warum Argentinien wieder so preiswert ist

Zur Faszination, die Argentinien und Buenos Aires schon immer auf die Menschen ausübte – durch herrliche Landschaften, Kultur und Gastronomie sowie die deutlich höhere Sicherheit als in anderen Ländern Südamerikas –, kommt heute noch ein sehr gutes

Preis-Leistungs-Verhältnis. Und das hat folgende Gründe: Als der damalige Präsident Carlos Menem 1992 den Wechselkurs des Peso fest an den Dollar knüpfte, verbarg sich dahinter sicher eine gute Absicht. Aber Menem hatte die Unternehmer seines Landes falsch eingeschätzt. Mit dem Geld, das er ihnen damit in die Hand gegeben hatte, modernisierten sie nicht etwa ihre Betriebe oder tätigten andere Investitionen in die Zukunft, sondern sie gaben es schlichtweg aus. Banken vergaben obendrein großzügige Kredite, die kaum abgesichert waren. Als dann Ende der 90er Jahre die Währungen aller Nachbarländer aufgrund der allgemeinen Krise immer tiefer fielen, blieb der Peso zwar stabil. Das aber hatte zur Folge, dass Argentiniens Exporte praktisch zum Erliegen kamen. Ein schlecht funktionierendes System mit hoher Korruption tat ein Übriges, und das Resultat ist bekannt: de facto ein Staatsbankrott, der Tausende von Bürgern um ihre Ersparnisse brachte.

Das Schulsystem

In Argentinien herrscht eine Schulpflicht von neun Jahren. Es gibt neben den staatlichen Schulen auch zahlreiche private. Das Schulsystem ist in zwei Stufen eingeteilt: *Primaria* (Grundschule = 6 Jahre) und *Secundaria* (weiterführende Schule). 1995 wurde das Schulsystem reformiert: Die ersten neun Jahre der Schulzeit werden seitdem als *EGB (Educación General Básica)* bezeichnet, die in mehrere Richtungen aufgeteilte weiterführende Schule stattdessen als *Polimodal*. Momentan werden beide Schulabschlüsse noch anerkannt. Es gibt eine Vielzahl von verschiedenen Schulabschlüssen (naturwissenschaftlich, sozialwissenschaftlich, technisch oder wirtschaftlich orientiert), einige sind berufsbefähigende Techniker-Titel. Zum Besuch der Hochschulen berechtigen alle im Rahmen des *Polimodal* erlangten Abschlüsse, auch wenn der Studiengang nicht mit der Ausrichtung des *Polimodal* übereinstimmt.

Der Arbeitsmarkt

Auch für Argentinien gilt, was in so vielen Ländern die goldene Regel ist: Versuchen Sie nie, einem Einheimischen den Job wegzunehmen. Allein durch die Bewerbung auf eine Stelle, von der Sie wissen, dass auch ein Argentinier für sie qualifiziert ist, machen Sie sich strafbar. Also besser potenzielle Arbeitgeber (Hotels, Autowerkstätten, Krankenhäuser, Handwerksbetriebe, Softwareunternehmen) abklappern und fragen, ob sie gut ausgebildetes deutsches Fachpersonal gebrauchen können. In oben genannten Branchen stehen die Chancen ganz gut. Trotz verbesserter Wirtschaftslage sieht der Arbeitsmarkt nämlich noch nicht allzu rosig aus.

Es ist nicht ganz einfach, einen guten Job zu finden. Eine gewisse Nachfrage besteht nach Ingenieuren und Informatikern. Die besten Angebote finden Sie unter www.trabajo.gov.ar/. Weiterhin werden offene Stellen in den beiden großen Tageszeitungen *La Nacion* und *Clarin* ausgeschrieben. Für die meisten Berufe sind Spanischkenntnisse Bedingung. Techniker und Spezialisten aus Deutschland können eine Beschäftigung finden, indem sie sich direkt an deutsche Firmen mit Niederlassungen in Argentinien wenden. Das argentinische Arbeitsamt hat offene Stellen für Ausländer gelistet. Hier werden Sie fündig: www.computrabajo.com.ar.

Die Krankenversicherung

Die staatliche Krankenversicherung in Argentinien ist ausgezeichnet, eine private Zusatzversicherung eigentlich nicht nötig. Die Arbeitgeber sind verpflichtet, ihre Angestellten bei einer Krankenversicherung anzumelden. Die Arbeitnehmer bezahlen einen Beitrag von drei Prozent ihres Gehaltes.

COSTA RICA

Costa Rica ist einfach anders: Das kleine Land, das zu Recht auch als die Schweiz Mittelamerikas bezeichnet wird, passt so gar nicht in die Klischees, mit denen andere latein- und südamerikanische Länder so oft zu kämpfen haben. Blutrünstige Militärdiktatur – Fehlanzeige. Wirtschaftscrash – keine Spur. Und geschossen wird hier schon lange nicht mehr, denn: Costa Rica hat seit 1948 keine Armee mehr. Die einzigen Sicherheitskräfte sind die 4500 Mann starke Zivilgarde und die 3200 Beamten der ländlichen Polizei.

In einer internationalen Umweltrangliste landete das Land kürzlich weit vor Deutschland. Die Erhaltung nationaler Naturschutzzonen genießt in Costa Rica oberste Priorität, das Land gehört weltweit zur Spitze in Sachen Ökotourismus. Inzwischen reisen pro Jahr rund 1,5 Millionen »Ökotouristen« in das Land, das gerade mal so groß wie Niedersachsen ist und in dem rund vier Millionen Menschen leben. Es gibt viele verlockende Gründe, sich in Costa Rica niederzulassen oder zu investieren.

Da sind auf der einen Seite das angenehme Klima, der exotische Reiz sowie die zahllosen Naturschönheiten. Auf der anderen Seite macht es einem die offene und liebenswerte Art der Costa-Ricaner, der *Ticos*, leicht, sich zu integrieren.

Costa Rica ist seit langer Zeit weder in politische Unruhen noch in kriegerische Ereignisse verwickelt. Das Land weist ein hohes Bildungsniveau und einen für Mittelamerika sehr guten Lebensstandard auf. Die Lebenshaltungskosten sind erheblich niedriger als in Europa, und man kann von großen Steuervorteilen profitieren.

Die Regierung Costa Ricas ist außergewöhnlich offen für ausländische Einwanderer und Investoren. Sie ist bestrebt, das vom Tourismus erst seit kurzem entdeckte Land begrenzt erschließen zu lassen, und gewährt interessante Investitionserleichterungen. Auch die relativ einfach zu bekommende Aufenthaltsbewilligung trägt sicher mit zu dieser Beliebtheit bei.

Neben den *Ticos* (wie sich die einheimische Bevölkerung nennt) findet man in Costa Rica eine relativ große deutschsprachige Gemeinde. Etwa zehn Prozent der Gesamtbevölkerung sind Ausländer. Und vielleicht gehören Sie ja auch bald dazu – und werden steinalt. Die durchschnittliche Lebenserwartung in Puerto Rico liegt nämlich bei stolzen 79 Jahren, unabhängig vom Geschlecht.

Daten und Fakten

Fläche: 51 900 qkm
Einwohner: ca. 4,4 Mio.
Hauptstadt: San José (ca. 340 000 Einwohner)
Bevölkerungsdichte: 85 Einwohner pro qkm
Bevölkerungswachstum: 1,7 % p. a.
Analphabetenrate: 3,7 %
Geschäftssprachen: Spanisch, Englisch
Rohstoffe agrarisch: Bananen, Ananas, Kaffee
Währung: Colon (C)
Wechselkurs: 1 Euro = 668,195 C

Die Einreise

Costa Rica öffnet allen Einwanderern die Tür, die auf ein monatliches Festeinkommen von 500 bis 700 US-Dollar verweisen können oder mindestens 200 000 US-Dollar im Land investieren.

Möglich ist eine sogenannte *residencia* – die befristete oder unbefristete Aufenthaltserlaubnis. Deutsche dürfen sich ohne Visum drei Monate in Costa Rica aufhalten. Was darüber hinausgeht, bedarf einer Genehmigung: einjährige und zweijährige *residencia* für Arbeitnehmer beziehungsweise zehnjährige für Rentner und Selbständige.

Wenn man mindestens 200 000 US-Dollar investiert, kann man

eine *residencia* als *rentista* (Investor) bekommen. Bei besonders förderungswürdigen Investitionsvorhaben kann von dieser Summe abgewichen werden. Was gerade als »besonders förderungswürdig« angesehen wird, kann sich allerdings täglich ändern. Auf dem aktuellen Stand ist meist die deutsche Botschaft in San José:

Deutsche Botschaft in San José, Costa Rica
Telefon (506) 232-553 31

Oder aber auch die Botschaft von Costa Rica in Berlin:
Botschaft der Republik Costa Rica
Dessauer Str. 28–29
10963 Berlin
Telefon: 030 / 26 39 89 90
Fax: 030 / 26 55 72 10
E-Mail: emb-costa-rica@t-online.de

Die Arbeit

Beim Thema »Arbeiten in Costa Rica« sollte man ein paar Dinge wissen. In Costa Rica Arbeit zu finden ist nicht ganz einfach, weil das Land zum einen ein relativ hohes Bevölkerungswachstum hat – jedes Jahr drängen rund 80 000 Jugendliche auf den Arbeitsmarkt, während nur 20 000 Pensionäre den Arbeitsmarkt verlassen – und weil auf der anderen Seite jährlich neue Nicaraguaner (viele illegal) auf den Arbeitsmarkt drängen.

Durch seine hohe Sicherheit ist Costa Rica zudem auch bei anderen »Latinos«, wie zum Beispiel Kubanern und Kolumbianern, sehr beliebt.

Und trotzdem: Ausgebildete Fachkräfte aus Deutschland werden in Costa Rica sicherlich ihr Auskommen finden. Allerdings – und das ist wirklich eine Voraussetzung – sollten Sie über einigermaßen solide Spanischkenntnisse verfügen. Mit Englisch kommen Sie zwar theoretisch durch, aber eben nur theoretisch. Sobald Sie in den Arbeitsprozess eingebunden sind, müssen Sie in der Sprache Ihres Gastlandes kommunizieren können.

Gute Chancen bieten sich im handwerklich-gewerblichen Bereich oder im Tourismus und im Bau- und Agrarsektor. Hinzu kommen die Tätigkeiten mit ganz speziellen Kenntnissen: Medien, Informatik, Solartechnik, Energietechnik, IT-Branche.

Im Handel gibt es zwar rechtlich alle Möglichkeiten, also keine besonderen rechtlichen Einschränkungen, doch muss man sich da mit der costa-ricanischen Konkurrenz und den bereits ansässigen »Platzhirschen« herumschlagen. Bei den freien Berufen, wie zum Beispiel bei den Ärzten, Apothekern, Architekten, Rechtsanwälten, Steuerberatern etc., wird meist eine Zulassung erforderlich. Bei Rechtsanwälten und Steuerberatern zählt zudem die europäische Ausbildung fast gar nichts, da in Costa Rica costa-ricanisches Recht und die amerikanische Form der Rechnungslegung gelten. Firmengründungen sind hingegen sehr einfach.

Die Steuern

Weder der *rentista* noch der *pensionado* müssen Steuern zahlen, außer auf städtische Leistungen wie zum Beispiel Müllabfuhr, und auf Grundbesitz. Auf Einnahmen aus dem Ausland müssen sie in Costa Rica keine Steuern zahlen. Gewinne aus dem An- und Verkauf von Immobilien sind steuerfrei. Auch eine Zinsabschlagsteuer existiert nicht. Außerdem können Sie Gelder von und nach Costa Rica ohne jegliche Einschränkung transferieren.

Allerdings müssen Sie auf alle in Costa Rica erzielten Einkommen Steuern zahlen, egal, welchen Status Sie haben. Jeder, der länger als sechs Monate jährlich in Costa Rica lebt, gilt als Einwohner im Sinne des Steuergesetzes und muss entsprechende Steuererklärungen ausfüllen. Diese sind allerdings völlig unproblematisch und bestehen aus zwei Vordrucken zum Ankreuzen.

Wer in Costa Rica auf sein Einkommen mehr als 25 Prozent Steuern zahlt, hat irgendetwas falsch gemacht. Eine Mehrwertsteuer von 13 Prozent wird auf jeden Rechnungsverkauf geschlagen, wie zum Beispiel in Restaurants, Autowerkstätten Reinigungen etc. Der sogenannte »Warenkorb«, der mehr als 700 Produkte des täglichen Lebens beinhaltet, ist von der Mehrwertsteuer ausgenommen. Das kommt jedem, der von einem fixen Einkommen lebt, zugute.

Die Lebenshaltungskosten

Zugegeben: Es gibt Länder in Mittel- und Südamerika, da lebt es sich preiswerter als in Costa Rica. Und dennoch: Mit 50 Prozent der deutschen Kosten dürften Sie an der »reichen Küste« *(Costa Rica)* locker auskommen. Eine Vier-Zimmer-Wohnung mit Küche und Bad für 300 Euro im Monat ist durchaus zu finden. Ein freistehendes Haus außerhalb der Stadt ist kaum teurer. Bei 1,16 Dollar (Super) und 1,03 Dollar (Diesel) für den Liter Sprit kommt Freude auf. Lieber Gott, lass den US Dollar ganz weit unten …

Lebensmittel, die aus dem Land stammen, sind für unsere Verhältnisse spottbillig, allerdings können importierte Waren erheblich teurer sein. Teewurst aus Rügenwald (ja, ja, die mit der roten Mühle) kostet schnell mal fünf Euro. Aber es gibt sie zumindest, wenn die Sehnsucht nach deutschen Fleischwaren allzu groß wird.

Das Gesundheitssystem

Im Vergleich zu anderen Ländern Mittelamerikas bietet Costa Rica eine hervorragende Gesundheitsversorgung. In den Ballungsgebieten gibt es viele gute Kliniken und Hospitäler. Auf dem Land findet man weniger Krankenhäuser, dafür aber ein dichtes Netz von Krankenstationen. Notfallstationen unterhält das Rote Kreuz *(Cruz Roja)* überall im Land.

Für die staatliche Krankenversicherung (Grundversorgung) gilt die Faustregel ein Euro pro Tag und Versichertem als Jahresbeitrag. Wir empfehlen den Abschluss einer privaten Zusatzversicherung. Sehr viele US-Konzerne haben inzwischen Dependancen in Costa Rica und ausgesprochen günstige Angebote.

Die Sicherheit

Seit März 2006 ist Dr. Óscar Arias Sánchez Staatspräsident von Costa Rica. Der Friedensnobelpreisträger, der 1987 für sein Engagement für die friedliche Beilegung von Konflikten in Mittelamerika diese Auszeichnung erhielt, steht für die Weiterführung einer absolut stabilen Demokratie. Und das merkt man seinem Land an: keine Terroristen oder Guerilleros, keine organisierte Kriminalität. Selbst die Städte sind vergleichsweise sicher. Ein bisschen Taschendiebstahl, und wenn die dicke Rolex am Arm des Ausländers gar zu verlockend funkelt, ist sie dann auch schon mal weg. Aber nächtens in Mannheim auf der Straße leben Sie mit Sicherheit gefährlicher als in San José.

Das Schulsystem

Auch das Schulsystem in Costa Rica wird als das beste in ganz Mittelamerika bezeichnet. Als eines der ersten Länder hat Costa Rica den Schulbesuch kostenlos und verpflichtend eingeführt. Die Grundschule dauert in der Regel sechs Jahre – die *Highschool* fünf oder sechs Jahre. Mit dem Abschluss der *Highschool* erhalten die Schüler ein Diplom in *Letras* (Geisteswissenschaften) oder in *Ciencias* (Naturwissenschaften).

Mit ca. 48 Wochenstunden verbringen die Schüler deutlich mehr

Zeit in der Schule als in Deutschland. Ein gewöhnlicher Schultag beginnt um sieben Uhr und endet zwischen 13 und 17 Uhr. Die Pausen sind kürzer als hierzulande und die Stunden meist Doppelstunden. Alle *Highschools* verfügen über ein umfangreiches Angebot an Kursen. Neben obligatorischen Fächern können eine Vielzahl freiwilliger Fächer gewählt werden. Schule in Costa Rica heißt: viele neue schulische Erfahrungen und Kenntnisse sammeln, von denen die Kinder ein Leben lang profitieren werden.

BRASILIEN

Wer würde sich nicht mehr an die legendären Posträuber erinnern, die 1963 einen Postzug von Glasgow nach London überfallen haben und 2,6 Millionen Pfund Sterling (das entspricht in etwa 35 Mio. Euro) erbeuteten? Nach und nach wurden alle 15 Mittäter gefasst. Nur einer nicht: ihr Boss, Ronald Biggs. Der zog es vor, sich Scotland Yard und den dunklen britischen Gefängnissen zu entziehen und mit seinem Teil des Geldes wärmere Gefilde aufzusuchen. Er suchte – und fand sein Heil an der weltberühmten Copacabana in Rio de Janeiro, Brasilien. Jahrzehntelang lebte er dort wie Gott in Rio eben, ehelichte eine Samba-Schönheit und bekam mit ihr einen Sohn, der später in Brasilien ein berühmter Schlagersänger wurde. Biggs sah sogar dem Besuch des Sonderermittlers von Scotland Yard, der es sich zur Lebensaufgabe gemacht hatte, ihn quasi nach England zu reimportieren, um ihn dort in ein dunkles Verlies werfen zu können, in Rio mit großer Gelassenheit entgegen. Wusste er doch: Brasilien hatte damals kein Auslieferungsabkommen mit europäischen Ländern. Der Legende zufolge soll Biggs den Beamten damals sogar noch großzügig bewirtet haben, bevor er ihn unverrichteter Dinge wieder in das Flugzeug nach London setzte. Ein Krimi, den das Leben schrieb und der 1965 unter dem Titel *Die Gentlemen bitten zur Kasse* (Horst Tappert gab seinerzeit Ronald Biggs) verfilmt wurde.

Tja, so war das damals vor vielen, vielen Jahren in Brasilien. Um dort heute eine »Zukunft mit Aussicht« zu finden, braucht man eine blütenweiße Weste und noch so einiges mehr. Aber lesen Sie selbst. Und dann: Tanzen Sie Samba mit mir …

Daten und Fakten

Fläche: 8,5 Mio. qkm
Einwohner: ca. 188,6 Mio.

Hauptstadt: Brasilia (über 2 Mio. Einwohner)
Bevölkerungsdichte: 22 Einwohner pro qkm
Währung: Real (R$); 1 R$ = 100 Centavos
Wechselkurs: 1 Euro = 2,723 R$

Einreise und Visa

Visa für Ausländer werden in folgenden Fällen erteilt:
- für eine Kulturreise oder für einen Studienauftrag
- für eine Geschäftsreise
- für Künstler oder Sportler
- für Studenten
- für Wissenschaftler, Lehrer, Techniker oder Fachmänner einer anderen Kategorie gemäß einem Vertrag oder im Dienste der brasilianischen Regierung
- für Korrespondenten einer Zeitung, Zeitschrift, des Radios, Fernsehens oder einer ausländischen Nachrichtenagentur
- für Diener eines religiösen Bekenntnisses oder Mitglieder eines Instituts des geweihten Lebens oder einer Kongregation oder einem religiösen Orden

Für die Erteilung eines zeitlich befristeten Visums – Künstler, Sportler und Wissenschaftler – ist außerdem eine Arbeitsgenehmigung erforderlich. Studenten, Durchreisende oder Touristen dürfen keine bezahlte Tätigkeit in Brasilien aufnehmen.
Für den Inhaber eines Visums als Korrespondent einer Zeitung, Zeitschrift, eines Radio- oder Fernsehsenders oder einer ausländischen Nachrichtenagentur ist die Ausübung einer aus brasilianischen Quellen bezahlten Tätigkeit verboten.

Die Dauer für zeitweilige Visen beträgt:
- Touristen: 90 Tage mit einmaliger Verlängerungsmöglichkeit bei kulturellen Reisen oder Studienaufträgen bis zwei Jahre.

- Geschäftsreisen: bis fünf Jahre bei Aufenthalt von bis zu 90 Tagen pro Jahr. Für eine Verlängerung ist die Bundespolizei zuständig.
- Studenten: bis zu einem Jahr, jährlich erneuerbar bis zum Abschluss des Studiums, soweit die Einschreibung garantiert ist und die Studien gut genutzt werden.

Bei einer Überschreitung dieser Fristen wird eine Strafe für jeden Tag des unerlaubten Aufenthalts berechnet. Zur Arbeitsaufnahme sind ein zeitweiliges oder ein dauerhaftes Visum erforderlich, wobei beim Verfahren zur Erteilung dieser Visen auch eine Genehmigung des Arbeitsministeriums eingeholt werden muss.

Ausländische Fachkräfte können ein auf zwei Jahre befristetes Visum in Verbindung mit einer Arbeitserlaubnis erhalten. Voraussetzung dafür ist unter anderem der Nachweis eines Arbeitsverhältnisses bei einem Unternehmen in Brasilien. Eine Arbeitserlaubnis wird nur dann erteilt, wenn ein Zusammenhang zwischen der vorgesehenen Tätigkeit des Ausländers, seiner Berufsausbildung und dem Gesellschaftszweck des einstellenden Unternehmens besteht.

Ab dem Datum der ersten Einreise mit dem Visum ist der Visumsinhaber in Brasilien steuerpflichtig. Er ist nach brasilianischem Recht dann Arbeitnehmer. Das Visum kann um weitere zwei Jahre verlängert und schließlich in ein Dauervisum umgewandelt werden. Zu beachten ist die Bindung des Visums an das konkrete Arbeitsverhältnis.

Ausländische Geschäftsführer oder Direktoren einer brasilianischen Gesellschaft können ein Dauervisum zur Ausübung dieser Funktion erhalten, wenn sie in den Gesellschaftsstatuten benannt werden und die Gesellschaft weitere Voraussetzungen erfüllt: Sie muss eine Investition im Wert von 200 000 US-Dollar nachweisen, die in Geld, übertragener Technologie oder anderen Gütern geleistet werden kann. Diese Investition ist durch im Gesetz vorgeschriebene Dokumente nachzuweisen.

Ein Dauervisum kann auch zur Familienzusammenführung beantragt und erteilt werden, wenn der Antragsteller mit einem brasilianischen Ehepartner verheiratet oder wenn er Vater oder Mutter eines in Brasilien geborenen Kindes ist, wobei sich der Ehepartner beziehungsweise das Kind in Brasilien aufhalten muss.

Generell gilt ein Visum nur für eine Person, seine Erteilung kann sich bei Dauervisa aber auch auf gesetzlich Abhängige – Ehefrau oder Kinder – erstrecken. Besitz oder Eigentum von Gütern in Brasilien verleiht einem Ausländer als natürliche Person nicht das Recht, irgendein Visum oder eine Aufenthaltsgenehmigung auf dem nationalen Territorium zu erhalten.

Zur Einreise nach Brasilien benötigen alleinreisende, minderjährige Kinder eine ins Portugiesische übersetzte und vom Notar beglaubigte Einverständniserklärung beider Elternteile. Bei der Einreise mit nur einem Elternteil ist die schriftliche Einverständniserklärung des nicht mitreisenden Elternteils gleichfalls erforderlich.

Bei der Einreise sollten ebenfalls gesundheitliche Vorschriften und Empfehlungen über Impfungen beachtet werden. Derzeit gibt es für manche Gebiete die Auflage eine Gelbfieberimpfung.

In jedem Fall muss mit einer mehrmonatigen Frist zwischen Antragsstellung und Erteilung des Visums gerechnet werden.

Die Arbeit

In Brasilien als Ausländer selbständig zu arbeiten ist ausgesprochen schwierig. Denn in der Regel gilt: Eine Arbeitserlaubnis wird nur bei Vorlage eines gültigen Anstellungsvertrages erteilt. Brasilianische Firmen stellen immer weniger Ausländer ein. Investoren aus Übersee müssen nachweisen, dass sie keinen Brasilianer mit der entsprechenden Qualifikation gefunden haben, bevor sie einem Ausländer einen Job geben. Haben Sie einen Arbeitsplatz gefunden, werden Sie als Ausländer grundsätzlich wie ein

Brasilianer behandelt: 44 Wochenstunden, 30 Tage Urlaub, vier Wochen Kündigungsfrist.

Die besten Jobchancen haben Sie in folgenden Fachgebieten: Tourismus, Bankwesen, IT-Branche, Medizin, Pflege, Management in internationalen Unternehmen oder brasilianischen Tochterfirmen.

Der Umzug

Nur wer eine mindestens zweijährige Aufenthaltsgenehmigung vorweisen kann, darf sein Umzugsgut zollfrei einführen. Ausnahme: das Auto. Hier kassieren die Brasilianer üppige 75 Prozent Einfuhrzoll. Und zwar nicht vom Zeitwert, sondern vom Neuwert. Also die Familienkutsche besser zu Hause lassen und sich im Land nach einem dort gebauten Wagen umschauen (Importschlitten sind richtig teuer). Grundsätzlich empfehlen wir, mit so wenig Hausrat wie möglich umzuziehen und sich in Brasilien neu einzurichten. Denn Schiffs- oder Luftfracht für Couchgarnitur, Doppelbett, Küchenzeile etc. gehen richtig ins Geld.

Die Lebenshaltungskosten

Legt man europäischen Lebensstandard an, sind die allgemeinen Lebenshaltungskosten in Brasilien fast mit den deutschen vergleichbar. Einige Artikel, vor allem importierte Lebensmittel und Delikatessen sind teurer, andere billiger (z. B. Fleisch, einheimisches Obst). In den bei Ausländern beliebten Wohngegenden liegen die Mieten über deutschem Niveau. Für ein Einfamilienhaus *(casa)* muss man mit einer Monatsmiete von 1500 bis 10 000 US-Dollar rechnen. Diese Häuser sind oft mit Grillplatz *(churrasqueira)* und Schwimmbad *(piscina)* ausgestattet, verfügen aber in der Regel weder über Keller noch Dachboden. Entscheidet man sich für eine Wohnung *(apartamento)* mit drei Schlafzimmern, wird je nach Lage und Ausstattung eine Miete zwischen 1500 und 7000 US-Dollar monatlich fällig. Diese Wohnungen befinden sich meist in zehn- bis dreißigstöckigen Hochhäusern *(prédios)*.

Bei der Wohnungssuche sind in den bevölkerungsreichen Metropolen – vor allem in Rio de Janeiro und São Paulo – die mitunter großen Entfernungen und problematischen Verkehrsverhältnisse zu berücksichtigen. Die richtige Auswahl des neuen Heims und seiner Lage zwischen Arbeitsplatz, Kindergarten und Schule, Einkaufs- und Freizeitmöglichkeiten ist nicht einfach und sollte gut überlegt werden. Bei der Suche nach einer Wohnung oder einem Haus können Anzeigen in den Tageszeitungen oder Immobilienmakler hilfreich sein. Die deutschen Auslandsvertretungen und Auslandshandelskammern können auch mit deutschsprachigen Vermittlungsbüros weiterhelfen.

Neben den offiziellen Zahlen über die Lebenshaltungskosten gibt es natürlich noch die gelebte Realität. Hier gilt als Faustregel: Wenn Sie einigermaßen vernünftig mit Ihrem Geld umgehen, wissen, was man wo am günstigsten kauft, und nicht jeden Abend die »Samba-Sau« an der Copacabana rauslassen, können Sie in Brasilien für etwa 70 Prozent der deutschen Kosten leben. Auf dem Land oder in Kleinstädten geht es sogar noch billiger.

Die Krankenversicherung und Sozialabgaben

Man lässt Sie nicht einfach auf der Straße liegen, wenn Ihnen mal etwas passieren sollte. Es gibt eine kostenlose staatliche Notversorgung in Brasilien, von der man sich allerdings nicht zu viel versprechen darf. Die deutsche Krankenversicherung wird zwar in Brasilien anerkannt, aber wir raten dringend dazu, eine private Zusatzversicherung abzuschließen. Tun Sie das nicht, müssen Sie, außer bei der kostenlosen Notversorgung, die Arztkosten erst einmal vorstrecken. Und bis Sie die wiedersehen, können Sie mit Sicherheit besser Portugiesisch als Deutsch. Also: Entweder noch in Deutschland eine Krankenversicherung mit weltweiter Geltung abschließen oder in Brasilien bei einem der zahlreichen internationalen Konzerne eine Police abschließen. Die Kosten der Privaten liegen etwa ein Drittel unter denen in Deutschland.

Deutsche müssen in Brasilien Sozialabgaben zahlen, die jedoch vergleichsweise gering sind. Allerdings sind auch die Leistungen aus der staatlichen Krankenversicherung und Altersversorgung nicht besonders hoch. Üblich ist deswegen eine zusätzliche private Krankenversicherung.

In São Paulo und Rio de Janeiro gilt die medizinische Versorgung als gut bis sehr gut, in anderen Großstädten als gut. Brasilianer nutzen den kostenlosen staatlichen Gesundheitsdienst *SUS (Sistema Único de Saude)* oder schließen eine örtliche Krankenversicherung ab, die ihnen bestimmte Ärzte und Krankenhäuser zuweist. Privat abgerechnete Leistungen von Ärzten und Krankenhäusern sind teurer als in Deutschland. Der durch eine brasilianische Versicherung abgedeckte Schutz erstreckt sich nicht auf Medikamente und Zahnbehandlungen. Kleinere Wehwehchen lassen sich am schnellsten durch einen Besuch in einer der vielen Apotheken kurieren, oft kann der Pharmazeut mit der Verabreichung eines geeigneten Medikamentes oder einer Injektion den Arztbesuch überflüssig machen.

Die Steuern

Da soll noch mal einer sagen, das deutsche Steuerrecht sei kompliziert. Doch wer in Brasilien leben und arbeiten will, muss zumindest die Basics dieses Tarifdschungels kennen, denn die Zeiten, als man dort Pi mal Daumen an den Fiskus abgeführt hat, sind leider längst vorbei.

Die wichtigen Hauptbundessteuerarten sind *IR* (Steuern über Einkommen und Erträge jeglicher Art) und *IOF* (Steuer über Kredit-, Wechsel- und Versicherungsgeschäfte oder bezogen auf Wert- und Kapitalmarktpapiere).

Dann gibt es die Landessteuern wie *ICMS* (Mehrwertsteuer oder Warenumlaufsteuer), *IPVA* (Kfz-Steuer) und die Gemeindesteuern wie *IPTU* (Grundsteuer, wird üblicherweise im Falle einer Miete vom Mieter bezahlt).

Der Bund erhebt folgende Sozialabgaben: *PIS* (Programm für soziale Integration), *COFINS* (Finanzierung der Sozialversicherung), *CSSL* (Abgaben über den Nettogewinn juristischer Personen), *INSS* (Beitrag zur sozialen Sicherheit), dann die der Tätigkeit entsprechenden Sozialabgaben für Dritte wie *SENAI* (Industriefacharbeiter-Ausbildung), *SESI* (Industriesozialdienst) und *SENAC* (Fachkräfteausbildung für Handels- und Dienstleistungsbetriebe). Vom Bruttogewinn juristischer Personen werden zwölf Prozent *CSSL* und vom verbleibenden Betrag durchschnittlich 25 Prozent *IR* abgezogen, damit macht der Nettogewinn 67 Prozent vom ursprünglichen Bruttogewinn aus.

Die Lohn- und Gehaltsliste wird mit acht Prozent *FGTS* und 25,8 Prozent *INSS* besteuert.

Das Schulsystem

In Brasilien besteht Schulpflicht für Kinder zwischen 7 und 14 Jahren, sie wird jedoch so gut wie gar nicht überwacht. Seit einer Bildungsreform von 1971 gibt es keine Differenzierungen in verschiedene Schultypen, sondern eine allgemeine achtjährige Grundschule und einen dreijährigen Sekundarschulbereich. Dieser kann allgemeinbildend (3 Jahre) oder berufsbildend (3–4 Jahre) durchlaufen werden. Da die Grundschule tatsächlich von vielen Armen nicht besucht werden kann, kann ab 14 Jahren der Primar- und ab 21 Jahren der Sekundarbereich im Rahmen der Erwachsenenbildung kostenlos nachgeholt werden.

Die Situation der staatlichen Schulen ist insgesamt nicht gerade rosig. In dünn besiedelten Regionen liegen die Grundschulen häufig weit auseinander, weiterführende Schulen gibt es nur in den größeren Städten. Die einzelnen Schulen sind meist schlecht ausgestattet und baulich in keinem guten Zustand. Häufig scheitert ein Schulbesuch an der Armut vieler *Favela-* und Landbewohner, die den Kauf der Schuluniform, von Büchern und Heften sowie das Fahrgeld oft nicht aufbringen können. So besuchten trotz Schulpflicht 90 Prozent der in der Landwirtschaft Tätigen weniger als vier Jahre eine Schule, in den *Favelas* der Großstädte geht nur jedes achte Kind zur Schule. Auch machen regelmäßige Lehrerstreiks in den öffentlichen Schulen zwecks Lohnerhöhung (oft einige Monate pro Jahr) einen geregelten Schulbesuch unmöglich. Die brasilianische Regierung finanziert ihr Schulwesen mit rund 3,4 Prozent seines Bruttoinlandprodukts, das aber nur etwa dem der Niederlande entspricht. Nicht viel für ein Volk mit 180 Millionen Menschen.

Neben den öffentlichen Schulen gibt es zahlreiche Privatschulen, meist in katholischer Trägerschaft. Diese Schulen haben häufig ein höheres Niveau, verlangen aber auch ein hohes Schulgeld (im Durchschnitt, je nach Region und Qualität zwischen 500 und 1000 R$ pro Monat – das sind etwa 180 bis 360 €.

Die Kriminalität

Die Gewalt- und Kriminalitätsraten in den großen Städten des Landes bleiben weit hinter den Schreckensszenarien zurück, die dem Fernsehzuschauer beziehungsweise Zeitungsleser gern in den Nachrichten und auf den Titelseiten der brasilianischen und internationalen Regenbogenpresse präsentiert werden. In einer Umfrage bezeichneten elf Prozent der Bevölkerung die Gewalt in den Städten als größtes Problem des Landes. 49 Prozent sahen in der Arbeitslosigkeit das größte Übel und zwölf Prozent in der Armut. Diese Zahlen entsprechen in etwa dem internationalen Durchschnitt.

Erwartungsgemäß weisen die großen Städte mit über einer Million Einwohnern insbesondere in den Elendsvierteln *(Favelas)* und ärmeren Randbezirken die höchsten Kriminalitätsraten des Landes auf. Wir empfehlen, diese risikoträchtigen Gegenden nach Möglichkeit zu meiden. In den zentralen, touristischen Stadtteilen, die in der Regel polizeilich gut überwacht werden, sollte man gewisse, für jede Großstadt geltende Regeln beachten: Dringend wird abgeraten, sich nachts und am frühen Morgen allein zu Fuß in entlegenen Gegenden zu bewegen; Schmuck, Kameras oder sonstige Wertgegenstände sichtbar am Körper zu tragen, außer man hält sich in einer Gruppe in überwachten Gegenden auf. Als Verkehrsmittel sollte man nur Taxis und ausgewiesene öffentliche Verkehrsmittel beziehungsweise das eigene Auto benutzen.

Vor allem fernab der großen Städte ist das Landesinnere ein sicheres Gebiet. Beim Befahren der Überlandstraßen sind keine besonderen Sicherheitsmaßnahmen erforderlich. Die großen Reisebusse zwischen Städten und Bundesstaaten werden ohne weiteres von allen genutzt und verlangen keine zusätzlichen Sicherheitsvorkehrungen. Vorsicht geboten ist jedoch in Touristenzentren, etwa in beliebten Badeorten. Dort gelten ähnliche Regeln wie in den Großstädten.

Der Karneval

Das größte Volksfest der Welt (ja, es ist größer als das Münchner Oktoberfest, auch wenn die Bayern das nicht glauben wollen – geschweige denn, gerne hören) schlägt jährlich Millionen Besucher in seinen Bann. Gefeiert wird in den Straßen der kleinsten Dörfer bis hin zu den großen Metropolen Rio de Janeiro, São Paulo und Salvador. Einmal dem Samba-Fieber im Karneval verfallen, wird Sie die Mentalität der Brasilianer besser verstehen lassen als jedes Buch. Und natürlich ist der Karneval in Rio unterm Zuckerhut das absolute Highlight. Sie werden sehen, selbst wenn Sie gerade erst in Brasilien angekommen sind: Sie werden sich wie ein Einheimischer fühlen, denn dem Zauber und der Magie dieser Tage kann sich niemand entziehen. Der Karneval beginnt offiziell am Freitag vor Aschermittwoch, und bis dahin dauert er auch.

Das Klima

Aufgrund seiner großen Nord-Süd-Ausdehnung (4500 km) erstreckt sich Brasilien über mehrere Klimazonen. Dies ist beim Kofferpacken zu berücksichtigen. Im Sommerhalbjahr von Oktober bis März liegen die Tagestemperaturen im ganzen Land zwischen 25 und 40 Grad. In den Wintermonaten von April bis September können die Temperaturen in Südbrasilien durchaus auf Werte bis unter den Gefrierpunkt sinken, in São Paulo herrschen aufgrund seiner Höhenlage nachts mitunter weniger als zehn Grad, im Norden und Nordosten des Landes werden 20 Grad normalerweise nicht unterschritten.

CHILE

Chile, das Land am *ultimo rincon del mundo*, dem letzten Winkel der Erde, oder auch salopp am Arsch der Welt, sieht auf der Landkarte aus wie ein langes, schmales Band. Von der Atacama-Wüste im Norden bis zum Kap Hoorn an der Südspitze des amerikanischen Kontinents sind es 4300 Kilometer. 38 Breitengrade zwischen Wüste und ewigem Eis umfasst das schmale, durchschnittlich nur 180 Kilometer breite Land. Im Westen bildet der Pazifik, im Osten die Andenkordilleren mit ihren bis zu 7000 Meter hohen Gipfeln eine natürliche Grenze. 2085 Vulkane begleiten das Land auf seiner gesamten Nord-Süd-Erstreckung, 55 davon gelten als aktiv. Fast jeden Tag bebt irgendwo im Land die Erde.

Dieser »verrückten Geographie«, der *Loca Geografia*, hat Chile grandiose Landschaften zu verdanken: die trockenste Wüste der Erde, wo mancherorts seit Menschengedenken kein Tropfen Regen mehr gefallen ist; tiefblaue Salzseen inmitten blendend weißer Salzkrusten, wo Flamingos trotz aller Lebensfeindlichkeit Nahrung und Wasser finden; mondhaft anmutende Wüstenkulissen, wo sich bei Sonnenuntergang atemberaubende Farbschauspiele bieten; lichte, immergrüne Araukarienwälder, düstere Sumpflandschaften und wie verzaubert wirkende undurchdringliche Regenwälder; tiefblaue Seen, klare Flüsse und unzählige Wasserfälle; nebelverhangene Fjorde und blau schimmernde Gletscher inmitten grandioser Gebirgslandschaften; märchenhafte Oasen, wo sprudelnde Quellen und aus den Anden gespeiste Flüsse die Wüste in einen grünen Garten verwandeln; weite Sandstrände, Buchten und steile Felsklippen, einsam und verlassen, wo sich nur im Hochsommer die Badeurlauber tummeln; das Altiplano, das Hochland, mit seiner Abgeschiedenheit, seiner Stille und seiner klaren Luft; die baumarmen Ebenen Patagoniens und Feuerlands mit ihrem rauhen Klima, wo die Winde Geschwindigkeiten bis zu 150 Stundenkilometern erreichen und sich nur Pinguine, Schafe und Nandus, die Straußenvögel Südamerikas, ganzjährig wohlfühlen; abgelegene Dörfer, wo in der Landwirtschaft wie vor 100 Jahren mit dem Ochsengespann gearbeitet wird; Touristenzentren mit gepflegten Hotels und Familienpensionen, die auch im Allgäu oder an einem Schweizer See liegen könnten.

Über die Gegensätzlichkeit zwischen Süd und Nord schreibt Isabel Allende in ihrem Bestseller *Das Geisterhaus:* »Durchs Fenster des Zuges sah er die Landschaft des Haupttals an sich vorüberziehen, große Felder am Fuß der Kordilleren, üppige Weingärten, Getreide, Alfalfa, Maravilla. Er verglich sie mit den unfruchtbaren Ebenen im Norden, wo er zwei Jahre lang in einem Loch inmitten einer wilden, dem Mond ähnlichen Natur gelebt hatte, an deren schrecklicher Schönheit er sich nicht hatte satt sehen können, fasziniert von den Farben der Wüste, den Blautönen, dem Violett, dem Gelb, den offen zutage tretenden Erzen.«

Genauso vielfältig wie die Natur sind die ethnischen Einflüsse. Die Spanier vermischten sich mit den Indianerinnen. Später wanderten Franzosen und Engländer, dann auch Deutsche, Italiener, Schweizer, Jugoslawen, Araber, Juden und Asiaten ein und trugen ihren Teil dazu bei, die *raza chilena* zu schaffen.

Daten und Fakten

Fläche: 756 626 qkm
Einwohner: ca. 16,4 Mio.
Hauptstadt: Santiago de Chile (mehr als 5,5 Mio. Einwohner)
Bevölkerungsdichte: 22 Einwohner pro qkm
Geschäftssprachen: Spanisch, Englisch
Währung: Chilenischer Peso (chil$); 1 Peso = 100 Centavos
Wechselkurs: 1 Euro = 718,93 chil$

Die Einwanderung

Österreichische, Schweizer und deutsche Staatsbürger können mit einem gültigen Reisepass nach Chile einreisen. Der Reisepass muss zum Zeitpunkt der Einreise noch mindestens sechs Monate gültig sein. Auf diese Weise wird kein Visum benötigt, allerdings ist die Aufenthaltsdauer auf drei Monate beschränkt.

Falls ein Aufenthalt von mehr als drei Monaten geplant ist, muss ein Visum beantragt werden. Dies ist dann bis zu einem Jahr gültig. Das Visum kann in eine unbefristete Aufenthaltsgenehmigung umgewandelt werden. Sie muss beim chilenischen Innenministerium beantragt werden. Dem Antrag sollte eine Begründung für die Einwanderung beiliegen. Außerdem muss nachgewiesen werden, dass genügend finanzielle Mittel vorhanden sind.

Das Arbeitsvisum

Der Tourist ist grundsätzlich zu keiner bezahlten oder unbezahlten Arbeitstätigkeit berechtigt. Wohl aber ist es derzeit möglich und in manchen Fällen zweckmäßig, als Tourist ins Land einzureisen und danach die entsprechende Arbeitserlaubnis im Lande zu beantragen. Diese Vorgehensweise ist in der Regel mit weniger Zeitaufwand verbunden, da sämtliche Anträge direkt bei den zuständigen Stellen abgegeben werden können und nicht über das Konsulat laufen. Wird der Antrag im Ausland gestellt, muss mit einer Bearbeitungsdauer von bis zu sechs Monaten gerechnet werden, während die Ausstellung eines Arbeitsvisums im Land ca. drei Monate in Anspruch nimmt.

Die Steuern

Einkommensteuerpflichtig sind alle, die in Chile ansässig sind oder einen Wohnsitz haben. Der Steuersatz steigt progressiv an und beginnt bei fünf Prozent. Der Spitzensteuersatz liegt bei 45 Prozent. Die Mehrwertsteuer in Chile liegt einheitlich bei 18 Prozent.

Die Lebenshaltungskosten

Im lateinamerikanischen Vergleich gehört Chile nicht zu den Billigländern. Dennoch sind die meisten Grundnahrungsmittel, Dienstleistungen, der Nahverkehr, Busreisen und einfache Restaurants deutlich preiswerter als in Deutschland. Obst und Gemüse sind sogar weitaus billiger, insbesondere auf den Straßenmärkten. Industriegüter sind meist importiert und daher teurer als in Europa. Ein paar Preisbeispiele:

1 Liter Vollmilch: 0,50 €
250 g Butter: 0,85 €
400 g Nudeln: 0,50 €
1 kg Äpfel: ab 0,40 €
1 kg Avocados *(Paltas):* ab 1,10 €
1 kg Tomaten: 0,50 €
1 Salatkopf: 0,20 €
1 kg Weißbrot: 1,10 €
1 kg Schnittkäse: ab 3,60 €
1 kg Rindfleisch: ab 3,60 €
Mineralwasser/Cola (500 ml): 0,40 €
1 Flasche Wein (0,7 l): ab 1,60 €

Und so viel kostet:
Metro/Busfahrt: 0,55 €
Taxifahrt (pro km): 0,60 €
1 Liter Benzin: 0,90 €

Überlandbus (500 km): 10,00 €
Übernachtung im *Hostal*, p. P.: ab 7,00 €
Übernachtung im Drei-Sterne-Hotel (DZ): ab 22,50 €
Internet-Café pro Stunde: 1,00 €
Kino-Eintritt: 4,30 €
Tageszeitung: 0,45 €
20 Zigaretten: 1,85 €

Die Sicherheit

Chile ist zweifellos eines der sichersten Länder in Südamerika.
Sie können sich frei und unbekümmert bewegen, Sie sollten lediglich die armen Randbezirke großer Städte meiden und in den Zentren ein bisschen aufpassen. Dort agieren wie fast überall auf der
Welt geschickte Taschendiebe. Es ist ratsam, Handtaschen ständig
fest vor dem Körper zu halten und sich – vor allem im Gedränge
des Zentrums und in öffentlichen Verkehrsmitteln – nicht ablen-
ken zu lassen. Größere Geldbeträge, Papiere und Pässe sicher ver-
wahren und nicht mit sich herumtragen. In Cafés und Restaurants
nie Taschen über den Stuhl hängen oder unbeaufsichtigt lassen.
Raubüberfälle mit Gewaltanwendung sind in ganz Chile die absolute Ausnahme.

Die Sprache

Die chilenische Sprachvariante weicht teilweise erheblich vom
europäischen Spanisch beziehungsweise von dem anderer latein-
amerikanischer Länder ab. Die Chilenen sprechen schnell und mo-
dulieren wenig, verschlucken Konsonanten (vor allem das ›s‹). Da
hilft nur: Ohren auf und durch! Mit Englisch kommt man nur be-
dingt weiter, mit Deutsch kaum. *Contact Chile* vermittelt preiswer-
te Kurse an anerkannten Sprachschulen oder im Einzelunterricht.

Damit Sie sich nicht unbeliebt machen

Die Chilenen gelten als die »Preußen Südamerikas«, doch mit der Pünktlichkeit nehmen sie es nicht so genau. Verabredungen werden im Allgemeinen mit mindestens 15 Minuten Spielraum gehandhabt, Überlandbusse und Flugzeuge sind hingegen generell pünktlich. Auf das äußere Erscheinungsbild legen die Chilenen großen Wert. Lange Haare und Ohrringe bei Männern sowie zu kurze Röcke, unrasierte Beine und Achseln bei den Damen sind den sehr gepflegten Chilenen ebenso unsympathisch wie kein oder unzureichendes Deo. Im Arbeitsalltag sind die Kleidungsregeln formell, in vielen Büros besteht Krawattenpflicht, Jeans, T-Shirt oder Sandalen sind tabu. Andererseits ist man schnell beim »Du« mit Kollegen und flüchtigen Bekannten, außer in besonders formellem Kontext; jüngere Leute (bis 30, 35) werden gern geduzt. Im Zweifelsfall und besonders gegenüber Älteren oder Vorgesetzten lieber beim »Sie« *(Usted)* bleiben.

Die Krankenversicherung

Trotz eines fast eineinhalb Jahrzehnte expandierenden und massiv geförderten privaten Systems sind in der öffentlichen Krankenkasse *FONASA* bis heute drei Fünftel aller Chilenen versichert. Gleichzeitig hält die Sozialkasse das mit Abstand größte Anbieternetz für Gesundheitsleistungen bereit und ist mit fast 80 000 Beschäftigten der größte Arbeitgeber des Landes. Die öffentliche Krankenkasse bietet allerdings bei weitem nicht den Schutz, den wir aus Deutschland gewohnt sind. Die medizinische Grundversorgung ist zwar preiswert (ca. 22 US$ pro Monat und Versichertem), aber möglicherweise nicht immer ausreichend. Deshalb: unbedingt eine private Zusatzversicherung abschließen.

Der Arbeitsmarkt

Dank unterschiedlicher Regierungsprogramme und zunehmender Investitionen des Privatsektors liegt die Arbeitslosenquote derzeit bei 7,9 Prozent.

Mit diesem niedrigsten Stand seit etwa einem Jahrzehnt erreicht das Land eine deutliche Reduzierung der Arbeitslosenzahl, was angesichts der gerade erst eingeführten Arbeitslosenversicherung jedoch weiterhin eine große Herausforderung darstellen wird.

Wie das chilenische Rentensystem unterliegt auch diese Versicherung den Kräften des Marktes: Die Arbeiter zahlen 0,6 Prozent ihres Lohns auf individuelle Konten, die von einem privaten Fonds verwaltet werden, während die Arbeitgeber 2,4 Prozent beitragen. Verliert ein Arbeiter seinen Job, so kann er auf dieses Kapital zurückgreifen. Diese Regeln gelten auch für Ausländer, die in Chile leben und arbeiten. Die besten Chancen auf dem Arbeitsmarkt haben gut ausgebildete Handwerker, medizinisches Fach- und Pflegepersonal, IT-Spezialisten und Kaufleute.

Das Schulsystem

Das Bildungsministerium *(Ministerio de Educación)* ist die leitende staatliche Institution für die Bereiche Bildung und Kultur. Am 7. Mai 2003 hat die chilenische Regierung ein Gesetz verabschiedet, das allen chilenischen Bürgerinnen und Bürgern das Recht auf eine zwölfjährige kostenlose Schulbildung garantiert. Das gleiche Recht genießen Kinder von Auswanderern, die eine Daueraufenthaltsgenehmigung haben. Die Verwaltung der Bildungseinrichtungen ist dezentral, für die Grund- und Mittelstufe sind die regionalen Behörden beziehungsweise private Träger zuständig. 43 Prozent der Schülerinnen und Schüler der Grundstufe- und Mittelstufe besuchen Einrichtungen in privater Trägerschaft, bei den Studierenden sind knapp 50 Prozent an privaten Hochschulen eingeschrieben. Private Bildungseinrichtungen erhalten teilweise staatliche Förderung, teilweise finanzieren sie sich aus dem Schulgeld, das die Eltern für die Ausbildung ihrer Kinder bezahlen. Das führt auch dazu, dass Kindern aus der Unterschicht der Zugang zu privaten Bildungseinrichtungen verwehrt bleibt, weil sie das Geld nicht aufbringen können. Schulmaterial wird vom Staat kostenlos zur Verfügung gestellt.

Vorschulbildung: *nivel preescolar* für Kinder unter sechs Jahren.

Grundstufe: *nivel básico obligatorio*, erste bis achte Klasse.

Mittelstufe: *nivel medio*, neunte bis zwölfte Klasse, Auswahl zwischen wissenschaftlich-humanistischem oder technisch-fachlich orientiertem Schwerpunkt.

Hochschulbildung: *nivel superior*

KANADA

In Kanada ist es verboten, ein Flugzeug während des Fluges zu verlassen. Auch ist es in Kanada strengstens untersagt, ohne »lebenssicherndes Gerät« (die werden wohl den Fallschirm meinen) aus einem Flugzeug zu springen. Ein anderes kanadisches Gesetz legt fest, dass zwei verschiedene Schiffe auf einem Gewässer nicht zur selben Zeit dieselbe Position haben dürfen.

Klingt wie ein Witz, sind aber Regeln, die bis heute in der kanadischen Gesetzgebung verankert sind. Zugegeben, nicht gerade die neuesten, aber irgendein Justizminister wird in grauer Vorzeit mal vergessen haben, diesen grotesken Schwachsinn aus den Papieren zu streichen, die das Zusammenleben der Menschen in Kanada regeln. Aber vielleicht hat der gute Mann sich damals gedacht, »man kann ja nie wissen«. Heutzutage sorgt eine andere Truppe dafür, dass die zwar einigermaßen liberalen, aber dennoch sehr klaren Gesetze Kanadas eingehalten werden. Die *Royal Canadian Mounted Police (RCMP),* von der Bevölkerung liebevoll *Mounties* genannt, wurde 1873 gegründet, als die Eisenbahn und die Siedler in die bis dahin unberührten Gebiete kamen. Und mit ihnen Unruhe, Mord und Totschlag. Heute gelten die *Mounties* als eine der modernsten und besten Polizeitruppen der Welt, um die sich unzählige Klischees und Geschichten ranken. Bei der Gründung zählte die *RCMP* gerade einmal 150 Mann. Heute sorgen 20 000 Polizisten für die Einhaltung der Bundesgesetze. Das sind zwar nur 0,00164 Polizisten pro Einwohner, aber das reicht auch, denn die Kriminalität in diesem wunderbaren Land ist ausgesprochen gering. Die Chancen allerdings, einem der *Mounties* hoch zu Ross in der Einsamkeit der kanadischen Wälder zu begegnen, stehen schlecht. Und auch die traditionellen roten Uniformen, die der Europäer genauso für ein Wahrzeichen Kanadas hält wie das Ahornblatt, werden nur noch zu zeremoniellen Anlässen getragen. Die besten Chancen haben Sie, wenn Sie sich das Parlament in Ottawa anschauen. Dort stehen sie, ähnlich wie die englischen *Royal*

Guards mit ihren Bärenfellmützen vor dem Buckingham Palast in London (das sind die, die man mit einer Gänsefeder an der Nase kitzeln kann, ohne dass sie auch nur mit einer Wimper zucken). Und diese Verwandtschaft ist nicht so weit hergeholt: Denn Königin Elisabeth II. hat auch im fernen Kanada als Staatsoberhaupt ihre Finger im Spiel.

Wenn Sie irgendwann einmal im Spätsommer, wenn der Weizen hoch steht und das Land in mattes Gold taucht, in unendliche Weite blicken, kein Baum und kein Hügel ihren Blick trübt und Sie sich vielleicht denken: »Die Rocky Mountains da hinten sind zwar schön anzusehen, aber irgendwie versperren sie einem die Sicht.« Wenn Sie diesen Gemütszustand erreicht haben, dann sind Sie reif und bereit für eines der schönsten Länder der Erde: für Kanada. Und Sie werden garantiert keinen Gedanken daran verschwenden, aus einem fliegenden Flugzeug zu springen. Ob mit oder ohne Fallschirm …

Daten und Fakten

Fläche: 9,97 Mio. qkm
Einwohner: ca. 32,8 Mio.
Hauptstadt: Ottawa (808 000 Einwohner)
Größte Stadt: Toronto (ca. 4,26 Mio. Einwohner)
Regierungsform: Parlamentarische Monarchie
Staatsoberhaupt: Königin Elisabeth II.
Bevölkerungsdichte: 3,3 Einwohner pro qkm
Geschäftssprache: Englisch, Französisch
Währung: Kanadischer Dollar (kan$)
Wechselkurs: März 2007: 1 Euro = 1,542 kan$

Wussten Sie schon, dass (in) Kanada ...

... zum siebten Mal in Folge von den Vereinten Nationen als Land mit der höchsten Lebensqualität ausgezeichnet wurde?

... Zahnersatz nicht bezuschusst wird ohne eine private Zusatzversicherung?

... Alkohol nur in lizenzierten Restaurants ausgeschenkt wird?

... Autofahren bereits ab 16 Jahren zugelassen ist?

... noch kein flächendeckendes Handy-Netz hat?

... das Staatsoberhaupt die englische Königin Elizabeth II. ist?

... die Hauptstadt entgegen der allgemeinen Vermutung Ottawa ist?

... mit 9 970 610 Quadratkilometern das zweitgrößte Land der Erde ist?

... offiziell zwei Sprachen gesprochen werden: Englisch und Französisch?

Der Arbeitsmarkt

Obwohl Kanada statistisch gesehen nahezu Vollbeschäftigung verzeichnen kann, gibt es je nach Branche und Region beträchtliche Unterschiede. So hat die ölreiche Provinz Alberta mit ihrer boomenden Wirtschaft eine Arbeitslosenquote von lediglich 3,5 Prozent. Vor allem die expandierende Industrie in den Ölsandfeldern Nord-Albertas schafft Arbeitsplätze. Auch Manitoba, Saskatchewan und British Columbia liegen unter dem Landesdurchschnitt, während die Zentralprovinz Ontario auf 6,5 Prozent kommt.

Besonders groß ist der Arbeitskräftebedarf in Alberta und British Columbia. Gesucht werden derzeit vor allem Lkw- und Landmaschinenmechaniker, Forst- und Baumaschinenmechaniker, Kesseldruckschweißer, Tischler, Gas- und Wasserinstallateure, Zimmerleute, Dachdecker, Schlosser, Rohrleitungsbauer sowie ausgebildete Arbeitskräfte in der Betonverarbeitung und Berufskraftfahrer. Die Kanadier fordern von ausländischen Arbeitnehmern eine abgeschlossene handwerkliche oder technische Berufsausbildung. Zusätzlich ist eine Berufserfahrung von ein bis zwei Jahren erforderlich, die nicht länger als ein Jahr zurückliegen sollte. Abhängig vom jeweiligen Beruf sind Englischkenntnisse auf unterschiedlichem Niveau notwendig, mindestens aber gutes Schulenglisch.

Deutsche Staatsbürger können im Gegensatz zu Bürgern vieler anderer Staaten ohne Visum einreisen. Wer jedoch in Kanada einer Erwerbstätigkeit nachgehen möchte, benötigt in jedem Fall eine Arbeitsgenehmigung.

Am gefragtesten sind ausgebildete Handwerker, Ingenieure, Techniker, Mediziner und andere Fachkräfte aus dem Gesundheitswesen. Dabei werden vor allem Arbeitnehmer gesucht, die neben Englisch auch Französisch beherrschen und mehrere Jahre Berufserfahrung mitbringen. IT-Spezialisten werden ebenfalls mit offenen Armen empfangen, da sie in Kanada, wie in den meisten anderen Ländern auch, Mangelware sind. Durch vereinfachte Einreisebestimmungen bekommen IT-Fachkräfte häufig innerhalb von sechs Wochen ihr Visum. Für die IT-Branche ist besonders Vancouver sehr interessant, da dieser Bereich dort immer noch stark expandiert. Aber auch die anderen Metropolen wie Toronto, Montréal und Ottawa-Hull bieten durch ihr rasches Wirtschaftswachstum in vielen Branchen gute Einstiegsmöglichkeiten. Oftmals ist es wesentlich einfacher, sich zunächst einen Saisonjob mit befristetem Visum zu suchen. Hier bietet sich die Landwirtschaft an. Außerdem werden immer wieder Arbeitskräfte in den Wintersportorten der Rocky Mountains, beim Fischfang in Neufundland oder bei der Tabakernte in British Columbia gesucht. Auch im Hotel- und Gastgewerbe herrscht in den Großstädten Bedarf.

Wie komme ich an einen Job

Wer über das Internet einen Arbeitsplatz in Kanada sucht, kann sich auf den folgenden Web-Seiten einen ersten Überblick verschaffen:

www.stellenanbieter.de
www.monster.ca
www.jobshark.ca
www.jobsetc.ca
www.jobopenings.net
www.canadajobs.com
www.allcanadianjobs.com
www.cooljobscanada.com
www.working.canada.com
www.workopolis.com
www.bcjob.ca
www.albertajobs.com
www.manitobajobs.ca
www.ontariojobs.com
www.newbrunswick.com

Außerdem gibt es in Kanada eine ganze Reihe privater Arbeitsvermittler, an die Sie sich wenden können. Wir empfehlen, darauf zu achten, dass diese als *Immigration Consultants* registriert sind. Oft bilden private Arbeitsvermittler einen Bewerberpool und gehen mit diesen Bewerbungen initiativ auf potenzielle Arbeitgeber zu. Dafür nehmen diese in der Regel eine Gebühr, die von Vermittler zu Vermittler unterschiedlich ist. Die Arbeitsvermittler finden Sie am einfachsten in den örtlichen Tageszeitungen.

Die Arbeitsgenehmigung

Die Arbeitsaufnahme als *skilled worker* mit einer *temporary work permit* (zeitlich befristete Arbeitsgenehmigung) ist der Regelfall, um legal in Kanada arbeiten zu können. Sie benötigen für die Beantragung einen kanadischen Arbeitgeber, der Ihnen ein Arbeitsangebot unterbreitet hat. Er muss vor Ort bei *Service Canada* (früher: *Human Resources Skills Development Canada – HRSDC)* eine Arbeitsmarktprüfung beantragen *(labour market opinion = LMO)*. Ziel dieser Prüfung ist es, herauszufinden, ob für die Ihnen angebotenen Tätigkeiten Arbeitskräfte in Kanada zur Verfügung stehen. Sollte das nicht der Fall sein, kann *Service Canada* dem Arbeitgeber eine *confirmation* ausstellen, mit der bestätigt wird, dass gegen Ihre Einstellung als Ausländer keine Bedenken bestehen. Diese Bestätigung müssen Sie zusammen mit dem Arbeitsangebot bei der Beantragung des *temporary work permit* bei der kanadischen Botschaft vorlegen.

Die Lebenshaltungskosten

Die Kosten des täglichen Lebens hängen in Kanada sehr von der entsprechenden Provinz ab. Vielfach sind Lebensmittel billiger als in Deutschland, und auch die Mieten sind nicht so hoch. Allerdings ist es wie fast überall: Die Großstädte sind teurer. Auch an der kanadischen Pazifikküste schlagen die Vermieter häufig kräftig zu.

Auch wenn die Versorgung durch öffentliche Verkehrsmittel gut ist, führen die günstigen Benzinpreise, die gerade mal 50 Prozent von den deutschen Preisen betragen, in Versuchung, lieber ins eigene Auto zu steigen. Die Beiträge für die Autoversicherung sind ähnlich wie in Deutschland und variieren je nach Umfang der Leistung, nach Autotyp und wie lange der Fahrer schon im Besitz eines Führerscheins ist. Sinnvoll ist es daher auch, wenn man einen schriftlichen Versicherungsbeleg über die schadensfreien Jahre in Deutschland mitbringt. Den erkennen die Kanadier nämlich an.

Die Steuern

Die Einkommensteuer, in der die Sozialabgaben schon enthalten sind, staffelt sich progressiv nach der Höhe des Einkommens. Verschiedene Steuerklassen gibt es nicht. Die Beitragsstufen reichen von 16 Prozent für die ersten 35 595 Dollar bis hin zu 29 Prozent für Bruttoeinkommen über 115 739 Dollar. Darüber hinaus erheben die einzelnen Provinzen noch die *provincial tax*, die von Provinz zu Provinz stark variiert und je nach Einkommen zwischen 4 und 18 Prozent beträgt. Eine genaue Übersicht aller Steuerbeträge finden Sie hier: www.craarc.gc.ca/tax/individuals/faq/taxratese. html.

Kinderfreibeträge und andere Sonderleistungen können vom Bruttoeinkommen abgezogen werden.

Die Krankenversicherung

Nur Einwanderer mit einem unbefristeten Visum sind nach dem dritten Monat über die *Medicare* staatlich krankenversichert. Vorausgesetzt, dass man sich dort auch nach der Einreise angemeldet hat. Ausführliche Infos gibt es auf der Seite von *Health Canada* unter www.hc-sc.gc.ca/english/index.html. Alle, die lediglich ein befristetes Visum haben, sollten eine Auslandskrankenversicherung abschließen oder sich in Kanada eine private Krankenversicherung suchen. In manchen Provinzen kann man sich auch mit einem befristeten Visum über die staatliche Krankenversicherung absichern.

Die Sozialleistungen in Kanada sind alles andere als üppig. Jeder Arbeitnehmer muss dafür bei Arbeitsaufnahme die *Social Insurance Number (SIN)* beim örtlichen *HRCC*-Büro *(Human Resources Centre of Canada)* beantragen: www.sdc.gc.ca/en/gate ways/nav/top_nav/our_offices.shtml#100.

Das Schulsystem

Das Schuljahr umfasst in Kanada in der Regel zwei Semester, die jeweils fünf Monate dauern: von den Sommerferien bis kurz nach Weihnachten und dann wieder bis zu den Sommerferien. Beginn ist entweder im September oder im Januar. Zeugnisse werden am Ende eines jeden Semesters vergeben (Ausnahme British Columbia: Hier gibt es dreimal im Schuljahr Zeugnisse).

Der Unterricht beginnt zwischen 7.30 und 8.30 Uhr und endet zwischen 15 und 16 Uhr. Neben kleineren Pausen gibt es die längere *Lunch Hour,* in der gemeinsam gegessen wird. Im Anschluss an den Unterricht nehmen die Schüler an dem vielfältigen Sport- und Freizeitangebot teil. Sie wählen aus einem umfangreichen Fächerangebot aus. Kleine Klassen erlauben eine optimale Betreuung und zielgerichtetes Lernen. Die Ausstattung der Klassenräume mit modernsten Computern, Labors und Sportstätten lassen keine Wünsche offen.

Nach zwölf Schuljahren endet die Schulzeit mit der *graduation*, der Bestätigung für einen erfolgreichen Abschluss der *High School.* Dafür durchlaufen die Schüler in den Klassen elf und zwölf ein spezielles Abschluss-Programm. Ein qualifizierter Abschluss, der durch ein provinzweites Standardexamen erlangt wird, ermöglicht die Bewerbung zum Studium an einem College oder einer Universität in Kanada.

NEUSEELAND

Die Kiwi, der Kiwi, die Kiwis. Ja was denn nun? Also okay, dann wollen wir mal der Reihe nach klarstellen: *Die Kiwi* bedeutet eigentlich »chinesische Stachelbeere«, weil sie irgendwann mal in Südchina entdeckt wurde. Seit etwa 1900 wird die Frucht in Neuseeland angebaut und ist weltweit ein Exportschlager. Außerdem schmeckt sie und ist gesund. Vor allem ist sie weit bekannter als *der Kiwi*, obwohl er das neuseeländische National- und Wappentier ist. Etwa so groß wie ein Huhn kann dieser Laufvogel nicht fliegen, weil seine Flügel so kurz sind, dass sie unsichtbar unter dem Gefieder versteckt sind. Dafür ist das nette Vieh aber verdammt gut zu Fuß. Sein Name kommt von dem Geräusch, das er macht: »kiwi« ruft das nachtaktive Biest mindestens ebenso laut, wie es schnell laufen kann. Na, dann schlafen Sie mal gut. *Die Kiwis* sind einfacher zu erklären: Es ist schlicht der durchaus freundliche Spitzname für den Neuseeländer an sich. Ob er sich nun von dem Kiwi oder der Kiwi ableitet, weiß selbst am anderen Ende der Welt so genau niemand. Übrigens anderes Ende der Welt: Wenn Sie sich in Deutschland wie ein Maulwurf in die Erde buddeln würden, dann kämen Sie in Neuseeland wieder raus. Denn Neuseeland, das Land der Maori (Ureinwohner), liegt ziemlich genau auf der anderen Seite der Erdkugel.

Daten und Fakten

Fläche: 268 000 qkm
Einwohner: ca. 4,2 Mio.
Hauptstadt: Wellington (164 000 Einwohner), gelegen im äußersten Süden der Nordinsel
Regierungsform: Parlamentarische Monarchie
Staatsoberhaupt: Königin Elisabeth II., vertreten durch einen Generalgouverneur

Bevölkerungsdichte: 15 Einwohner pro qkm
Geschäftssprachen: Englisch, Französisch
Währung: New Zealand Dollar (NZ$) = 100 Cents
Wechselkurs: 1 NZ$ = 0,5429 EUR

Die Visa-Bestimmungen

Wie überall gibt es auch in Neuseeland unterschiedliche Aufenthaltsgenehmigungen. Hier eine kurze Übersicht:

Touristen können Neuseeland bis zu einer Dauer von drei Monaten ohne Visum besuchen. Wer länger bleiben möchte, benötigt ein *Visitor's Visa*. Ausgestellt wird das Visum von der neuseeländischen Botschaft in Berlin. Studenten können Kurse von einer Dauer bis zu drei Monaten ebenfalls ohne Visum besuchen. Wer länger als drei Monate in Neuseeland studieren möchte, benötigt ein *Student's Visa*.

Wenn Sie vorübergehend in Neuseeland arbeiten möchten, gibt es folgende Möglichkeiten:

Working Holiday Visa
– Alter: 18–30 Jahre
– maximale Dauer: zwölf Monate
– finanzielle Unabhängigkeit ist nachzuweisen (mindestens NZ$ 4200)
– Aufenthaltsstatus kann während der Zeit in NZ geändert werden (z. B. bei Festanstellung)
– Kinder können nicht mitgebracht werden

Work Visa
– Alter: maximal 55 Jahre
– Arbeitsvertrag mit zugelassenem Unternehmen muss vorliegen
– maximale Dauer: drei Jahre

Skilled Migrants Category
- Alter: maximal 55 Jahre
- anerkannte Ausbildung und nachgewiesene Englischkenntnisse sind notwendig
- mindestens 100 Punkte nach dem Punktesystem der NZIS
- Beruf ist auf *Shortage* oder *Growth Area List*

Gesuchte Berufe

Für unten genannte Berufsgruppen besteht zurzeit Bedarf in Neuseeland, wobei saisonale Effekte in der Bau- und Tourismusindustrie berücksichtigt werden sollten. Der Aufwand, eine entsprechende Stelle zu bekommen, sollte aber trotzdem nicht unterschätzt werden und verlangt Engagement und Entschlossenheit.
- IT-/Computerindustrie: sämtliche Programmierer, Webpage-Design, Systemadministratoren, SAP-Experten ...
- Handwerker aller Art: Klempner, Elektriker, Dachdecker, Zimmerer, Maler, Maurer, Tischler/Schreiner ...
- Technische Berufe: Schlosser, Schweißer, Monteure, Automechaniker (insbesondere japanische Fabrikate)
- Tourismus: Köche, Hotelfach/-kaufleute, Empfangspersonal
- qualifizierte Friseure/-innen, sonstige Ausnahmeberufe

Wie finde ich einen Job?

Folgende Internetadressen geben zuverlässig Auskunft über die Bedürfnisse auf dem neuseeländischen Arbeitsmarkt. Außerdem: Ein Blick in die regionalen Tageszeitungen lohnt sich immer.

Regional:
www.jobstuff.co.nz (Jobs in der IT- und Computerindustrie)
www.jobs.govt.nz (staatliche Jobbörse)

www.kiwijobs.co.nz
www.netcheck.co.nz
www.new-zealand-jobs.com
www.nzjobs.com

Überregional:
www.nz.mycareer.com
www.careerbuilder.com
www.careerone.co.nz
www.jobpilot.com
www.monster.co.nz
www.seek.co.nz/

Die Seiten des neuseeländischen Arbeitsamtes *Work and Income Agency* geben außerdem viele nützliche Tipps rund um die Jobsuche. Hier gibt es auch eine umfangreiche Jobbank:

Work & Income Agency
Ballantrae House
192 Willis Street
PO Box 9340
Wellington
Telefon: (+64-4) 801 99 00
Internet: www.winz.govt.nz

Die Lebenshaltungskosten

Die Lebenshaltungskosten sind in Neuseeland sehr viel geringer als in Deutschland, denn der durchschnittliche Neuseeländer muss mit einem Jahresgehalt von ca. 35 000 Dollar (ca. 19 000 €) auskommen. Besonders Lebensmittel wie Obst und Gemüse, aber auch viele Dienstleistungen sind deutlich billiger als bei uns, da der Stundenlohn niedriger ist. Ein Big Mac kostet etwa 3,90 Dollar und ein Kinobesuch (abhängig vom Wochentag) zwischen sieben und zehn Dollar, während Alkohol sehr viel teurer ist als in Deutschland. Eine Flasche mit neuseeländischem Wein kostet um die zwölf Dollar und ein halber Liter Bier etwa 3,60 Dollar.

Eine Auflistung der einzelnen Preise und Gehälter finden Sie unter: www.nzvillage.com/neuseeland/preisvergleich.php.

Die Mietpreise variieren sehr stark nach Region, aber selbst in den größeren Städten kann man relativ preisgünstig wohnen. Ein Zimmer in einer WG liegt bei wöchentlich etwa 50 bis 70 Dollar, wenn man am Meer wohnen möchte, kann es dagegen schon 150 Dollar pro Woche kosten.

Die meisten Neuseeländer wohnen allerdings in ihrem eigenen Häuschen, denn es gibt verhältnismäßig wenige Mietwohnungen in Neuseeland, so dass sich oft mehrere Personen ein Haus teilen. Außerdem bekommt man außerhalb der Städte viel Fläche für wenig Geld. Aber auch in Stadtnähe sind die Häuserpreise im Vergleich zu Deutschland sehr viel günstiger. In Auckland, der größten Stadt des Landes, liegt der durchschnittliche Hauspreis bei ca. 297 000 Dollar, in Wellington bei etwa 230 000 Dollar, in Christchurch bei 190 000 Dollar, und in Dunedin bekommt man die eigenen vier Wände schon für etwa 125 000 Dollar. Die Qualitätsunterschiede können dabei zwar sehr groß sein, aber selbst wenn man einen Bungalow mit moderner Küche, Badezimmer und noch drei Schlafzimmern auf einem 850 Quadratmeter großen Grundstück im Stadtzentrum von Auckland ergattern will, kommt man mit 300 000 bis 350 000 Dollar aus.

Das Auto

Eine Kfz-Haftpflichtversicherung ist gesetzlich nicht vorgeschrieben, aber natürlich ratsam und kostet zum Beispiel für einen Ford Campervan, der 10 000 Dollar wert ist, 186 Dollar jährlich. Dies ist der Beitrag für einen 30-jährigen Fahrer mit deutschem Führerschein, den die preisgünstige Versicherung *Third Party* berechnet. Alle Tipps und Kosten rund ums Auto findet man unter: www.nz info.de/auto_kauf_2.php.

Die Benzinpreise in Neuseeland betragen gerade mal die Hälfte der deutschen Kosten.

Soziales Netz und Krankenversicherung

Neuseeland hat 1899 als erstes Land der Welt den Achtstundentag eingeführt. Obwohl sich die Arbeitsbedingungen heutzutage von Arbeitsplatz zu Arbeitsplatz stark unterscheiden können, sorgen immer noch wichtige Arbeitsgesetze für den Schutz der Arbeitnehmer. Sie legen einen Mindestlohn fest, schreiben Maßnahmen für die Gesundheit und Sicherheit am Arbeitsplatz vor und garantieren gleiche Beschäftigungsmöglichkeiten für alle. Alle Arbeitnehmer, die Gehalt oder Lohn beziehen, haben Anspruch auf elf bezahlte Feiertage pro Jahr und ein Jahr nach Arbeitsantritt auf zusätzliche 15 Tage bezahlten Urlaub. Zudem haben Arbeitnehmer im Krankheits- oder Trauerfall auch Anspruch auf bezahlten Urlaub, und ein Elternteil kann nach der Geburt eines Kindes bezahlten Erziehungsurlaub nehmen.

Ausländer mit einer *Residence Permit* können dem staatlich finanzierten Gesundheitssystem beitreten. Die staatliche Krankenversicherung bietet allerdings nur eine Minimaldeckung, oft wird deshalb zusätzlich eine private Krankenversicherung abgeschlossen. Spezialärzte können erst nach Überweisung durch einen Allgemeinarzt *(General Practitioner = GP)* aufgesucht werden. Die *GP* können frei gewählt werden, ein Arztbesuch kostet standardmäßig 35 bis 50 Dollar (für Kinder weniger). Behandlungen in öffentlichen Krankenhäusern sind kostenlos, verordnete Medikamente werden jedoch nur teilweise vergütet. Die meisten Ärzte sind privat tätig und haben eigene Tarife.

Wenn man nicht über ein Visum verfügt, das mindestens zwei

Jahre Gültigkeit hat, ist es schwierig, in Neuseeland eine private Krankenversicherung abzuschließen. Es ist darum empfehlenswert, die Versicherungsfrage vor der Einreise abzuklären. Die Beiträge für eine private Krankenversicherung, die unbedingt empfehlenswert ist, liegen etwa zwischen 75 und 100 Dollar monatlich, abhängig vom Umfang und der Selbstbeteiligung. Die größte private Versicherung ist *Southern Cross*. Infos unter: *www.sou therncross.co.nz/*.

Die Steuern

Die Einkommensteuer, in der die Sozialabgaben schon enthalten sind, staffelt sich progressiv nach der Höhe des Einkommens und wird vom Arbeitgeber an die zuständige Finanzbehörde weitergeleitet. Verschiedene Steuerklassen gibt es nicht. Die verschiedenen Beitragsstufen reichen von 19,5 Prozent für die ersten 38 000 Dollar bis hin zu 39 Prozent für Bruttoeinkommen über 60 000 Dollar. Unternehmen werden mit 33 Prozent besteuert.

Da jedes Einkommen (auch kurze Tätigkeiten) versteuert wird, muss vor Arbeitsaufnahme die Steuernummer *(IRD number)* beim Finanzamt *(IRD – Inland Revenue Department)* beantragt werden. Am besten informieren Sie sich unter: www.ird.govt.nz/.

Auch bei Kontoeröffnungen ist die Angabe der *IRD number* sinnvoll, um geringere Gebühren zu zahlen.

Neuseeland verfügt über ein gut ausgebautes Sozialsystem mit Leistungen wie zum Beispiel Kindergeld, staatlichen Renten und Arbeitslosengeld. In den letzten Jahren wurden allerdings durch Reformen viele Leistungen gekürzt.

FRANKREICH

Frankreich kann man als eines der freiesten Länder Europas bezeichnen, denn es gibt nicht für jeden Schritt, den Sie tun, 100 Vorschriften. Es gibt nicht einmal eine Meldepflicht. Und wenn Sie wollen, können Sie sich sogar in ihrem eigenen Garten beerdigen lassen ...

Wenn Sie mit Ihrem alten Citroën zum Einkaufen fahren, wissen Sie, dass Sie ein preiswertes Transportmittel benutzen. Autos mit mehr als fünf Jahren auf dem Buckel kosten nur die halbe Versicherung, und die Kfz-Steuer wurde abgeschafft (was übrigens allgemeine Freude auslöste und nicht etwa eine Neiddebatte, ob nun der Porschefahrer mehr profitiert als der Besitzer einer Ente). Übrigens, der Sprit war Anfang 2008 sogar billiger als in Deutschland (Normal: 1,29 €, Super: 1,29 €, Diesel: 1,14 €).

Haben Sie öfter Rückenschmerzen? Ab zum Orthopäden — ohne Überweisungsschein, versteht sich. Der Facharzt fragt Sie garantiert zuerst, wo's Ihnen wehtut, und nicht, wo Sie versichert sind oder ob Sie schon zehn Euro bezahlt haben.

Wenn Sie sich morgens Ihre frischen Eier aus dem Hühnerstall holen, dann in der Gewissheit, dass hier noch keine höchstrichterliche Entscheidung regelt, wann Hühner gackern oder krähen dürfen. Und wenn Sie den Hühnerstall an die Grenze zum Grundstück Ihres französischen Nachbarn bauen wollen, besprechen Sie das mit ihm bei einem Gläschen Pastis. Ohne Anwalt.

Ob Sie eine Heizung installieren, eine neue Steckdose verlegen, eine Waschmaschine kaufen, Heizöl bestellen oder einen neuen Ofen an einen Schornstein anschließen wollen — das macht alles der gleiche Handwerker. In Deutschland würden Sie dafür ungefähr zwölf verschiedene Fachbetriebe anrufen, von denen Ihnen sechs absagen und der Rest sein Kommen irgendwann innerhalb der nächsten 14 Tage ankündigt.Wohlgemerkt ankündigt ... Und ist dann — Jahre später — alles erledigt, glüht Ihnen die Kreditkarte unter den Fingern weg — wenn sie überhaupt akzeptiert wird. Und alles von einem begabten polnischen Mitbürger erledigen zu lassen, ist ja in aller Regel verboten.

In diesem Sinne: Vive la France!

Daten und Fakten

Fläche: 551 700 qkm
Einwohner: ca. 62,9 Mio.
Hauptstadt: Paris (ca. 2,2 Mio. Einwohner)
Staatsform: Republik
Bevölkerungsdichte: 109,1 Einwohner pro qkm
Geschäftssprache: Französisch
Währung: 1 Euro = 100 Eurocent (genannt *centime*)

Die Einreise

Bürger aus den Mitgliedstaaten der Europäischen Union, des Europäischen Wirtschaftsraums und der Schweiz haben das Recht auf Einreise und Aufenthalt in Frankreich. Sie benötigen lediglich einen gültigen Reisepass oder Personalausweis. Dieses Recht kann nur aus Gründen der öffentlichen Ordnung, der nationalen Sicherheit oder der öffentlichen Gesundheit eingeschränkt werden.

Die Arbeitserlaubnis

Für Bürger der Mitgliedstaaten der Europäischen Union und des Europäischen Wirtschaftsraums gilt das Recht auf Freizügigkeit und Niederlassung in Frankreich. Sie können wie französische Staatsbürger jede selbständige oder nichtselbständige Tätigkeit (bis auf bestimmte Stellen im öffentlichen Dienst) ausüben und benötigen dafür keine Arbeitserlaubnis oder Aufenthaltsgenehmigung. Erwachsene können jedoch, wenn sie dies wünschen, an ihrem Wohnort einen Antrag auf eine Aufenthaltsgenehmigung stellen. Die Betroffenen müssen allerdings nachweisen können, dass sie Arbeitnehmer sind. Arbeitnehmer müssen eine Einstellungszusage oder einen Arbeitsvertrag von ihrem Arbeitgeber vorweisen können.

Die Steuern

Die Einkommenssteuer bemisst sich grundsätzlich nach dem Gesamteinkommen, das der Steuerpflichtige in dem der Besteuerung vorangegangenen Kalenderjahr erzielt hat. Die einkommensteuerpflichtigen Einkunftsarten sind: Grundvermögen, Gewerbe- und landwirtschaftliche Betriebe; Bezüge von Gesellschaftern, die Geschäftsführer sind; Gehälter, Löhne, Pensionen und Renten; Gewinne aus nicht gewerblichen Berufen, einschließlich der Gewinne aus der Veräußerung von Wertpapieren, Gesellschaftsanteilen und Immobilien, Einkünfte aus Kapitalvermögen.

Die Einkommensteuer bei Einkünften aus nichtselbständiger Arbeit wird nicht im Lohnsteuerabzugsverfahren erhoben. Der Steuerpflichtige muss seine Steuern selbst bis zum 31. März des folgenden Kalenderjahres endgültig erklären. Die Steuern werden veranlagt und müssen bezahlt werden per Abschlagszahlung jeweils zum 15. Februar, 15. Mai und zu einem dritten, von der Steuerverwaltung festgelegten Termin *(tiers provisionnel)*. Die Arbeitgeber sind verpflichtet, dem Finanzamt die gezahlten Löhne und Gehälter jährlich mitzuteilen. Die Summe der Einkünfte wird um die abzugsfähigen Kosten vermindert. Abzüge sind jeweils bei den Einnahmen jeder Einkunftsart vorzunehmen. Löhne und Gehälter werden um zehn Prozent für Werbungskosten gemindert. Vom verbleibenden Betrag wird ein Arbeitnehmerfreibetrag von 20 Prozent abgezogen. Bei den Einnahmen aus dem Grundvermögen können Werbungskosten (z. B. für die Erhaltung, Verwaltungskosten, Hypothekenzinsen) pauschal abgezogen werden. Zinsen und Aufwendungen für Reparaturen sind unbeschränkt abzugsfähig.

Die Krankenversicherung

Das französische System basiert auf zwei wichtigen Prinzipien: der freien Arztwahl (Hausarzt, Facharzt, Zahnarzt, Labor, Physiotherapeut usw.) und dem Kostenerstattungsprinzip, das heißt, der Patient zahlt dem behandelnden Arzt die erbrachte Leistung und erhält im Gegenzug einen Behandlungsschein, den er bei der Kasse einreicht, die ihm dann die Kosten gemäß der staatlich festgesetzten Beiträge erstattet. Nach Maßgabe von nationalen und lokalen Vereinbarungen kann, besonders im Falle eines Krankenhausaufenthaltes, vom Vorleistungsprinzip Abstand genommen werden. Auch wird bei der Höhe der Erstattung sowie der Vorkasse die persönliche Situation, in der sich der Versicherte befindet, berücksichtigt, so dass eine volle Erstattung möglich ist. Der nicht erstattete Teil, das sogenannte *ticket modérateur*, dessen Höhe vom Staat festgelegt wird, geht zu Lasten des Versicherten oder seiner Zusatzversicherung. Zur Sicherung des Erstattungsniveaus und einer qualitativ guten Versorgung schließt die Krankenversicherung mit den Leistungsanbietern Vereinbarungen, die die Vergütungen festlegen, die als Basis der Erstattungsleistungen dienen.

In Frankreich unterscheidet man zwischen zwei Kategorien von Ärzten, den tariflich gebundenen Ärzten *(médecins conventionnés)* und denen, die ihr Honorar frei vereinbaren können *(médecins non conventionnés)*. Die Krankenkasse ersetzt die Honorare der letztgenannten Ärzte, die für ihre eigene soziale Absicherung selbst aufkommen müssen, nur zu einem sehr geringen Teil. In den letzten Jahren ist zudem die Rolle des Hausarztes gestärkt worden.

Wählt der Patient seinen Hausarzt als »Pilot« *(médecin référant)* durch das Gesundheitssystem, der im Krankheitsfalle immer die erste Anlaufstelle ist und den Patienten weiter überweist, braucht er nicht mehr in Vorleistung zu treten, sondern bezahlt allein den von der Kasse nicht übernommenen Anteil. Die Honorarerstattungssätze der Krankenversicherung sind: Ärzte und Zahnärzte 70 Prozent; andere medizinische Leistungen 60 Prozent; Krankenhausaufenthalt (Aufenthalt und Arzthonorar) 80 Prozent; Medikamente zwischen 15 und 65 Prozent. Eine komplette Erstattung der Kosten gibt es nur aus bestimmten sozialen Gründen und während der Mutterschaft, bei schwierigen Operationen, ab dem 31. Tag des Krankenhausaufenthaltes, bei chronischen Erkrankungen, nach der Geburt sowie in einigen anderen Fällen.

Bei einem Versicherten können automatisch bestimmte Personen mitversichert werden: Ehepartner, Personen, die im eheähnlichen Verhältnis zusammenleben, andere Personen – auch des gleichen Geschlechts –, die seit mehr als zwölf Monaten zusammenleben und auf Antrag auch weitere Familienangehörige, wenn sie den Haushalt des Versicherten führen und dabei mindestens zwei Kinder unter 14 Jahren mit erziehen.

EU-Ausländer, die sich dauerhaft in Frankreich aufhalten, können, so sie nicht durch eine Erwerbstätigkeit in Frankreich pflichtversichert sind, unter gewissen Bedingungen die medizinische Hilfe des Gesundheitssystems in Anspruch nehmen. Auskunft hierüber sowie über weitere Einzelheiten in Bezug auf die Leistungen der Krankenkasse, Anschriften von Krankenhäusern, Ärzten usw. geben die *Assurance Maladie (CNAMTS)* und das Gesundheitsministerium.

Die Sprache ...

... sollten Sie unbedingt zumindest ansatzweise beherrschen. Mit Englisch kommen Sie nur in den seltensten Fällen durch, selbst wenn Ihr Gesprächspartner diese Sprache beherrscht. Den Franzosen haftet zu Recht der Ruf einer gewissen Arroganz an, was Fremdsprachen betrifft. Die Freunde aus unserem Nachbarland sind nämlich schlicht der Ansicht: »Wer zu uns kommt, soll gefälligst auch unsere Sprache können.« *La Grande Nation* eben.

Die Jobchancen

Romy Retzlaff, eine Beraterin bei der Personalagentur *Euro Triade*, die sich auf den deutsch-französischen Arbeitsmarkt spezialisiert hat:»Französische Arbeitgeber schätzen die Kompetenzen, die Arbeitnehmer auf dem deutschen Arbeitsmarkt erwerben. Das gilt grundsätzlich für alle Ebenen und Berufsgruppen. Besonders gefragt sind Fachleute aus der Automobilindustrie und dem Maschinenbau, da die geschäftlichen Beziehungen zu Deutschland hier besonders eng sind. Wer den deutschen Markt genau kennt, hat sehr gute Aussichten auf eine Stelle. Voraussetzung ist allerdings, dass man die Sprache beherrscht. Die Nachfrage des französischen Arbeitsmarktes ist ähnlich wie in den meisten europäischen Ländern. So besteht auch hier ein Bedarf an qualifizierten Fach- und Führungskräften, Ingenieuren und IT-Spezialisten. Zudem werden aber auch Finanzexperten und qualifizierte Mitarbeiter im Verwaltungs-, Handel-, Hotel- und Gastronomiebereich gesucht. Fachkräfte aus dem Baugewerbe haben auf dem Arbeitsmarkt unseres Nachbars besonders gute Chancen, da hier die Nachfrage besonders hoch ist. Die Automobilbranche sucht neben Ingenieuren auch nach Technikern. Im August werden außerdem viele Saisonkräfte gesucht, da die meisten Franzosen dann selbst Urlaub machen. Besonders in Tourismusgebieten steigt die Nachfrage nach Mitarbeitern, aber auch in der Landwirtschaft werden ab September Plantagenhelfer gesucht. Im Winter dagegen lohnen sich Bewerbungen in Skigebieten.«

Die Lebenshaltungskosten

Die Lebenshaltungskosten in Frankreich sind vergleichbar mit denen in Deutschland. Teilweise hängen die Mietpreise stark von der Region ab, so dass es in Klein- und Großstädten erheblich teurer werden kann als in ländlichen Gegenden. Außerdem verlangen manche Vermieter sechs Monatsmieten Kaution, was zunächst etwas sonderbar erscheinen mag. Auch wenn die Einkommensteuer in Frankreich geringer ausfällt (ca. 1 Monatsgehalt), so gleicht sich das doch mit dem geringeren Gehalt wieder aus. Bei Versicherungen kann am meisten gespart werden, wenn man gleich mehrere Verträge bei derselben Versicherung abschließt. Dann gibt es eine Art Mengenrabatt. Außerdem bieten viele Versicherungen eine Mitgliedschaft an. Wenn eine einmalige Gebühr von ca. 45 Euro bezahlt wird, werden die Versicherungsbeiträge wesentlich günstiger. Viele Vermieter verlangen oft einen Nachweis über eine abgeschlossene Hausratversicherung *(assurance d'habitation)*, welche ein Mieter in Frankreich besitzen muss. Diese beinhaltet oft auch schon eine Haftpflichtversicherung. Außerdem muss man eine Wohnsteuer *(taxe d'habitation)* bezahlen, die maximal eine Monatsmiete im Jahr beträgt. Bei der Kfz-Versicherung kann zum Teil auch ein Bonus für die schadensfreien Jahre in Deutschland angerechnet werden. Viele Tipps dazu gibt es unter: www.voila-la-france.de.

Bei der Krankenzusatzversicherung gibt es zahlreiche Tarife. Eine kostenlose Kalkulation der *mutuelle* gibt es unter: www.devismutuelle.com/.

Wenn die Kinder mitkommen

In kaum einem Land in Europa ist die Kinderbetreuung so gut organisiert wie in Frankreich. Ab dem dritten Lebensjahr kommt jedes Kind kostenlos in einer schulischen Ganztagseinrichtung *(école maternelle)* unter. Bei den Zweijährigen beträgt der Anteil derjenigen, die eine solche Einrichtung besuchen, mehr als ein Drittel. Die Vorschulen sind Teil des Schulsystems. Studierte Lehrkräfte bereiten die Kinder dort nach einem festen Lehrplan auf das Lernen in der Schule vor. Eltern, deren Kinder keinen Platz in der Vorschule finden, können aus einem vielfältigen Angebot wählen. Es gibt Ganztagskrippen *(crèches)*, die bis in die Abendstunden geöffnet haben, und Horte, die Kinder stundenweise aufnehmen *(haltes-garderies)*. Besonders verbreitet sind staatlich zugelassene Tagesmütter *(assistantes maternelles)*, die den Nachwuchs in der eigenen Wohnung oder bei den Familien betreuen. Dennoch ist es oft schwierig, einen Betreuungsplatz zu finden. Sie sollten sich daher rechtzeitig bei der jeweiligen Kommunalverwaltung nach dem Angebot vor Ort erkundigen.

Was eine Familie für die Betreuung zahlen muss, ist je nach Einkommen und Kinderzahl im Haushalt unterschiedlich. Eine vierköpfige Familie mit einem Nettojahreseinkommen von 30 000 Euro muss zum Beispiel für die Ganztagspflege in einer Krippe etwa 140 Euro im Monat aufbringen, für eine Tagesmutter 43 Euro. Näheres zu den Betreuungskosten erfahren Sie unter www.caf.fr (Kindergeldkasse). Ausführliche Beispielrechnungen finden Sie auf der Internetseite der Elternzeitschrift *Parents* (www.parents.fr).

Kinder zwischen 6 und 16 Jahren sind schulpflichtig. Anders als in Deutschland besuchen die Schüler erst ab der neunten Klasse verschiedene Schulformen: das Gymnasium, das berufliche Gymnasium oder die Berufsschule. Das Abitur ist in einem sprachlichen, wirtschaftlichen, wissenschaftlichen oder technologischen Zweig möglich. Am beruflichen Gymnasium erhält man eine berufsvorbereitende Ausbildung, an die weitere Qualifikationen angeschlossen werden können. Informationen zum französischen Schulwesen finden Sie unter www.fit-for-europe.info. Wo es deutsche und deutsch-französische Schulen gibt, erfahren Sie unter www.schulweb.de.

Kindergeld wird für das zweite und jedes weitere Kind bis 19 oder 20 Jahren gewährt (für das erste Kind gibt es kein Kindergeld). Es beträgt für das zweite Kind 117 Euro und für jedes weitere Kind 150 Euro. Für Kinder ab elf Jahren gibt es Aufschläge bis zu 60 Euro. Zuständig für das Kindergeld ist die Kindergeldkasse *Caisse d'allocations familiales (CAF)* des Wohnortes.

ITALIEN

Ab in den Süden und endlich die italienische Lebensart dauerhaft und pur genießen. Pasta, Pizza, Pomodori und dazu einen guten Vino Rosso. Wenn das auch Ihr Traum ist, dann lassen Sie sich gesagt sein: Vor das *dolce vita* hat der liebe Gott die italienische Bürokratie gesetzt, und die schlägt unsere deutsche um Längen. Sie werden die Erfahrung machen, dass Sie nicht alles sofort bekommen, sondern dass Sie viel Zeit brauchen, um Ihre Ziele zu erreichen. Allerdings gibt es einen ganz wesentlichen Unterschied zu den oft muffligen Amtskollegen in Deutschland: Die Menschen in den italienischen Behörden sind meist viel freundlicher als bei uns und nehmen sich die Zeit, einem Ausländer mit Händen und Füßen klarzumachen, welche *problemi* er noch zu lösen hat. Und das, obwohl die Italiener uns als EU-Ausländer ja problemlos reinlassen müssen. Tun sie auch: aber, wie gesagt, es dauert und dauert und dauert … Aber wenn Sie erst mal alles erledigt haben – ich sage Ihnen, *mamma mia,* was für ein Land.

Daten und Fakten

Fläche: 301 333 qkm
Einwohner: ca 58,8 Mio.
Hauptstadt: Rom (ca. 3,8 Mio. Einwohner)
Regierungsform: Parlamentarische Demokratie
Bevölkerungsdichte: 192 Einwohner pro qkm
Geschäftssprachen: Italienisch, Englisch
Währung: 1 Euro = 100 Eurocent

Benvenuto en bella Italia, oder: *Wie komme ich rein?*

Italien liegt in der Gunst der zeitweiligen und festen Auswanderer unter den europäischen Ländern ganz oben. Ein ganzjährig ausgeglichenes Klima, einigermaßen moderate Lebenshaltungskosten und eine gute Infrastruktur sind die Vorteile dieses Landes. Reisende aus Deutschland, der Schweiz oder Österreich können sich bis zu drei Monate ohne Visum hier aufhalten. Bei Überschreitung dieser Frist oder einem Aufenthalt zwecks Arbeit ist eine Bewilligung zu beantragen.

Jeder Staatsangehörige eines EU-Staates hat das Recht, ungeachtet seines Wohnorts eine berufliche Tätigkeit in Italien nach den hier geltenden Rechts- und Verwaltungsvorschriften auszuüben. Bei selbständiger oder nichtselbständiger Arbeitsaufnahme unter drei Monaten reicht ein Pass beziehungsweise Personalausweis. Im Falle einer vorgesehenen beruflichen Tätigkeit von mehr als drei Monaten besteht die Pflicht, dies innerhalb von einem Monat nach der Einreise bei der Polizei *(Questura)* oder Ausländerbehörde des Aufenthaltsortes zu melden und eine Aufenthaltsgenehmigung zu beantragen. Dieser Antrag muss persönlich bei der zuständigen Polizei oder Ausländerbehörde abgegeben werden.

Und das muss drinstehen:
- vollständige Personalien des Antragstellers
- Angaben des gültigen Ausweispapiers
- Datum der Einreise ins Land
- Dauer und Gründe für den Aufenthalt
- gewählter Wohnsitz im Land
- gegebenenfalls Angabe der Familienangehörigen oder anderer unterhaltsberechtigter Personen, für die der Antragsteller das Recht hat, die Aufenthaltserlaubnis zu beantragen
- 4 Passfotos
- Selbständige müssen zusätzlich Genehmigungen, die für die Ausübung der beabsichtigten Tätigkeiten im Land vorgeschrieben sind, beifügen.

• Arbeitnehmer müssen einen Arbeitsvertrag oder eine Einstellungserklärung des Arbeitgebers nachweisen.

Die Aufenthaltsbewilligung wird zunächst für fünf Jahre ausgestellt und kann nach Ablauf verlängert werden. Die Ausstellung und Verlängerung der Aufenthaltserlaubnis sowie die für deren Ausstellung und Verlängerung notwendigen Dokumente und Bescheinigungen sind kostenlos.

Der Arbeitsmarkt

Ausländische Arbeitssuchende finden auf dem Touristiksektor gute Möglichkeiten vor. Gut ausgebildete, vor allem mehrsprachige Hotelfachkräfte jeder Art wie Köche, Kellner, Animateure und Reiseverkehrskaufleute sind ebenso gefragt wie Masseure und Physiotherapeuten – also sämtliche Berufe, die auch im weiteren Sinne der Gästebetreuung dienen. Techniker, Handwerker, kaufmännische Fachkräfte, Spezialisten der IT-Branche, aber auch Lehrer und andere Fachberufe finden zunehmend Arbeitsangebote. Stellenangebote sind in der italienischen Tagespresse Italiens, aber auch bei Arbeitsämtern und Jobsuchmaschinen (Stepstone, Monster, Banca professioni) zu finden. Vor allem dem EU-Ausländer werden in jeder Weise die gleichen Rechte wie den Italienern eingeräumt.

In Italien besteht wirtschaftlich gesehen ein großes Nord-Süd-Gefälle. Im Norden ist die Arbeitsmarktsituation relativ gut. Die Arbeitslosenquote liegt jedoch in Mittelitalien und vor allem im Süden weit höher. Bei den Jugendlichen unter 25 Jahren ohne Arbeit liegt der Prozentsatz bei ca. 30 Prozent. Am besten sind die Chancen, eine Anstellung zu finden, in den Metropolen des Nordens: Turin, Mailand, Verona, Bologna. Auch in der Großregion Rom bieten sich immer wieder Gelegenheiten. Ausländer dürfen sich während einer Frist von bis zu sechs Monaten bewilligungsfrei in Italien zur Stellensuche aufhalten. Wenn Sie sich im Land anmelden, können Sie auch von den Diensten der italienischen Arbeitsmarktbehörde profitieren.

Die Steuern

Wer in Italien wohnt, ist auch in Italien einkommensteuerpflichtig. Die Einkommensteuer *(imposta sul reddito delle persone fisiche)* steigt progressiv an. Sie wird wie in Deutschland vom Gehalt gleich einbehalten. Der Arbeitgeber führt sie ans Finanzamt ab. Es gibt diverse Steuerfreibeträge. Wichtig ist die Steuernummer *(codice fiscale)*, die beim örtlichen Finanzamt beantragt werden muss. Der *codice fiscale* dient zur Identifizierung des Bürgers im Umgang mit den unterschiedlichsten Behörden – nicht nur in Steuerangelegenheiten. Darüber hinaus wird die Plastikkarte mit dem *codice* auch im Alltag nicht selten anstelle des Personalausweises zur persönlichen Identifikation benutzt, zum Beispiel beim Abschluss von Geschäften. Steuern werden fällig, wenn man länger als 183 Tage in Italien arbeitet.

Derzeitige Steuersätze bei Einkommen

bis zu 15 000 €	23 %
bis zu 29 000 €	29 %
bis zu 32 600 €	31 %
bis zu 70 000 €	39 %
ab 70 001 €	41 %

Selbständige zahlen die regionale Produktionssteuer *(imposta regionale sulle attività produttive)*, die 4,25 Prozent des Nettoproduktionswertes beträgt. Im Moment liegen die allgemeinen Steuerfreibeträge noch bei 3000 Euro, für Selbständige bei 4500 Euro, für Rentner bei 7000 Euro, und Angestellten wird ein Freibetrag von 7500 Euro gewährleistet.

Von der Steuer können unter anderem Arztkosten, Spenden an Kirchen und Versicherungsbeiträge abgesetzt werden. Zwar erhalten Familien noch gewisse Steuerfreibeträge extra, verschiedene Steuerklassen gibt es dagegen nicht. Infos zum italienischen Steuersystem geben die Seiten des *Ministero dell'Economia e delle Finanze:*

www.mef.gov.it
www.finanze.it
www.agenziaentrate.gov.it

Das Wohnen

In Italien eine Wohnung zu mieten kann sich zu einem echten Kraftakt entwickeln. Der italienische Wohnungsmarkt ist mit dem deutschen nämlich überhaupt nicht vergleichbar. Ungefähr 70 bis 75 Prozent aller Wohnungen in Italien sind Eigentumswohnungen, was das Angebot von vornherein begrenzt. In den beliebtesten Großstädten kann es dann auch in mäßigen Lagen schon mal richtig teuer werden.

Außerhalb der Metropolen sieht es aber schon wieder ganz anders aus. Wir empfehlen: sich ein paar Tage Zeit nehmen und übers Land fahren. Bei den Bauern anklopfen und nach freien Wohnungen oder Häusern fragen. Mit ein bisschen Geduld werden Sie garantiert fündig – und das schon für relativ wenig Geld. Ein kleines Landhaus mit ca. 100 Quadratmeter Wohnfläche, Garten und oft sogar einem Mini-Gästehaus auf dem Grundstück ist häufig schon für 600 Euro im Monat zu haben. Für den Kauf einer Wohnung oder eines Hauses muss Ihr Sparschwein genauso prall gefüllt sein, als hätten Sie das Gleiche in Deutschland vor.

Und so locker die Italiener im täglichen Leben auch sind, wenn Sie eine Immobilie erwerben wollen, werden Sie die geballte Macht der völlig veralteten Bürokratie erleben. Das kostet jede Menge Zeit, Energie und macht überhaupt keinen Spaß.

Sozialversicherung und Krankenversicherung

Italien ist ein klassischer europäischer Sozialstaat, in dem die Arbeitnehmer in ein komplexes System von Versicherungen eingebunden sind. Zu nennen sind hier Kranken- und Mutterschaftsversicherung; Versicherung gegen Arbeitsunfälle und Berufskrankheiten; allgemeine obligatorische Invaliditäts-, Alters- und Hinterbliebenenversicherung; Arbeitslosenversicherung und Familienleistungen. Ähnlich wie in Deutschland ist der Versicherungsschutz an das Arbeitsverhältnis gekoppelt. Der Arbeitgeber übernimmt alle organisatorischen Dinge und führt die Beiträge an die Versicherungen ab. Ein Sonderfall ist die Krankenversicherung beziehungsweise die Gewährleistung der freien medizinischen Versorgung über den staatlichen Gesundheitsdienst. Medizinische Leistungen stehen allen Menschen, die rechtmäßig in Italien wohnen, zur Verfügung – unabhängig von einer Anstellung. Nur das Krankengeld ist an ein Arbeitsverhältnis gebunden.

Bei den meisten Versicherungsarten übernimmt der Arbeitgeber die Beiträge komplett, so dass für den Angestellten nur geringe Versicherungskosten entstehen. Die Versicherungen werden allerdings aus Steuertöpfen bezuschusst – über die Einkommensteuer zahlen also auch Arbeitnehmer quasi indirekte Beiträge. Bei der medizinischen Versorgung muss man außerdem für bestimmte Leistungen und Medikamente zuzahlen. Zuständig für alle Kranken- und Sozialversicherungsfragen sind in Italien die lokalen Gesundheitsämter *(unità sanitarie locali)*. Hier können Sie auch Ihren Krankenversicherungsstatus klären und sich als Nutzungsberechtigter des staatlichen Gesundheitsdienstes eintragen lassen. Informationen zum Themenkomplex Sozialversicherung finden Sie im Internet auf dem EU-Infoportal www.citizens.eu.int oder unter www.citizens.eu.int/de/de/gf/wo/it/topic.htm.

Die Lebenshaltungskosten

Die Lebenshaltungskosten in Italien liegen rund ein Zehntel höher als in Deutschland. Mailand gehört zu den teuersten Städten Europas. Das Leben in Süditalien ist allerdings preiswerter als im Norden. Das Gehaltsniveau ist in Italien niedriger als in Deutschland. Einen gesetzlich festgelegten Mindestlohn gibt es nicht, doch die Gewerkschaften haben mit den meisten Arbeitgebern Mindestlöhne ausgehandelt. Arbeiter werden in der Regel monatlich bezahlt. In der Industrie werden oft 13 Monatsgehälter gezahlt, im Finanzbereich bis zu 15. Die Löhne in Süditalien liegen bis zu einem Viertel niedriger als in Norditalien; Frauen verdienen im Durchschnitt deutlich weniger als Männer mit gleichem Bildungsgrad. Flexible Lohnbestandteile sind immer üblicher, zum Beispiel Prämien, die vom wirtschaftlichen Erfolg des Unternehmens abhängen, oder Aktienoptionen für Führungskräfte. Kleinbetriebe können Teile des Entgelts auch in Form von Gutschriften *(Tickets)* für Produkte oder Dienstleistungen zahlen. Seit den Arbeitsmarktreformen 2004 sind befristete Verträge immer verbreiteter. Arbeiter mit diesen Verträgen verdienen im Durchschnitt nur ein Drittel dessen, was gleichaltrige Arbeiter mit unbefristeten Verträgen bekommen. Die Anfangsgehälter von Akademikern liegen rund ein Drittel niedriger als in Deutschland. Konjunkturexperten erwarten in den kommenden Jahren Lohnsteigerungen von zwei Prozent im Jahr. Verdienstbeispiele von Beschäftigten in Italien:

Beruf	Brutto-Jahresentgelt
Vertriebsleiter	37 000 bis 52 000 €
Ingenieur	38 000 bis 80 000 €
Programmierer	33 600 bis 55 000 €
Fremdsprachensekretär/-in	17 000 bis 21 000 €
Buchhalter/-in	16 800 bis 48 000 €
Kraftfahrer/-in	20 500 bis 27 000 €
Ungelernte Arbeitskraft	13 800 bis 19 800 €

Wenn die Kinder mitkommen

Ihre Kinder haben in Italien das gleiche Recht, Bildungseinrichtungen zu besuchen, wie die einheimische Bevölkerung. In den Kindergarten können Kinder kommen, die zu Kindergartenbeginn im September mindestens zwei Jahre und fünf Monate alt sind. Der Kindergarten dauert drei Jahre. Die Gebühren hängen vom Einkommen der Eltern ab. Sie können wählen, ob das Kind nur vormittags oder ganztags betreut werden soll.

Die Schulpflicht beträgt in Italien zwölf Jahre, Schulbeginn ist mit sechs Jahren. Das System wird zurzeit reformiert. Der Unterricht in der Grund- und Mittelschule dauert etwa 30 Wochenstunden, es gibt aber auch Vollzeitschulen mit 40 Wochenstunden. Von Mitte Juni bis Mitte September sind Schulferien. Unter www.fit-for-europe.info finden Sie weitere Informationen über das italienische Schulsystem. In Rom, Mailand und Genua gibt es deutsche Schulen mit Kindergärten. Mehr über deutschsprachige Schulen im Ausland erfahren Sie unter www.schulweb.de.

Wenn Sie in Italien Kinder bekommen, können Sie ebenfalls die gleichen Leistungen in Anspruch nehmen wie die Italiener. Zwei Monate vor und drei Monate nach der Entbindung dürfen Frauen nicht arbeiten (bei guter Gesundheit können Schwangere diesen Urlaub um einen Monat nach hinten verschieben). In dieser Zeit bekommt sie vier Fünftel ihres Einkommens als Mutterschaftsgeld weitergezahlt *(indennità di maternità)*. Nach der Rückkehr zur Arbeit hat die Mutter für sechs Monate Anspruch auf zwei Stunden Stillzeit am Tag. Mütter, die keinen Anspruch auf Leistungen der Mutterschaftsversicherung erworben haben, können Beihilfen von der Sozialversicherung oder Kommune bekommen. Bis zum achten Lebensjahr des Kindes können die Eltern zusammen elf Monate Elternurlaub nehmen. Wenn der Vater weniger als drei Monate davon nimmt, reduziert sich der Elternurlaub auf zehn Monate. Für bis zu sechs Monate bekommt man ein Elterngeld von 30 Prozent des Einkommens, danach gibt es nur noch für Geringerverdienende ein Elterngeld. Familien mit niedrigem Einkommen bekommen über den Arbeitgeber eine steuerfreie Familienbeihilfe ausgezahlt *(assegno familiare)*, im Jahr 2006 waren das zum Beispiel 120 Euro im Monat. Familien ab drei Kindern bekommen außerdem eine Einmalzahlung bei Geburt oder Adoption von der *INPS*.

Weitere Auskünfte erteilt die Hauptgeschäftstelle der Sozialversicherung für internationale Beziehungen und Abkommen *(Direzione Generale, Servizio Rapporti e Convenzioni Internazionali)* unter www.inps.it oder telefonisch unter +39 803164.

Die Sprache

Wenn Sie noch kein Italienisch können, kommen Sie bei unseren temperamentvollen Nachbarn anfangs mit Händen, Füßen und auch mit Deutsch ganz gut durch. Letzteres liegt daran, dass die Italiener zu Zeiten des Wirtschaftswunders in den 50er Jahren die ersten Gastarbeiter in Deutschland waren. Viele sind zwar inzwischen nach einem langen Arbeitsleben in Deutschland wieder in ihre Heimat zurückgekehrt, sprechen aber unsere Sprache noch. Trotzdem sollten Sie sich möglichst zügig Grundkenntnisse in Italienisch aneignen. Angebote für Sprachkurse oder Privatlehrer finden Sie in jeder örtlichen Tageszeitung.

PORTUGAL

Im Gegensatz zu den Spaniern, Franzosen, Italienern und anderen südeuropäischen Völkern haben die Portugiesen ein ausgesprochen zurückhaltendes, ja fast scheues Wesen. Das bedeutet keineswegs, dass sie kein Temperament hätten, zum Lachen in den Keller gingen oder gar vom Feiern nichts verstünden (mein lieber Mann, wenn erst einmal der Vinho Verde oder gar ein guter Portwein auf dem Tisch stehen …). Aber bevor sich die Einheimischen Fremden gegenüber wirklich öffnen und ihnen vertrauen, beobachten sie erst ganz genau, mit wem sie es zu tun haben. Auf eine freundliche, hilfsbereite und zuvorkommende Art, aber eben mit einer gewissen Zurückhaltung. Das hat weniger mit Misstrauen zu tun als vielmehr mit der Tatsache, dass es in ihrem Naturell und ihrer Geschichte liegt, genau zu prüfen, wem sie ihr Herz schenken. Denn ein altes portugiesisches Sprichwort besagt: »Hast du einmal dein Herz verschenkt, darfst du es niemals zurückfordern.« In der auch heute noch von den Portugiesen gelebten Konsequenz bedeutet das: Hat ein Portugiese dir sein Herz geöffnet, hast du einen Freund fürs Leben. Und zwar ohne Wenn und Aber.

Den Weg in die Herzen der Portugiesen finden Sie, wenn Sie ein paar einfache Regeln befolgen. Sie können davon ausgehen, dass insbesondere Geschäftsleute gutes Englisch sprechen – ist es nicht so, wird man es Sie wissen lassen. Französisch ist inzwischen die gängige Drittsprache in Portugal. Die Portugiesen verstehen außerdem in der Regel Spanisch. Umgekehrt funktioniert dies jedoch wegen der Aussprache im Portugiesischen nicht. Berührungen von Armen und Händen während einer Unterhaltung gehören einfach dazu. Portugiesen sind meist sehr tolerant, sanftmütig und nicht so leicht zu beleidigen. Außerdem sind sie es gewöhnt, mit Leuten anderer Kulturen Kontakte zu pflegen, also machen Sie sich nicht zu viele Sorgen um Details. Die Portugiesen sind ausgesprochen humorvolle Menschen, was verhindert, dass Unterhaltungen durch peinliche Pausen ins Stocken geraten. Familie ist in Portugal sehr wichtig und damit auch immer ein gutes Thema. Außerdem können sich Gespräche gerne um Fußball, Essen und portugiesischen Wein, Politik, Wirtschaft, Filme, Reisen, Musik und Literatur drehen.

Daten und Fakten

Fläche: 91 985 qkm (mit Madeira und Azoren)
Einwohner: ca. 10,6 Mio.
Hauptstadt: Lissabon (ca. 2,6 Mio. Einwohner)
Staatsform: Parlamentarische Republik
Bevölkerungsdichte: 114,7 Einwohner pro qkm
Geschäftssprache: Portugiesisch
Währung: 1 Euro = 100 Eurocent

Einreise und Visa

Im Rahmen der Freizügigkeit innerhalb der EU hat jeder Arbeitnehmer aus einem anderen Mitgliedsstaat der EU das Recht, sich in Portugal einen Arbeitsplatz zu suchen und eine Tätigkeit in einem Lohn- oder Gehaltsverhältnis nach den in Portugal geltenden Rechts- und Verwaltungsvorschriften aufzunehmen und auszuüben. Eine Arbeitserlaubnis ist nicht mehr erforderlich. Selbständige haben das Recht, nach Portugal einzureisen und sich dort niederzulassen, um ihre Tätigkeit auszuüben. Ein Visum ist ebenfalls nicht mehr erforderlich.

Ist ein über drei Monate hinausgehender Aufenthalt geplant, muss innerhalb eines Monats nach der Einreise bei der Polizei oder der Ausländerbehörde des Aufenthaltsortes *(Serviço dos Estrangeiros e Fronteiras)* persönlich ein Antrag auf eine Aufenthaltserlaubnis *(Autorização de Residência)* gestellt werden. Die Aufenthaltserlaubnis wird grundsätzlich für die Dauer von fünf

Jahren erteilt. Sie wird verlängert, wenn die Voraussetzungen weiterhin erfüllt sind. Für die Erteilung der Aufenthaltserlaubnis ist
außer der Kopie des gültigen Passes oder Personalausweises drei
Passbilder und eine Kopie des Arbeitsvertrages erforderlich. Selbständige brauchen eine Bescheinigung darüber, dass die Voraussetzungen für das Ausüben einer selbständigen Tätigkeit in Portugal erfüllt werden, und eine Genehmigung für die Ausübung der
Tätigkeit.

Das Auto

Nehmen Sie Ihr Auto ruhig mit, aber beachten Sie ein paar Regeln, denn sonst werden Sie plötzlich der Steuerhinterziehung be-
zichtigt. Seltsam, oder?

Führerschein und Kfz-Schein sind erforderlich, eine grüne Ver-
sicherungskarte ist empfehlenswert. Das Fahrzeug muss auf den
Benutzer zugelassen sein, ansonsten wird eine vorher in Deutschland beglaubigte Vollmacht vom Besitzer verlangt. Zur Beglaubi-
gung sollte das vom ADAC zur Verfügung gestellte Formular genügen. Manche Polizisten bestehen auf einer von einem portugiesischen Konsulat übersetzten und beglaubigten Ausfertigung. In
allen EU-Ländern gilt die Bestimmung, dass ein Fahrzeug tempo-
rär für maximal sechs Monate in einem fremden Land unterwegs
sein darf. Wer länger in Portugal herumfährt, begeht Steuerhinterziehung (Kfz- und Einfuhr- beziehungsweise Mehrwertsteuer).
Da es keine Grenzkontrollen mehr gibt, sei hier angemerkt, dass
die Polizei vor Ort natürlich Nachweisprobleme bezüglich des
Zeitraumes hat. Bei einem Aufenthalt von mehr als sechs Monaten sollte man sein Auto trotzdem in Portugal anmelden. Die Anmeldung nimmt man beim Straßenverkehrsamt *(Direcção-Geral
de Viação)* vor.

Die Sozialversicherung

Wenn Sie in Portugal erwerbstätig sind (abhängig oder selbständig), unterliegen Sie auch der Sozialversicherungspflicht. Die Sozialversicherung ist unterteilt in eine beitragsgebundene und eine beitragsfreie Sozialversicherung. Arbeitnehmer erhalten Leistungen bei Krankheit (Krankengeld: 65 % des Bruttoverdienstes des letzten halben Jahres), Mutterschaft, Vaterschaft und Adoption, Arbeitsunfällen, Berufskrankheiten, Invalidität, im Alter (Rente ab dem 65. Lebensjahr), bei Arbeitslosigkeit und Familienleistungen (zum Beispiel Ermäßigung für kinderreiche Familien).

Der Begriff »Selbständigkeit« existiert als solcher in Portugal nicht. Man wird dort meist als Kleinunternehmer eingestuft. Oft ist eine Lizenz erforderlich, um in dieser Weise arbeiten zu können. Selbständige (Kleinunternehmer) können Leistungen bei Mutterschaft, Vaterschaft und Adoption, Invalidität und Alter in Anspruch nehmen. Die Unfallversicherung gehört ebenfalls zu den Pflichtversicherungen und wird ausschließlich vom Arbeitgeber finanziert.

Die Anmeldung zur Sozialversicherung übernimmt bei abhängig Beschäftigten in der Regel der Arbeitgeber. Ist dies nicht der Fall, können Sie sich auch selbst bei der Sozialversicherungsanstalt *(Centro Regional de Seguranca Social)* anmelden. Sie brauchen dafür Ihren Personalbogen, eine Kopie Ihres Personalausweises und den Namen und die Adresse Ihres Arbeitgebers. Selbständige müssen sich persönlich anmelden. Vorzulegen sind dafür Ihr Personalbogen, eine Kopie Ihres Personalausweises und der Steuerkarte. Die Höhe der Beiträge hängt von dem Leistungspaket ab, das Sie wählen. Man kann von der Zahlung portugiesischer Sozialversicherungsbeiträge für bis zu zwölf Monaten freigestellt werden, sofern man weiterhin nationale Versicherungsbeiträge in seinem Heimatland Deutschland zahlt und das Freistellungszertifikat E101 besitzt. Dieses Zertifikat wird vom Sozialversicherungsträger in Deutschland ausgestellt.

Und wie sieht der Arbeitsmarkt aus?

Für Ausländer ist es schwierig, in Portugal eine Arbeit zu finden. Nur Fachkräfte mit speziellen Qualifikationen und Portugiesischkenntnissen haben eine wirkliche Chance auf dem Arbeitsmarkt. In der Tourismusbranche und in Unternehmen mit internationaler Ausrichtung sind Englisch- und Französischkenntnisse ein großer Vorteil. Für Hilfsarbeiten steht hingegen eine große Zahl von Tagelöhnern zur Verfügung, und das Lohnniveau ist extrem niedrig. Auch Bürojobs oder Stellen für Sprachlehrer sind kaum zu finden. Arbeitschancen bieten sich durchaus in der Gastronomie für Köche, Kellner und Barkeeper sowie in den Ferienclubs für Animateure und Sportlehrer.

»Wer beruflich Fuß fassen will, sollte gut Portugiesisch können. Natürlich etabliert sich Englisch zunehmend in der Arbeitswelt – und hier vorrangig in den High-Tech-Branchen und im Tourismus. Doch auch dann setzen Arbeitgeber Portugiesischkenntnisse voraus. Diese sind wichtig, damit man sich gut im Kollegenkreis integrieren kann. Personalchefs achten darauf, dass neue Mitarbeiter gut zum Unternehmen und der Belegschaft passen. In Portugal spielen die sozialen Beziehungen und Kontakte eine sehr große Rolle.« Duarte Branco ist Präsident des Verbandes Portugiesischer Unternehmen in Deutschland e. V. und Inhaber einer internationalen Übersetzungsfirma. Im Großraum Lissabon gibt es Bedarf an Verkäufern, Handwerkern aus dem Baugewerbe (Maurer, Zimmerer, Fliesenleger, Klempner), Köchen, Kellnern und Friseuren. Außerdem werden IT-Fachkräfte (Systemplaner, -analytiker und -programmierer), Ärzte und Fachpersonal für die Krankenpflege und Geburtshilfe gesucht.

Löhne und Gehälter

Der durchschnittliche Bruttojahresverdienst liegt in Portugal bei 13 610 €. Weit darüber liegen die Jahresgehälter im Kredit- und Versicherungsgewerbe (26 910 €). Extrem niedrig ist dagegen der Jahresverdienst in der Gastronomie (9260 €) und im Baugewerbe (11 380 €). Der gesetzliche Mindestlohn beträgt aktuell 437 € im Monat.

Derzeit werden folgende Monatslöhne gezahlt: Ein Chefkoch mit Berufserfahrung erhält rund 800 €, ein Koch 600 € und eine Küchenhilfe den Mindestlohn. Berufskraftfahrer können mit rund 600 € rechnen, Automechaniker mit circa 650 € und Wachleute mit etwa 595 €. Tischler nehmen ebenfalls rund 600 € mit nach Hause, Friseure in den Touristenzentren um die 1000 €, ansonsten liegen sie eher bei 500 € bis 600 €. Wie gut Akademiker entlohnt werden, hängt stark von der Fachrichtung ab. Während ein Psychologe an die 750 € verdient, liegt ein Pharmazeut bei etwa 1230 €, ein Chemiker bei 1500 €. Deutlich mehr verdienen Ingenieure. So kann ein Maschinenbauingenieur mit fünfjähriger Berufserfahrung mit 2500 € Grundgehalt und Leistungszulagen rechnen, ein Flugzeugingenieur mit 3000 plus Zusatzvergütungen. Ähnlich hohe Gehälter können Einkaufsdirektoren und Verkaufsleiter von Großunternehmen erzielen. Die Löhne werden in Portugal per Tarifvertrag oder individuellem Vertrag festgelegt. Neben einem monatlichen Grundgehalt steht allen privatwirtschaftlich Beschäftigten eine tariflich festgelegte Beköstigungszulage und eventuell eine Fahrkostenpauschale zu. Zudem gibt es Lohnzuschläge für Überstunden sowie für Sonn- und Feiertagsarbeit. Außerdem hat jeder Arbeitnehmer ein Recht auf Weihnachtsgeld (ein Monatslohn) und auf Urlaubsgeld (monatlicher Grundlohn plus Zusatzbezüge). Mehr Informationen zu Lebenshaltungskosten und Löhnen finden Sie unter: www.portugalforum.de und www.wir-in-portugal.de.

Die medizinische Versorgung ...

... ist in Portugal mittlerweile recht gut. Überall findet man die staatlichen *Centro Saude*, die lokalen Gesundheitszentren, die ambulante Hilfe leisten. In den größeren Städten (Faro, Portimão und Lagos) gibt es außerdem staatliche Krankenhäuser.

Daneben gibt es eine Reihe von Privatkliniken, die ebenso wie die Vielzahl der niedergelassenen ausländischen Ärzte meistens dem gewohnten, nordeuropäischen Standard entsprechen.

Wer als Ausländer in Portugal offiziell registriert ist, also dauerhaft hier lebt oder arbeitet, erhält die Leistungen vom portugiesischen Sozialversicherungsträger. Da die Leistungen allerdings nicht unbedingt mit den hiesigen Krankenkassen vergleichbar sind, empfiehlt sich eine zusätzliche Versicherung. Privatversicherte Personen haben innerhalb der EU Anspruch auf Kostenerstattung, sollten allerdings vor einem Umzug nach Portugal darüber die Versicherung informieren.

Die Kontoeröffnung ...

... funktioniert nur mit portugiesischer Steuernummer, zusammen mit der Legitimation durch Personalausweis oder Reisepass. Bei fast allen portugiesischen Banken können Konten normalerweise in Euro oder einer anderen Währung geführt werden. Schecks erhält man in der Regel nur auf Euro-Konten. Dispo- oder Überziehungskredite sind nicht üblich und werden Ausländern nur selten gewährt.

Die Lebenshaltungskosten

Die Lebenshaltungskosten und Mieten sind zwar im Vergleich zu Deutschland um rund ein Viertel niedriger, jedoch im Verhältnis zum Durchschnittseinkommen hoch. Dies trifft besonders für die Mieten in den Städten und in touristischen Zentren zu. In Lissabon müssen Sie derzeit mit folgenden Preisen rechnen: 500 bis 750 Euro für eine Ein- bis Zwei-Zimmer-Wohnung; 800 bis 1100 Euro für drei Zimmer und 1150 bis 1800 Euro für vier Zimmer. Eine 100-Quadratmeter-Eigentumswohnung kostet zwischen 150 000 und 230 000 Euro.

Die Steuern und Sozialabgaben

Arbeitnehmern wird für Sozialabgaben elf Prozent vom Bruttogehalt abgezogen. Dieser Beitrag deckt die Versicherungsbereiche Krankheit, Pflege, Invalidität, Alter, Hinterbliebene, Arbeitslosigkeit und Familienleistungen ab. Eine Beitragsbemessungsgrenze gibt es nicht. Die Versicherungsbeiträge für Arbeitsunfälle und Berufskrankheiten gehen zu Lasten des Arbeitgebers. Ermäßigte Beiträge können bestimmten Zielgruppen (jugendlichen Berufseinsteigern, Behinderten, Arbeitgebern, zum Beispiel gemeinnützigen Organisationen) zugestanden werden. Weitere Informationen zu Steuern und Sozialversicherung finden Sie hier: www.portaldocidadao.pt.

Wenn die Kinder mitkommen

Die meisten der öffentlichen Betreuungseinrichtungen sind im Bereich privater Wohlfahrtspflege angesiedelt und eng mit der katholischen Kirche verbunden. Sie bieten normalerweise Krippen-, Hort- und Kindergartenbetreuung an sowie spezielle Angebote für behinderte Kinder. Für etwa 200 bis 250 Euro pro Monat können die Kinder dort ganztags betreut und verköstigt werden. Allerdings sind die Plätze knapp, so dass mit langen Wartefristen gerechnet werden muss. Die staatlichen Einrichtungen nehmen

Kinder ab drei Jahren auf. Allerdings bieten sie fast ausschließlich Halbtagsbetreuung an. Dafür ist das Angebot kostenlos. Eine dritte Alternative sind Kindergärten privater Anbieter, die zwischen 300 und 500 Euro kosten können. In Portugal besteht eine neunjährige Schulpflicht für Schüler im Alter von 6 bis 15 Jahren. Sie kann an den kostenlosen öffentlichen oder gebührenpflichtigen privaten (300–700 € monatlich) Schulen erfüllt werden. Detaillierte Informationen zum portugiesischen Schulwesen finden Sie bei: www.fit-for-europe.info, www.min-edu.pt, www.educare.pt und www.giase.min-edu.pt. Wo es in Portugal deutsche Schulen gibt, erfahren Sie unter: www.schulweb.de, www1.dasan.de (Adressen), www.lissabon.diplo.de (Adressen privater deutscher Schulen an der Algarve) und www.ds-algarve.org. Für Deutsche, die zeitweise mit ihren schulpflichtigen Kindern im Ausland leben, ist das Angebot des Fernlehrwerks für deutsche Schüler im Ausland (www.deutsche-fernschule.de) interessant.

Das Kindergeld ist abhängig vom Familieneinkommen sowie vom Alter der Kinder. So kann eine Familie auf der untersten Einkommensstufe auf Basis des in Portugal gültigen Mindestlohns für Kinder im Alter von bis zu zwölf Monaten für das erste und zweite Kind 87,29 Euro, ab dem dritten Kind 131,03 Euro erhalten. Für Kinder ab einem Jahr steht ihr für die ersten beiden Kinder 26,24 Euro zu, ab dem dritten Kind 39,36 Euro.

mutet an, unendlich zu sein. Kleine und große Inseln ragen hier empor, um allen Lebewesen ihre Schönheit darzubieten. Griechenland ist so unendlich, dass es für Odysseen reicht – das Mittelmeer, eines der sagenumwobensten Gewässer des europäischen Kontinents, wenn nicht unseres Planeten, das die Phantasie der Menschen stets beflügelt hat. Kein Ort in Griechenland ist mehr als 90 Kilometer vom Meer entfernt, aber nicht nur aus diesem Grund hat das Meer für die Griechen eine wichtige Bedeutung. Sowohl durch die Antike als auch durch Geschichten aus späterer Zeit leben phantasievolle Legenden rund um das Meer fort: sei es in der Religion, die sich durch die Missionierung des Apostels Paulus um die Zeitenwende von einer polytheistischen Religion in eine monotheistische Religion wandelte, oder in der Sprache, in der noch heute Worte existieren, die einst die griechische Mythologie geprägt hatte. Von jeher wurde die Schifffahrt in Griechenland von Mythen begleitet, und auch in moderner Zeit hat das Meer mit seinem Element Wasser nicht an Bedeutung verloren. Es wirkt scheinbar unendlich. Kleine und große Inseln ragen aus ihm empor, um allen Lebewesen ihre Schönheit darzubieten. Allerdings: Auch das Wort »Chaos« ist griechischen Ursprungs und bezeichnet einen Zustand völliger Verwirrung und Unordnung. Ob das zutrifft? Sie werden es selbst erleben, wenn Sie Erdenmensch Ihre »Zukunft mit Aussicht« im Land der sagenumwobenen Götter gefunden haben.

Daten und Fakten

Fläche: 131 957 qkm
Einwohner: ca. 11,1 Mio.
Hauptstadt: Athen (ca. 4 Mio. Einwohner)
Staatsform: Parlamentarische Republik

Bevölkerungsdichte: 84 Einwohner pro qkm
Geschäftssprachen: Griechisch, Englisch
Währung: 1 Euro = 100 Lepta (Cent)

Zugang zum Arbeitsmarkt

EU-Bürger dürfen mit einem gültigen Personalausweis oder Reisepass nach Griechenland einreisen. Als Tourist kann sich jeder EU-Bürger drei Monate lang in Griechenland aufhalten, ohne sich anmelden zu müssen.

Wenn Sie länger in Griechenland bleiben möchten, müssen Sie innerhalb dieser drei Monate nach der Einreise beim zuständigen Ausländeramt *(Ypiresia Allodapon)* oder dem Polizeikommissariat Ihres Wohnortes eine Aufenthaltserlaubnis beantragen. Wollen Sie arbeiten, müssen Sie sich innerhalb von acht Tagen nach Ihrer Ankunft beim Ausländeramt oder auf dem Polizeirevier Ihres Wohnorts melden. Deutsche Staatsbürger erhalten eine Aufenthaltserlaubnis, wenn Sie ein Ausweisdokument (Personalausweis) und einen Nachweis über ihre Erwerbstätigkeit vorlegen. Ihre Tätigkeit können Sie bereits aufnehmen, bevor Sie Ihre Aufenthaltserlaubnis beantragt haben. Wer einem längeren Beschäftigungsverhältnis nachgehen will, kann eine Aufenthaltsgenehmigung mit einer Gültigkeit von fünf Jahren beantragen, die nach ihrem Ablauf verlängert wird.

Die griechischen Gesetze regeln nur wenige Bedingungen des Arbeitslebens. Auswanderungswillige aufgepasst: Die nachfolgend beschriebenen Regelungen und Vorschriften gelten in erster Linie für die Beschäftigten im öffentlichen Dienst – in der Privatwirtschaft weht oftmals ein rauherer Wind. Generell muss der Arbeitsvertrag nicht schriftlich geschlossen werden – auch mündliche oder stillschweigende Vereinbarungen sind gültig. Dennoch sollten Sie darauf achten, dass Ihr Arbeitsvertrag folgende Punkte enthält:

- Name und Anschrift der Vertragspartner
- Art der Tätigkeit
- Bezüge und Zulagen
- Stellenbeschreibung und Arbeitszeit
- Laufzeit des Vertrags
- Kündigungsfristen und Termine
- Jahresurlaub und sonstige Sondervereinbarungen

Die Probezeit dauert im Allgemeinen zwei Monate. Früher war es üblich, Stellen unbefristet und in Vollzeit zu besetzen, seit einiger Zeit nehmen Befristungen aber stark zu. Der Grund: Außerhalb der Probezeit kann der Arbeitgeber Kündigungen nur sehr schwer durchsetzen. Gelingt es ihm, muss er häufig hohe Abfindungen zahlen. Rechtlich darf die Befristung drei Monate nicht unterschreiten. Will der Arbeitgeber einen unbefristeten Vertrag kündigen, muss er – abhängig von der Beschäftigungsdauer des Arbeitnehmers – eine Frist von ein bis zwölf Monaten einhalten. Kündigt der Arbeitnehmer, muss er seinen Chef mindestens drei Monate vorher darüber informieren.

Die Lebenshaltungskosten

Das Preisniveau in Griechenland ist im Durchschnitt um ein Fünftel niedriger als in Deutschland. Einzelne Produkte des täglichen Bedarfs können aber auch erheblich teurer sein. Die Lebenshaltungskosten variieren je nach Region stark. Die Mieten liegen zumindest in provinziellen Gebieten unter deutschem Niveau, sind jedoch in den letzten Jahren stark gestiegen. In etlichen Gebieten mangelt es an Wohnungen, da viele Vermieter Unterkünfte lieber an Urlauber vermieten. So wird das Angebot zusätzlich verknappt. Unter Umständen braucht man in Griechenland mehr Geld zum Leben als in Deutschland. Zwar sind Heizöl und das heimische Gemüse sehr preiswert, dafür kostet Milch doppelt so viel und das

Kilo Fleisch meist mehr als acht Euro. Die Telefongebühren in Griechenland gehören zu den höchsten in Europa, ein Internetzugang kostet etwa 60 Euro im Monat. Wegen der Transportkosten ist das Preisniveau auf den Inseln höher als auf dem Festland.

Die Löhne und Gehälter

Die Auswanderer, die in Griechenland richtig reich werden, sind die absolute Ausnahme. Das Lohnniveau ist dort sowohl im Vergleich mit anderen westeuropäischen Staaten als auch im Verhältnis zu den Lebenshaltungskosten niedrig. Dabei gibt es regionale Unterschiede: In Thessaloniki verdient man rund 25 Prozent weniger als in Athen, zum übrigen Land beträgt der Unterschied sogar 35 Prozent. Die Bruttogehälter fallen teilweise um 60 bis 70 Prozent geringer aus als in Deutschland. Ein Teilzeitjob reicht in der Regel nicht aus, um die Lebenshaltungskosten zu bestreiten. Manche Akademiker sind privilegiert: Je höher und gefragter die Qualifikation, desto mehr nähert sich das Gehalt dem an, was man in Deutschland bekommt. Die ausländischen Unternehmen im Land zahlen meist mehr und bieten bessere Aufstiegschancen als die griechischen.

Der gesetzliche Mindestlohn beträgt rund 600 Euro. Tarifverträge legen für die meisten Branchen eine Mindestvergütung fest, auf die ein Arbeitnehmer mit bis zu drei Jahren Berufserfahrung Anspruch hat. Die tatsächlichen Bezüge liegen meist über dem Tarif. Leitende Angestellte verhandeln ihre Vergütung frei mit dem Arbeitgeber. Üblich sind 13 bis 14 Monatsgehälter. Gehaltserhöhungen lassen sich später oft nur schwer durchsetzen. Einige Firmen bieten stattdessen Zusatzleistungen an – etwa Boni, Prämien, Zuschüsse zu Versicherungen oder zur Miete.

Die höchsten tariflichen Mindestlöhne sind mit 987 Euro brutto im Bereich Finanzdienstleistungen zu erwarten, die niedrigsten mit rund 630 Euro im Handel und im Maschinenbau. Ein Ingenieur erhält im Durchschnitt mindestens 984 Euro brutto pro Monat, ein Programmierer 668 Euro, eine Sekretärin mit Fremdsprachenkenntnissen 673 Euro, ein Buchhalter 734 Euro, ein Fahrer 681 Euro.

Die Sozialabgaben und Steuern

Angestellte zahlen in Griechenland knapp sieben Prozent ihres Bruttogehalts in die Rentenversicherung ein, Arbeiter 13 Prozent. Die Beiträge zur Krankenversicherung sind viel niedriger als in Deutschland: fünf bis sechs Prozent für Angestellte und Arbeiter. Für die Arbeitslosenversicherung und für sonstige Abgaben fallen zudem noch rund vier Prozent an.

Der Einkommensteuer unterliegen die gesamten Einkünfte. Die Steuerbelastung ist vergleichsweise niedrig: Einkommen bis 11 000 Euro sind einkommensteuerfrei, Einkommen zwischen 11 001 und 13 000 Euro werden mit 15 Prozent versteuert, Einkommen zwischen 13 001 und 23 000 Euro mit 30 Prozent, Einkommen über 23 000 Euro mit 40 Prozent. Kaum ein Arbeitnehmer erreicht den Maximalsteuersatz. Einer durchschnittlichen Arbeiterfamilie bleiben nach Abzug der Einkommensteuer mehr als vier Fünftel ihres Bruttoeinkommens.

Die Krankenversicherung

Für gesetzlich Versicherte reicht die Vorlage der europäischen Krankenversicherungskarte aus, um sich im europäischen Ausland bei einem Unfall oder einer akuten Erkrankung medizinisch behandeln zu lassen. Die europäische Krankenversicherungskarte gilt auch in Griechenland. Privat Versicherte sollten mit ihrer Krankenkasse vor Reiseantritt eine private Auslandskrankenversicherung abschließen, die dann in der Regel zwölf Monate gültig ist und mit einem Einmalbetrag abgegolten wird. Über eine Verlängerung sollten Sie rechtzeitig vor Ablauf mit Ihrem Versicherer sprechen.

Die medizinische Versorgung

Die medizinische Betreuung inklusive Zahnbehandlung ist kostenfrei. Allerdings tragen Patienten 25 Prozent der Kosten für ärztlich verordnete Medikamente. Es besteht eine Versicherungspflicht ab dem Tag, an dem ein Beschäftigungsverhältnis aufgenommen wird. Arbeitnehmer und Arbeitgeber entrichten die Beiträge zur *IKA* anteilig. Touristen und Arbeitssuchende werden in Notfällen kostenlos behandelt – bringen Sie dafür einen entsprechenden Versicherungsnachweis (zum Beispiel EHIC-Karte) mit. Es ist möglich, Familienangehörige mitzuversichern.

Ein kurzer Blick auf das Sozialversicherungssystem

Die Sozialversicherung umfasst Leistungen in den Bereichen Alter, Behinderung, Mutterschaft, Krankheit, Gesundheitsvorsorge und Arbeitslosigkeit. Träger des nationalen Gesundheitswesens ist die Sozialversicherungsanstalt *Idrima Kinonikon Asfalisseon (IKA)*. Jeder Arbeitnehmer muss bei Arbeitsaufnahme ein Versicherungsbuch *(D.A.T.E.)* haben. Man erhält es beim Arbeitgeber und legt es bei allen Arztbesuchen oder Krankenhausaufenthalten vor. Bei der örtlichen *IKA*-Stelle *(Kentro Hygeias)* gibt es auch ein Verzeichnis der Ärzte, die Vertragspartner der *IKA* sind.

In welchen Berufen habe ich Chancen?

An sich sind deutsche Arbeitskräfte in Griechenland gern gesehen. Man schätzt ihre Zuverlässigkeit, Pünktlichkeit und die meist
auch besseren Qualifikationen. Gut ausgebildete Handwerker werden in *Hellas* immer ihr Auskommen finden. Auch deutsche Ärzte
werden gesucht. Und natürlich – besonders auf den Inseln, die
heute größtenteils vom Tourismus leben – Fachkräfte aus Hotelle-
rie und Gastronomie. Aber auch an Saisonjobs auf dem Bau oder
als Erntehelfer mangelt es nicht. Allerdings: Für unsere Verhältnisse sind diese Jobs ziemlich miserabel bezahlt.

Wenn die Kinder mitkommen

Nur sehr wenige Kinder unter drei Jahren werden in Kindertages-
stätten betreut. Sobald sie drei Jahre alt sind, können Kinder in
staatlichen und privaten Kindergärten *(Nipiagogeio)* freiwillig die
Vorschule besuchen. Sie findet meist ganztags statt. Immer mehr
Gebiete gehen dazu über, eine Kindergartenpflicht einzuführen.
Staatliche Kindergärten sind für die Eltern kostenlos.

Carmen Fernandez, seit Jahren Marketing-Managerin eines
griechischen Unternehmens in Athen, weiß: »Es gibt in Griechenland staatliche Kindergärten, aber viel zu wenige und nur für be-
rufstätige Mütter. Sehr viele Mütter arbeiten der Kinder wegen
nicht. Oder die Kinder werden von der Oma erzogen. Es gibt in
Athen eine Reihe privater Kindergärten, auch fremdsprachliche,
die kosten ein paar hundert Euro im Monat. Sehr häufig werden
die Kinder, so man keine Oma hat, deshalb von Tagesmüttern betreut, deren Lohn liegt meist um die 700 Euro. Es wird dann allerdings erwartet, dass die Tagesmutter auch kocht und den Haushalt
macht.«

Schulpflichtig sind Kinder und Jugendliche zwischen 6 und 15
Jahren. Bis sie zwölf Jahre alt sind, besuchen sie die Grundschule

(Dimotiko Scholeio), dann drei Jahre lang das *Gymnasio.* Anschließend können sie freiwillig in drei Jahren die technische Berufsfachschule *(TEE)* abschließen oder am Gesamt-Lyzeum das Abitur erwerben. Der Besuch aller öffentlichen Schulen ist kostenlos. Näheres zum Schulsystem erfahren Sie unter: www.fit-for-europe.info. Den beiden deutschen Schulen in Athen und Thessaloniki ist jeweils ein Kindergarten angegliedert. Informationen – auch über das Schulgeld – finden Sie unter www.dsathen.edu.gr und unter www.dst.gr. Der Verein für griechisch-deutsche Erziehung betreibt im Norden Athens einen Kindergarten und eine Grundschule, an der Kinder bis zur sechsten Klasse zweisprachig unterrichtet werden. Informationen unter www.athenerschule.gr.

An der Privatschule *Ellinogermaniki Agogi* wird Deutsch in allen Klassenstufen – Kindergarten, Grundschule, Gymnasium und Lyzeum – unterrichtet. Informationen unter: www.ea.gr/ea/. In Griechenland haben nur abhängig Beschäftigte Anspruch auf Kindergeld, denn es wird über Beiträge von Arbeitnehmern und Arbeitgebern finanziert. Das Kindergeld wird bis zum Alter von 18 Jahren (22 bei Studium) gezahlt und beträgt für ein Kind acht Euro, für zwei Kinder knapp 25 Euro pro Monat. Die Sozialversicherungsanstalt für Angestellte *IKA* zahlt an versicherte Arbeitnehmerinnen 56 Tage vor und 63 Tage nach der Entbindung ein Mutterschaftsgeld. Allerdings nur, wenn man in den vorangegangenen zwei Jahren 200 Tage lang in die Schwangeren- und Mutterschaftsversicherung eingezahlt hat. Informationen bekommen Sie in einer Broschüre der EU-Kommission unter: ec.europa.eu.

Die Sprache

Griechisch zu lernen ist für uns Westeuropäer – zumal, wenn wir kein humanistisches Gymnasium besucht haben und zumindest Altgriechisch gelernt haben – ausgesprochen schwierig. Die Wahrheit ist aber: Um in Griechenland bestehen zu können, brauchen wir zumindest Grundkenntnisse der gesprochenen Sprache. Um schreiben zu können, müssen wir uns zunächst das griechische Alphabet verinnerlichen. In den Touristenzentren kommt man auch mit Englisch ganz gut über die Runden, aber wirklich akzeptiert wird man von der Bevölkerung erst, wenn man ihre Sprache zumindest rudimentär beherrscht.

Kleines griechisches Wörterbuch

Deutsch	Griechisch	Aussprache	Hinweis
Ja	ναι	nä	
Nein	οχι	ochi	Betonung auf o, wie bei oft
vielleicht (möglicherweise)	ισως	isos	
guten Tag	καλημερα	kali mera	
guten Nachmittag/Abend	καλησπερα	kali spera	ab ca. 16.00 Uhr = kali spera
gute Nacht	καληνυχτα	kali nichta	
Entschuldigung	συγνωμη	signomi	
danke	ευχαριστω	efkaristo	
bitte	παρακαλω	parakalo	
bitte (wenn man etwas gibt)	οριστε	oriste	
wie geht es euch	τι κανετε	ti kanete	
wie geht es dir	τι κανεις	ti kanis	
gut	καλα	kala	
sehr gut	πολυ καλα	poli kala	
warum	γιατι	jati	Betonung auf i
schön	ωραια	orea	
sehr schön	πολυ ωραια	poli orea	
hallo, grüß dich	γεια σου	jassu	

Deutsch	Griechisch	Aussprache	Hinweis
seien Sie gegrüßt	χαιρετε	cherete	
ich heiße	ονομαζομαι	onomasome	Betonung auf a
Prost!	για μας	jamas	
heute	σημερα	simera	
morgen	αυριο	awrio	
dort	εκει	eki	Betonung auf i
wo ist …	που ειναι	pu ine	
wo ist die Straße	που ειναι ο		
nach …	δρομος	pu ine o dromos sto …	
rechts	δεξια	däksija	
links	αριστερα	aristära	
Bank	τραπεζα	trapesa	Betonung auf 1. a
Markt	αγορα	agora	Betonung auf 2. a
Museum	μουσειο	musio	weiches s
Hafen	λιμανι	limani	
Kiosk	περιπτερο	periptero	
eine Packung	ενα πακετο	ena paketo	
Zigaretten	τσιγαρα	zigara	
Postkarte	καρτα	karta	
Zeitung	εφημεριδα	efimerida	
Feuerzeug	αναπτηρας	anaptiras	
wie viel kostet es	ποσο κοστιζει	posso kostisi	
Strand	παραλια	paralia	
Post	ταχυδρομειο	tachidromio	
Briefmarke	γραμματοσημο	grammatossimo	
Bus	λεωφορειο	leoforio	
Auto	αυτοκινητο	aftokinito	
Apotheke	φαρμακειο	farmakio	
Wein	κρασι	krasi	Betonung auf i
Rotwein	κοκκινο κρασι	kokkino krasi	
Weißwein	ασπρο κρασι	aspro krasi	
eine Flasche	ενα μπουκαλι	ena bukali	
ein Glas	ενα ποτηρι	ena potiri	

Deutsch	Griechisch	Aussprache	Hinweis
Wasser	νερο	nero	Betonung auf o
Limonade	λεμοναδα	lemonada	
Bier	μπυρα	birra	
ein Bier vom	μια μπυρα απο	mia birra apo	
Fass	βαρελι	warelli	
nur ein wenig	μονο λιγο	mono ligo	
guten Appetit	καλη ορεξη	kali orexi	
die Rechnung	το λογαριασμο	to logarjasmo	
eins	ενα	ena	
zwei	δυο	thio	th = wie engl. the
drei	τρια	tria	
vier	τεσσερα	tessera	
fünf	πεντε	pende	
sechs	εξι	exi	
sieben	εφτα	epta	
acht	οχτω	okto	
neun	εννεα	enja	
zehn	δεκα	deka	
zwanzig	εικοσι	ikosi	
fünfzig	πενηντα	peninda	
einhundert	εκατο	ekato	o wie bei Tonne
tausend	χιλια	chilia	

83 Jahre ist sie inzwischen alt und seit sage und schreibe 55 Jahren schon als Königin Elizabeth II. im Amt. Dabei könnte sie doch längst in Rente gehen. Darauf wartet wohl keiner sehnsüchtiger als ihr erstgeborener Sohn Charles, der legitime Thronfolger, der allmählich auch in die Jahre kommt. Denn der Prince of Wales ist nun mal auch schon 60. Bestimmt wartet der Arme seit lockeren 35 Jahren darauf, dass seine Mutter ihm endlich das Zepter in die Hand drückt und ihn in Amt und Würden hebt. Doch den Teufel wird sie tun, die dienstälteste Monarchin der Welt. Zu sehr hat sie sich jahrzehntelang über ihren Erstgeborenen ärgern müssen. Erst heiratet der ungezogene Bengel ein Kindermädchen, hält sich aber weiterhin seine Mätresse Camilla P. Dann liest man in den bunten Gazetten der Welt über Sex, Drugs and Rock'n 'Roll sowohl im Buckingham Palast als auch im altehrwürdigen Schloss Windsor. Die Queen ist – wie so oft – *not amused*. Dann, vor elf Jahren, in Paris der ebenso tragische wie mysteriöse Tod von Prinzessin Diana, die inzwischen zu so etwas wie einer Nationalheldin aufgestiegen war und die ihrer Schwiegermutter immerhin zwei Enkel geschenkt hat.

Die liebt sie zwar über alles, aber die Jungs machen ihr inzwischen auch Ärger: Lassen sich mit bürgerlichen Mädchen ein und sprechen in der Kaserne über die Maßen dem Gin zu. Wie könnte Elizabeth da ans Abdanken denken? Und wenn die Queen die Gene ihrer Mutter geerbt hat, kann Elizabeth II. noch locker 15 Jahre die königlichen Preziosen tragen. Die allseits beliebte Queen Mum wurde nämlich stolze 101.

Eine merkwürdige Monarchie, aber ein wunderschönes Inselreich als »Zukunft mit Aussicht«. Und entgegen der landläufigen Meinung regnet's da nämlich sooo häufig auch nicht …

Daten und Fakten

Fläche: 242 495 qkm
Einwohner: ca. 60,2 Mio.
Hauptstadt: London (ca. 9 Mio. Einwohner)
Regierungsform: Konstitutionelle Monarchie,
Staatsoberhaupt: Königin Elisabeth II.
Bevölkerungsdichte: 248 Einwohner pro qkm
Geschäftssprache: Englisch
Währung: 1 Pfund Sterling (£) = 100 New Pence
Wechselkurs: 1 Euro = 0,67934 £

Die Einwanderung

Das Einwandern nach England ist zumindest für einen EU-Bürger
eine höchst simple Angelegenheit. Man ist einfach da – und Ende
der Diskussion. Erster Schritt des Einwanderns ist also die An-
reise. Alles weitere ist kein Problem. Man muss sich nämlich nirgendwo anmelden. Anders als in Deutschland gibt es keinen Personalausweis und keine Meldepflicht. Man kann also rein rechtlich sofort eine Wohnung mieten oder Eigentum erweben, eine
Arbeit annehmen, ein Konto eröffnen.

Rein rechtlich ja, praktisch mit ein, zwei Hürden: Eine Wohnung zu bekommen ist ohne Bankkonto nicht ganz einfach, aber
möglich. Aber wenn man am Anfang eher die WG-Variante wählt,
ist das auch kein Problem. Eigentum zu erwerben ist sofort möglich. Sofern man flüssig ist, sind die Banken flexibel.

Arbeit zu finden ist natürlich möglich und rechtlich gesehen
überhaupt kein Problem. Wenn sich zukünftiger Arbeitgeber und
-nehmer auf das Arbeitsverhältnis geeinigt haben, ist die Chose
gelaufen.

Die Lebenshaltungskosten

Die Lebenshaltungskosten hängen genau wie das Einkommen sehr von der entsprechenden Region in Großbritannien ab. So ist es beispielsweise in London überdurchschnittlich teuer, aber auch in Südost- und Ostengland. Dagegen ist das Leben im nördlichen Teil Englands und in bevölkerungsärmeren Regionen, wie beispielsweise Wales, Schottland und Nordirland, wesentlich günstiger.

Die meisten Briten schwören auf ihre eigenen vier Wände, was aber mittlerweile in London für den Otto Normalverbraucher zum Wunschtraum geworden ist, seit die Immobilienpreise immer wieder neue Rekordhöhen erreichen. Mit einem Durchschnittseinkommen lässt sich selbst ein kleines bescheidenes Haus nur schwer finanzieren. Auch wenn beide Partner berufstätig sind, muss man oftmals nur mit einem Häuschen außerhalb des Stadtkerns vorliebnehmen.

Wohnungen in London sind knapp und deshalb auch teuer zu mieten, wodurch sich alle reich und glücklich schätzen, die sich dort bereits vor Jahren ein Eigenheim zugelegt haben. Die Mietpreise für winzige Ein-Zimmer-Apartments in London fangen bei etwa 150 bis 200 Pfund pro Woche an. Oftmals ist es daher günstiger, mit mehreren Leuten eine Haus-WG zu bilden.

Die Kosten für Lebensmittel variieren genau wie die Mietpreise je nach Region. Dennoch sind die Lebensmittelpreise durchschnittlich nicht viel höher als in Deutschland.

Die Unterhaltung eines Autos ist auch in Großbritannien alles andere als günstig, denn die Benzinpreise liegen noch über dem deutschen Niveau. Außerdem fällt auch eine Haftpflichtversicherung an, zu der jeder Halter verpflichtet ist. Dabei hängen die Beiträge wie in Deutschland vom Umfang der Leistung, von den schadensfreien Jahren und dem Autotyp ab. Auch an der Kfz-Steuer führt kein Weg vorbei. Die einzelnen Steuerauflistungen findet man unter www.direct.gov.uk.

Die Preise in England liegen also leicht über denen in Deutschland. London zählt allerdings im internationalen Vergleich zu den teuersten Städten der Welt, die Preise liegen fast ein Zehntel über dem Landesdurchschnitt. Am günstigsten lebt man in Yorkshire and Humberside, in Nordostengland und in Wales.

Durchschnittliche Preise:

1 l bleifreies Benzin	1,35 €
20 Filterzigaretten	7,20 €
1 kg Bananen	1,37 €
1 kg Kartoffeln	1,13 €
1 kg Zucker	1,10 €
230 g Filterkaffee	3,00 €
1 Pint (0,57 l) Milch	0,50 €
1 kg Käse (Cheddar)	8,45 €
1 kg Huhn	3,30 €
1 kg Rumpsteak	14,80 €

Und wie sieht's mit dem Job aus?

Ärzte, IT-Spezialisten, Unternehmensberater (meist für deutsche Firmen mit englischer Dependance) und Patentanwälte werden auf der Insel gesucht. Aber auch ausgebildete Landwirte, Hotelfachkräfte und Dolmetscher haben gute Chancen auf einen Job. Grundvoraussetzung: Das Beherrschen der englischen Sprache. Die meisten Briten sind alles andere als sprachbegabt und erwarten von Ausländern, die in ihrem Land leben und arbeiten, fließende Englischkenntnisse.

Der gesetzliche Mindestlohn beträgt zurzeit umgerechnet knapp acht Euro pro Stunde (weniger für Beschäftigte unter 22 Jahren). Bei Ausbildungen oder wenn eine Unterkunft gestellt wird, kann er unterschritten werden. Detaillierte Informationen finden Sie auf der Website des *Department of Trade and Industry:* www.dti. gov.uk. Neben dem normalen Verdienst spielen Zusatzleistungen (*fringe benefits)* wie Prämien, Versicherungen oder Firmenwagen eine größere Rolle.

Handwerker und Beschäftigte mit Teilzeit- oder befristeten Verträgen werden teils wöchentlich mit Schecks bezahlt. Auch sonst wird der Verdienst oft als Wochenbetrag angegeben.

Durchschnittliche Verdienste von Beschäftigten:

Beruf	Brutto-Monatsentgelt
Führungskräfte	4100 €
Freie Berufe	4000 €
Assistenz freie Berufe, Techniker	3050 €
Verwaltung, Sekretariat	2030 €
Handwerker	2355 €
Anlagen- und Maschinenbediener	2210 €
Helfer	1775 €
Verkäufer, Kundenbetreuer	1620 €

Der Autoverkehr

Vergessen Sie alles, was Sie in Deutschland am Steuer gelernt haben, und drehen Sie einfach Ihre Gehirnhälften um: Denn in England fährt man links und lenkt rechts. Ein Fußgänger, der an einer Ampel steht und zuerst nach links schaut, bevor er die Straße überquert – wie aus Deutschland gewohnt – lebt gefährlich.

Wenn die Kinder mitkommen

Ihre Kinder haben in Großbritannien und Nordirland das gleiche Recht, die Bildungseinrichtungen zu besuchen, wie die einheimische Bevölkerung. Jedes Kind ab vier Jahren hat in England Anspruch auf einen Platz in einem kostenlosen kommunalen Kindergarten. Daneben gibt es Kindertagesstätten für Kinder ab drei Jahren sowie kostenpflichtige private Kindergärten und Vorschulklassen, die an Grundschulen angeschlossen sind. Die staatlichen Kindergärten haben nur einige Stunden täglich geöffnet. Eine Alternative sind Tageseltern oder die *Sure Start Children's Centres*. Ausführliche Informationen unter: www.surestart.gov.uk. Unter www.fit-for-europe.info finden Sie weitere Informationen über das Schulsystem in England und Wales, für Schottland unter www.ltscotland.org.uk. In Richmond bei London gibt es eine deutsche Schule mit Vorschule. Mehr über deutschsprachige Schulen im Ausland erfahren Sie unter www.schulweb.de. Kindergeld *(child benefit)* wird für alle Kinder bis 16 Jahre gezahlt; oder bis 19, wenn sie sich noch in einer Ausbildung befinden. Es beträgt 100 Euro für das älteste und 67 Euro für jedes weitere Kind. Wenn eine Frau im *United Kingdom* ein Kind bekommt, hat sie Anspruch auf 52 Wochen Erziehungsurlaub *(maternity leave)*, der frühestens elf Wochen vor dem Entbindungstermin beginnen kann. In den ersten zwei Wochen nach der Entbindung darf die Mutter auf keinen Fall arbeiten (Fabrikarbeiterinnen: 4 Wochen). Der Vater hat meist Anspruch auf zwei Wochen Vaterschaftsurlaub nach der Geburt. Die Regierung plant, einen Vaterschaftsurlaub von bis zu 26 Wochen einzuführen. In den ersten sechs Wochen nach der Geburt bekommt die Mutter 90 Prozent ihres vorherigen Gehalts als *Statutory Maternity Pay (SMP)* vom Arbeitgeber, bis zu 33 weitere Wochen einen Pauschalbetrag von derzeit 650 Euro (oder weiterhin die 90 Prozent, falls dies weniger ist). Voraussetzung ist, dass sie sozialversicherungspflichtig arbeitet und schon vor der Schwangerschaft bei diesem Arbeitgeber beschäftigt war. Ansonsten bekommt sie 39 Wochen lang eine *Maternity Allowance (MA)* vom *Jobcentre Plus*. Dafür muss man in den letzten 66 Wochen vor dem Entbindungstermin mindestens 22 Wochen gearbeitet und in dieser Zeit mindestens 13 Wochen lang jeweils 45 Euro verdient haben. Eltern von Kindern unter sechs Jahren können flexible Arbeitszeiten beantragen und steuerliche Vergünstigungen bekommen; mehr dazu erfahren Sie über die Finanzbehörde *HM Revenue and Customs* unter www.hmrc.gov.uk. Ausführliche Informationen für Eltern erteilen das *Department for Work and Pensions* unter www.dwp.gov.uk und das *Department for Trade and Industry* unter www.dti.gov.uk.

Maße und Gewichte

Auch wenn offiziell in Großbritannien die metrischen Maßeinheiten gelten, sind im Alltag noch die alten *Imperial Standards* gebräuchlich:

1 inch (in.) = 2,54 cm
1 foot (ft.) = 12 inches = 30,48 cm
1 yard (yd.) = 3 feet = 91,44 cm
1 mile (mi.) = 1,609 km
1 gill (gl.) = 0,142 l.
1 pint (pt.) = 4 gills = 0,568 l
1 quart (qt.) = 2 pints = 1,136 l
1 gallon (gal.) = 4 quarts = 4,5459 l
1 ounce (oz.) = 26,35 g
1 pound (lb.) = 16 ozs. = 453,6 g
1 stone (st.) = 14 lbs = 6,35 kg
1 quarter (qr.) = 2 sts. = 12,7 kg
1 hundredweight = 4 qrs. = 50,8 kg

Der kontinentale Gefrierpunkt 0 Grad Celsius entspricht in Großbritannien 32 Grad Fahrenheit.

IRLAND

Glaubt man der landläufigen Meinung über Irland und macht man sich die Vorurteile über die Insel (hier regnet's doch das ganze Jahr, was Anständiges zu essen kriegt man auch nicht, und die Kommunikation mit den Schafen ist einfacher als mit der menschlichen Bevölkerung) zu eigen, käme man nie auf die Idee, sich diese Insel als Ziel für seine »Zukunft mit Aussicht« auszusuchen. Aber, wie so oft, sieht die Realität völlig anders aus. Irland ist unglaublich grün, und über Luftverschmutzung und zu hohe Ozonwerte machen sich die Iren selbst in Dublin keine Gedanken. Völlig zu Recht, denn bei denen ist immer frische Luft. Außerdem, und so muss man es sehen, ist in Irland immer Sommer. Glauben Sie nicht? Stimmt aber. Selbst im Januar liegen die Temperaturen deutlich über null, und es gibt in der Tat Jahre, in denen der November wärmer ist als der August (diskutieren Sie jetzt bitte nicht mit mir über die Qualität des Augusts).

Und dann ist da noch die Mentalität der Iren, die einfach Charme hat, für manchen Deutschen allerdings anfangs vielleicht ein wenig gewöhnungsbedürftig ist. Während wir dazu neigen, Entscheidungen ewig zu überdenken, gründlich abzuwägen, zu planen und dann eventuell in die Tat umzusetzen, geht der Ire etwas lockerer vor. Erst mal wird gemacht, dann geschaut, wie es läuft; endet es im Chaos, wird drüber gelacht. Funktioniert's – und das tut es komischerweise in den meisten Fällen –, gibt's Grund zum Feiern – und zwar kräftig.

Glauben Sie es ruhig, diese Art, das Leben zu meistern, schont die Nerven, macht Sie fröhlicher und unbeschwerter.

Also: auf ins Land des »schwarzen Goldes«. Und da es in Irland kein Öl gibt, kann es sich hier doch nur um eins handeln, oder? Richtig: das legendäre Guinness.

Daten und Fakten

Fläche: 70 284 qkm
Einwohner: ca. 4,2 Mio.
Hauptstadt: Dublin (ca. 500 000 Einwohner)
Staatsform: Parlamentarisch-demokratische Republik
Bevölkerungsdichte: 60 Einwohner pro qkm
Geschäftssprache: Englisch
Währung: 1 Euro = 100 Eurocent

Die Einreise

Die Einreise nach Irland ist vollkommen unproblematisch. Sie kommen hin und sind da. Eine Meldepflicht gibt es nicht, zumindest nicht während der ersten 90 Tage Ihres Aufenthaltes. Wenn Sie allerdings einen Mietvertrag unterschreiben und arbeiten wollen, brauchen Sie eine irische Sozialversicherungsnummer, die Ihr Vermieter an die Behörden melden muss. Die Sozialversicherungsnummer ist übrigens automatisch Ihre Steuernummer, was praktisch ist, weil es Wege spart. ·

Die Aufenthaltsgenehmigung

Bei selbständiger oder unselbständiger Arbeitsaufnahme von einer Dauer unter drei Monaten reichen Pass oder Personalausweis. Im Falle einer vorgesehenen beruflichen Tätigkeit von mehr als drei Monaten besteht die Pflicht, dies innerhalb von einem Monat nach der Einreise bei der Polizei oder Ausländerbehörde des Aufenthaltsortes zu melden und eine Aufenthaltsgenehmigung zu beantragen. Dieser Antrag kann nur persönlich bei Polizei oder Ausländerbehörde abgegeben werden. Jeder Antrag muss folgende Angaben enthalten:

- vollständige Personalien des Antragstellers
- Angaben des gültigen Ausweispapiers
- Datum der Einreise
- Dauer und Gründe für den Aufenthalt
- gewählter Wohnsitz im Land
- gegebenenfalls Angabe der Familienangehörigen oder anderer unterhaltsberechtigter Personen, für die der Antragsteller das Recht hat, die Aufenthaltserlaubnis zu beantragen
- 4 Passfotos

Je nach Kategorie müssen zusätzliche Angaben gemacht werden:
- Freiberufler: Genehmigungen, die für die Ausübung der beabsichtigten Tätigkeiten im Land vorgeschrieben sind
- Arbeitnehmer: einen Arbeitsvertrag oder eine Einstellungserklärung des Arbeitgebers

Alle anderen Kategorien:
- Bescheinigung über die Eintragung beim staatlichen Gesundheitsdienst
- oder eine Versicherungspolice über eine Kranken-, Unfall- und Mutterschaftsversicherung
- Nachweis über ausreichende finanzielle Mittel zum Bestreiten des Unterhalts
- Bescheinigung über die Einschreibung für den Berufsausbildungskurs beziehungsweise eine Immatrikulationsbescheinigung für den Studiengang mit dem entsprechenden Nachweis über die Dauer der Ausbildung (nur Studenten oder Auszubildende)

Die Aufenthaltsgenehmigung gilt zunächst für fünf Jahre und kann nach Ablauf verlängert werden. Ausstellung und Verlängerung der Aufenthaltserlaubnis sowie die dazu notwendigen Dokumente und Bescheinigungen sind kostenlos.

Der Arbeitsmarkt

Irlands Wirtschaft wächst schneller als jede andere Wirtschaft Europas. Mehr als 1100 Firmen haben Irland als Basis für ihre europa- und weltweiten Geschäftsaktivitäten gewählt. Ihre Tätigkeitspalette reicht von der Fertigung bis hin zu E-Business-Projekten. Sie arbeiten in unterschiedlichen Bereichen wie Elektronik, Software, Pharma, Gesundheitswesen, Finanzen und internationalen Dienstleistungen. Die Verfügbarkeit qualifizierter und junger Arbeitskräfte sind wichtige Vorteile. Irland hat die jüngste Bevölkerung Europas. Ausländische Investoren schätzen die hohe Kompetenz und die flexible, lösungsorientierte Einstellung der irischen Arbeitskräfte.

Derzeit gibt es einen Mangel an Chemie-, Konstruktions- und Produktionsingenieuren. In Zukunft dürfte sich aufgrund des Rückgangs von Studierenden der Fachrichtung Elektrotechnik auch ein Fachkräftemangel in diesem Ingenieurberuf abzeichnen. Im Bereich Technik fehlen *Manufacturing* und *Multi-Skilled Maintenance Technicians* (Produktions- und Wartungstechniker). Darüber hinaus besteht Bedarf für *Accountants* und *Tax Experts* (Buchhaltungs- und Steuerfachkräfte), *Actuaries* (Versicherungsstatistiker) sowie *Financial Analysts* (Finanzanalysten). Auch *Credit Controllers* (Kreditprüfer) fehlen. Hier handelt es sich allerdings nicht um einen echten Fachkräftemangel. Es gibt eine große Anzahl von Arbeitskräften mit unterschiedlichen Bildungshintergründen, die als Kreditprüfer arbeiten können. Das Problem besteht darin, sie für diese Arbeit zu gewinnen oder vorhandene Mitarbeiter in dieser Position zu halten.

Deutsche werden vorzugsweise in Callcentern mit Zielmarkt Deutschland eingestellt. Aber auch hier gilt: Die größeren Jobaussichten haben diejenigen, die bereits in Irland leben. Irische Arbeitgeber scheuen davor zurück, Deutsche direkt aus Deutschland einzustellen. Sie befürchten, dass sie nicht bleiben, weil sie Heimweh bekommen oder sich die Lebenssituation anders vorgestellt haben.

Für 2008 meldete die Arbeitsverwaltung einen Bedarf an Fachkräften mit kaufmännischer Berufsausrichtung (Werbe- und Vertriebsfachleute, Bank- und Versicherungskaufleute). Die Tourismusbranche sucht Fremdenverkehrsfachleute, das Hotel- und Gaststättengewerbe Gästebetreuer, Köche, Rezeptionisten, Servicekräfte und Hausdamen. Unter den akademischen Berufen stehen Bauingenieure und IT-Fachkräfte aus dem mittleren Management hoch im Kurs.

Anna-Marie Gaines, EURES-Beraterin bei der Behörde für Ausbildung und Arbeit *FÁS (Foras Aiseanna Saothai)* in Dublin weiß: »Wir suchen Fachkräfte in den Bereichen Hotel und Gastronomie, Einzelhandel und Finanzdienstleistungen, außerdem Krankenschwestern, Architekten und Ingenieure. Eine Ausbildung und Berufserfahrung sind Voraussetzung, und Bauarbeiter müssen eine eintägige Sicherheitsschulung namens *Safepass* absolvieren. Bewerber sollten fließend Englisch sprechen – das erleichtert ihnen auch das Alltagsleben. Da Irland fast Vollbeschäftigung hat, müsste jeder, der wirklich arbeiten will, eine Stelle finden können – auch ältere Bewerber.«

Die Steuern und Sozialabgaben

Grundsätzlich werden Gehälter in Irland per anno angegeben, ebenso berechnet sich auch die Steuer. Es ist ganz einfach: Ehepaare werden gemeinsam veranlagt, und es existieren lediglich zwei Steuerklassen, die nach dem Gesamtbruttogehalt festgelegt sind.

Alleinstehende zahlen bis zu einem Einkommen von 36 000 Euro 20 Prozent Steuern, für alles darüber hinaus 42 Prozent. Verheiratete Paare (wenn nur einer arbeitet) zahlen bis 41 000 Euro 20 Prozent Steuern, für alles darüber hinaus 42 Prozent; verheiratete Paare (wenn beide arbeiten) zahlen 20 Prozent Steuern bis zu einem Einkommen von 41 000 Euro für den Mehrverdiener und bis zu einem Einkommen von 23 000 Euro für den, der weniger nach Hause bringt. Für alles darüber hinaus werden 42 Prozent fällig. Eingerechnet in das Einkommen werden alle Einnahmen – also auch Boni, Überstundenvergütungen, Sonderzahlungen etc. Ebenso werden alle sonstigen Einkünfte, etwa aus selbständigen Tätigkeiten, in das Jahreseinkommen eingerechnet. Auch der Dienstwagen mit privatem Nutzungsrecht unterliegt der Steuerpflicht.

Von den theoretisch fälligen Steuern gehen allerdings noch sogenannte *tax credits* ab, also Pauschalsummen zur Steuererleichterung. Derzeit gelten folgende Summen: Alleinstehende 1630 Euro; Verheiratete 3260 Euro; Verwitwete (ohne abhängige Kinder) 2130 Euro; Alleinerziehende 1630 Euro; Angestellte erhalten eine *PAYE Credit* von 1490 Euro. Weiter kann man als Mieter noch *Rent Relief* geltend machen, dies aber nur zu 20 Prozent und mit einem Maximum von 1650 Euro (Alleinstehende bis 55 Jahre, Ältere bis 3300 Euro) beziehungsweise 3300 Euro (Verheiratete und Verwitwete bis 55 Jahren, ältere bis 6600 Euro).

In den Steuern sind allerdings noch keine Sozialabgaben enthalten. Die *pay-related social insurance (PRSI)* wird gesondert vom Gesamteinkommen (brutto) berechnet: Angestellte zahlen bis zu einem Einkommen von 46 600 Euro sechs Prozent, darüber hinaus zwei Prozent, Selbständige zahlen bis 22 880 Euro drei Prozent, verdienen sie mehr, werden fünf Prozent berechnet.

Das Sozialversicherungssystem

Das irische Sozialversicherungssystem bietet im Wesentlichen einen Versicherungsschutz für ältere Menschen, für Krankheit, Behinderung und Arbeitslosigkeit. Das öffentliche Gesundheitswesen umfasst acht regionale Gesundheitsbehörden *(Health Boards)*, die dem Gesundheitsministerium unterstehen. Es wird Ihnen eine Steuer- und Sozialversicherungsnummer *(RSI)* zugewiesen, die für die lohnbezogenen Sozialversicherungsbeiträge *(PRSI)* sowie für steuerliche Zwecke verwendet wird.

Die Leistungen aus der Krankenversicherung richten sich nach der Höhe Ihres Einkommens. Der Kategorie I gehören diejenigen an, die über eine *Medical Card* verfügen (untere Einkommensklassen). Sie haben Anspruch auf kostenfreie Behandlung in staatlichen Krankenhäusern. Unter Kategorie II haben Sie Anspruch auf kostenfreie stationäre Behandlung in staatlichen Krankenhäusern (einschließlich der Facharztbehandlung), wobei Sie eine tägliche Gebühr entrichten müssen. Die Behandlung durch einen praktischen Arzt (*General Practitioner* oder *GP*) müssen Sie selbst bezahlen. Touristen und Arbeitssuchende werden in Notfällen kostenlos behandelt. Sozialversicherungsbeiträge werden zum Teil direkt von Ihrem Arbeitgeber einbehalten und an die zuständige Finanzbehörde abgeführt. Weitere Informationen finden Sie beim *Department of Social, Community and Family Affairs* (www. welfare.ie) oder beim *Department of Health and Children* (www. dohc.ie).

Die Lebenshaltungskosten

Im Vergleich zu Deutschland liegen die Lebenshaltungskosten in Irland um rund ein Fünftel höher. Besonders Mieten und Kfz-Steuern sind sehr teuer. Deshalb ist es in Irland, gerade in den Großstädten, üblich, dass sich mehrere Menschen ein gemeinsames Haus mieten. Das hat mit der in Deutschland bei jungen Leuten so beliebten WG wenig zu tun. Denn in Irland wird dieses Modell sogar auch von älteren und bereits etablierten Berufstätigen praktiziert. Es kann also durchaus sein, dass drei Familien unter einem Dach in einem großen Haus leben und sich die Miete teilen. Dazu sollte natürlich auch die persönliche Chemie stimmen.

Auch in Irland ist Preis nicht gleich Preis. Hier ein paar Beispiele für den Unterschied zwischen Stadt und Land:

Konsumgut	Preis in Dublin	Preis außerhalb Dublins
1 kg Schweinesteak	12,05 €	11,60 €
2,5 kg Kartoffeln	3,60 €	3,40 €
1 kg Bananen	1,25 €	1,40 €
1 l Vollmilch	0,80 €	0,90 €
1 kg Cheddar-Käse	9,75 €	9,90 €
800 g Weißbrot in Scheiben	1,10 €	1,15 €
500 g Spaghetti	0,85 €	1,05 €
1 Pint (568 ml) gezapftes Lager im Pub	4,30 €	3,85 €
20 Zigaretten	6,35 €	6,30 €
1 Kino-Eintrittskarte	8,60 €	7,20 €
1 l bleifreies Benzin	1,15 €	1,20 €

Löhne und Gehälter

Im Handel und in Dienstleistungs- sowie Hilfsberufen verdienen irische Arbeitnehmer mehr als Deutsche, in den anderen Berufen liegt das Gehalt meist unter dem deutschen Durchschnitt. Man verdient in allen Regionen ähnlich (abhängig von den vorhandenen Wirtschaftszweigen). Löhne und Gehälter werden oft pro Woche angegeben.

Der Mindeststundenlohn für erwachsene Arbeitnehmer mit Berufserfahrung beträgt 7,65 Euro. Nationale Lohnvereinbarungen über *Social Partnership Agreements* sind nicht bindend. Sonntagsarbeit muss finanziell oder durch Freizeit ausgeglichen werden. Weihnachts- und Urlaubsgeld sind nicht üblich. Private Renten- oder Krankenzusatzversicherungen sind häufig, ebenso andere Zusatzleistungen wie Firmenwagen, Mobiltelefone, bezuschusste Kantinenessen oder Fitnessstudio-Mitgliedschaften. Auch leistungsbezogene Erfolgsbeteiligungen sind üblich.

Durchschnittliche Verdienste von Beschäftigten in Irland:

Beruf	Brutto-Monatsentgelt
Geschäftsführer eines kleinen/ mittleren Unternehmens	7500–9170 €
Vertriebsleiter	3330–5000 €
Bauingenieur	2920–4170 €
Webseitenentwickler	2080–3330 €
Sekretär	1670–2500 €
Buchhalter	2080–2500 €
Kraftfahrer	1670–2500 €
Hilfskraft in der Gastronomie	1250–1370 €

Wenn die Kinder mitkommen

Öffentlich geförderte Betreuungsplätze gibt es in Irland kaum, private Betreuung kostet durchschnittlich 75 Euro pro Woche. Die meisten Vier- bis Fünfjährigen besuchen allerdings eine Vorschulklasse der Grundschulen. Kinder von 6 bis 16 Jahren sind schulpflichtig. Unter www.fit-for-europe.info finden Sie Informationen über das irische Schulsystem. Ein Großteil der Schulen wird von der katholischen Kirche betrieben und vom Staat gefördert. Im Juli und August sind Schulferien. In Dublin gibt es eine deutsche Schule mit Kindergarten. Mehr über deutschsprachige Schulen im Ausland erfahren Sie unter www.schulweb.de. Kindergeld *(Child Benefit)* wird für jedes Kind bis zum 16. Geburtstag gezahlt (bei Kindern in Vollzeitausbildung bis zum 18. Geburtstag). Es beträgt monatlich 150 Euro pro Kind (für das 3. und jedes weitere Kind 185 €). Für Kinder unter sechs Jahren bekommen Eltern außerdem pro Vierteljahr 250 Euro Unterstützung *(Early Childcare Supplement)*. Wenn Sie in Irland Kinder bekommen, können Sie die gleichen Leistungen in Anspruch nehmen wie die Iren. Die Mutter kann 26 Wochen Mutterschaftsurlaub nehmen und bekommt in dieser Zeit auf Antrag etwa 80 Prozent ihres Gehalts von der Sozialfürsorge. Bezugsgröße ist das Gehalt im vorletzten Steuerjahr, man bekommt jedoch mindestens 182,60 Euro und höchstens 265,60 Euro pro Woche. Voraussetzung ist, dass die Mutter vor dem Mutterschaftsurlaub mindestens 39 Wochen lang in die Sozialversicherung einbezahlt hat (Versicherungszeiten in anderen EU-Ländern können angerechnet werden). Nach dem Mutterschaftsurlaub können weitere 16 Wochen unbezahlter Urlaub genommen werden. Detaillierte Informationen für Eltern finden Sie auf den Websites des *Department of Education and Science* unter www.education.ie, beim *Department of Social and Family Affairs* unter www.welfare.ie und beim Informationssystem der Regierung unter www.citizensinformation.ie.

NIEDERLANDE

Was fällt Ihnen als Erstes ein, wenn Sie an Holland denken? Ein kleines Land an der Nordsee, flach wie ein Brett. Und dann gibt's da natürlich den weltberühmten Käse und den *Genever*, gebrannt aus Gerste, Roggen und Mais. Dazu kommen die legendären Coffee Shops, in denen man allein durchs Atemholen schon leicht high wird. Nicht zu vergessen: Tulpen, Narzissen und andere Schnittblumen, die im Frühling das ganze Land in ein buntes Bild verwandeln, als hätte Vincent van Gogh persönlich den Pinsel kreisen lassen. Mit ihren Schnittblumen decken die Niederlande übrigens 90 Prozent des Weltbedarfs.

Alle Autofahrer müssen sich klarmachen, dass sie mit ihrem Fortbewegungsmittel in den Niederlanden eindeutig eine Minderheit darstellen. Denn der Holländer fährt *Fiets* (Fahrrad). Und auf der Straße gilt eine eiserne Regel: Wer *Fiets* fährt, hat immer recht. Versuchen Sie also niemals, einem Polizisten zu erklären, dass ein Fahrradfahrer an der hässlichen Schramme in der vornehmen Metallic-Lackierung Ihres geliebten Autos schuld sei, obwohl Sie doch eindeutig Vorfahrt hatten. Man wird Ihnen geduldig zuhören, Ihnen einen Strafzettel von nicht unerheblicher Höhe ausstellen und Sie ebenso lässig wie bestimmt darauf hinweisen, dass man in Holland Fahrräder nicht zu übersehen hat.

Von dieser etwas seltsamen Auslegung der Straßenverkehrsordnung einmal abgesehen, sind die Holländer ein ausgesprochen liberales und freundliches Volk. Auch wenn beim Fußball gegen Deutschland der Spaß aufhört.

Sollten Sie übrigens planen, sich in den Niederlanden eine Existenz mit einem Gardinengeschäft aufzubauen, vergessen Sie's ganz schnell wieder. Ich prognostiziere die Pleite nach spätestens sechs Wochen. Der Holländer hat nämlich weder Vorhänge noch Stores oder sonstige Vorrichtungen, die geeignet wären, ihm den Blick nach draußen zu trüben. Das sollten Sie allerdings nicht als Aufforderung verstehen, sich bräsig vor dem Haus aufzubauen und gierig zu beobachten, wie viele Scheiben von dem alten Gouda sich Vater auf das labberige Weißbrot packt. Oder dabei zuzusehen, wie sich Mutter den frischen Matjes mit der Hand hinter die Kiemen schiebt.

Woher die Angewohnheit kommt, grundsätzlich vorhanglos zu leben? Die Niederländer lieben einfach das Licht und die Helligkeit. Voyeure allerdings können sie nicht leiden. Aber wer mag die schon?

Daten und Fakten

Fläche: 41 473 qkm
Einwohner: ca. 16,3 Mio.
Regierungssitz: Den Haag (ca. 475 000 Einwohner)
Regierungsform: Monarchie, Königin Beatrix
Bevölkerungsdichte: 393 Einwohner pro qkm
Geschäftssprachen: Niederländisch, Englisch, Deutsch
Währung: 1 Euro = 100 Cent

Die Einreise

EU-Bürger können mit einem gültigen Personalausweis oder Reisepass in die Niederlande einreisen. Als Tourist kann sich jeder EU-Bürger drei Monate lang ohne Aufenthaltserlaubnis in den Niederlanden aufhalten. Darüber hinaus können Sie sofort nach Ihrer Ankunft eine Beschäftigung aufnehmen. Bürger eines EU- beziehungsweise EWR-Mitgliedstaates benötigen keine Aufenthaltserlaubnis *(verblijfsvergunning)*, sind jedoch verpflichtet, sich innerhalb von acht Tagen bei der örtlichen Ausländerpolizei zu melden. Auch wenn sie nicht direkt benötigt wird, kann eine Aufenthaltsberechtigung bei bestimmten rechtlichen Aktivitäten nützlich sein. Manchmal fragen Arbeitgeber danach, bevor sie einen Vertrag mit einem Arbeitnehmer abschließen. Aber auch Banken, wenn Sie ein Bankkonto eröffnen, sowie andere offizielle Institutionen möchten die Aufenthaltsgenehmigung manchmal sehen. Sie können eine Aufenthaltserlaubnis bei der Einwanderungsbehörde des Rathauses *(Burgerzaken)* der Gemeinde beantragen, in der Sie wohnen.

Falls Sie Arbeit suchen und noch keinen Arbeitsvertrag haben, brauchen Sie nur Ihren Pass in der Geschäftsstelle der Ausländerpolizei vorzulegen. Bei der Arbeitssuche gelten für Sie die gleichen Rechte wie für Bürger der Niederlande. Sie haben drei Monate Zeit (gerechnet ab dem Zeitpunkt der Registrierung), um in den Niederlanden eine Arbeit zu finden.

Wenn die Kinder mitkommen

Egal, in welchem Mitgliedsstaat der EU Sie als Deutscher arbeiten und wohnen: Ihre Kinder haben dort das gleiche Recht auf Bildung und Betreuung wie die der einheimischen Bevölkerung.

Viele holländische Eltern geben ihre Kinder schon mit drei oder vier Monaten in eine Kindertagesstätte. Sie nehmen Kinder bis vier Jahren auf und sind in der Regel von 8 bis 18 Uhr geöffnet. Das Angebot an Plätzen ist von Region zu Region unterschiedlich – in den größeren Städten ist es meist besser als im Rest des Landes. Die Einrichtungen konkurrieren über ihren Preis und über ihre Qualität. Die Arbeitgeber beider Eltern sind per Gesetz dazu angehalten, jeweils ein Sechstel der Betreuungskosten zu übernehmen; bis zu einem weiteren Drittel schießt der Staat zu (der Zuschuss sinkt mit der Höhe des Familieneinkommens). Eltern bezahlen demnach zwischen 20 Cent und sieben Euro pro Stunde und Kind, durchschnittlich 5,24 Euro, auf dem Land eher weniger, in den großen Städten eher etwas mehr. Viele Eltern nutzen Betreuungseinrichtungen nur an ein oder zwei Tagen pro Woche, in der restlichen Zeit betreuen sie ihre Kinder selbst oder geben sie in die Obhut von Freunden und Verwandten. Das Ministerium für Arbeit und Soziales ist für Fragen zur Kinderbetreuung zuständig: www.home.szw.nl.

Kinder müssen ab dem ersten Schultag des Monats, der auf ihren fünften Geburtstag folgt, ganztags die Schule besuchen. Im Alter zwischen vier und zwölf Jahren besuchen die Kinder eine Grundschule. Die Schulzeiten werden von den Schulen festgelegt. Ein knappes Drittel aller Schüler bleibt während der Mittagspause in der Schule. Die Schulpflicht endet mit dem Schuljahr, in dem das 16. Lebensjahr vollendet wird. Ob beziehungsweise welche deutschsprachige Schule es vor Ort gibt, erfahren Sie unter www.schulweb.de. Informationen zum Schulsystem erhalten Sie vom Ministerium für Erziehung, Kultur und Wohlfahrt: www.minocw.nl. Dort ist die Broschüre *The Education System in the Netherlands* erhältlich. Kindergeld erhält jedes Kind bis zum 17. Lebensjahr. Die Höhe ist abhängig vom Alter und von der Anzahl der Kinder in einer Familie.

Die Kranken- und Sozialversicherung

Mit Beginn des Jahres 2006 ist in den Niederlanden die Trennung zwischen gesetzlicher und privater Krankenversicherung aufgehoben worden. Eine allgemeine Krankenversicherung regelt die Grundversorgung mit medizinischen Leistungen *(Basispaket)*. Daneben bleiben Zusatzversicherungen bestehen. Beim Abschluss der allgemeinen Volksversicherung kann ein Eigenanteil für die ersten 100 bis 500 Euro vereinbart werden. Im Gegenzug fällt die Prämie dann niedriger aus. Die Versicherten können zwischen zwei Formen der Krankenversicherung wählen. Die sogenannte *Naturapolis* entspricht im Wesentlichen den Leistungen der bisherigen gesetzlichen Krankenversicherung. Dabei kann der Versicherte die Ärzte nicht frei wählen. Die Abrechnungen erfolgen über die Versicherungen. Die *Restitutiepolis* entspricht mehr oder weniger den bisherigen privaten Krankenversicherungen. Man kann die Ärzte frei wählen, erhält aber auch direkt die ärztlichen Abrechnungen, die dann wiederum bei der Krankenversicherung eingereicht werden können.

Die Höhe der Prämie ist abhängig von der jeweiligen Krankenversicherung und der Art der Versicherung, die man wählt. Nach bisherigen Schätzungen wird die Prämie für die Grundversicherung ca. 1100 Euro pro Jahr betragen. Darüber hinaus ist jeder Versicherte verpflichtet, neben der Prämie einen einkommensabhängigen Beitrag an das niederländische Finanzamt zu zahlen. Dieser beträgt 6,5 Prozent des Lohnes bis zu einer Einkommensgrenze von ca. 30 000 Euro. Auch nicht in Beschäftigung stehende Ehegatten und Partner müssen die Grundprämie von ca. 1100 Euro bezahlen, allerdings entfällt der einkommensabhängige Beitrag. Kinder unter 18 sind prämienfrei zu versichern, soweit sie kein Einkommen haben. Ebenso entfällt für sie der einkommensabhängige Beitrag von 6,5 % Prozent. Jeder, der in den Niederlanden wohnt oder Einkommensteuer bezahlt, fällt unter diese Regelung.

Jeder, den in den Niederlanden steuer- und sozialversicherungspflichtig ist, erhält eine *Sofinummer (sociaal-fiscaal nummer)*. Migranten müssen sie beim Finanzamt *(Belastingdienst)* beantragen, wenn sie in den Niederlanden arbeiten möchten. Die *Sofinummer* wird im Führerschein und in der Aufenthaltsgenehmigung vermerkt. In Kürze wird die *Sofinummer* zu einer *Bürgerservicenummer (BSN)* umgewandelt. Sie wird dann nicht mehr vom Finanzamt vergeben, sondern vom Einwohnermeldeamt *(Basisadministratie persoonsgegevens – GBA)*. Die neue *Bürgerservicenummer* soll die elektronischen Dienstleistungen des Staates verbessern. Den Bürgern wird die Möglichkeit geboten, digital auf die öffentlichen Einrichtungen der Behörden zuzugreifen.

Lebenshaltungskosten und Gehälter

Die Gehälter entsprechen in etwa dem europäischen Durchschnitt, sie sind jedoch niedriger als in Deutschland. Nach einer Verdienststrukturerhebung nach Wirtschaftszweigen, die Eurostat 2005 veröffentlicht hat, beträgt der Jahresbruttoverdienst in den Niederlanden durchschnittlich 30 140 Euro. Am höchsten sind die Jahresgehälter im Kredit- und Versicherungsgewerbe (44 110 €) und am niedrigsten in der Gastronomie (23 660 €). Der gesetzliche Mindestlohn für Beschäftigte im Alter zwischen 23 und 64 Jahren beträgt 1265 Euro im Monat. Der Mindestlohn kann unterschritten werden in Betrieben oder Branchen, die wirtschaftlich gefährdet sind.

Die Lebenshaltungskosten in den Niederlanden waren früher relativ niedrig. Seit der Einführung des Euro sind die Preise jedoch stark gestiegen (www.justlanded.com). Die Niederlande sind kein preiswertes Land mehr. Die meisten dort lebenden Menschen wenden einen beträchtlichen Teil ihres Einkommens für Wohnkosten auf. Die gesamten Steuern und Sozialabgaben sind niedriger als in Deutschland. Deutsche, die mehr als 90 Prozent ihres Einkommens in den Niederlanden beziehen, zahlen ihre Steuern in den Niederlanden und können ebenso wie niederländische Bürger Steuerfreibeträge und Steuerabzüge geltend machen (www. berufsstart.de).

Die Arbeit

In den Niederlanden hat sich die Zahl der Arbeitslosen seit Sommer 2006 ununterbrochen verringert und erreichte im Februar 2007 mit einer Arbeitslosenquote von 3,5 Prozent den niedrigsten Stand. Die Beteiligung der erwerbstätigen Bevölkerung am Berufsleben ist zwar hoch (73,2 %), doch liegt dies auch zu einem gut Teil an der außergewöhnlich hohen Anzahl von Teilzeitkräften (44 %). Für europäische Verhältnisse ist die Jugendarbeitslosigkeit sehr niedrig (6,9 %) und auch der Anteil älterer Personen am Erwerbsleben ist recht hoch (56,9 %). Die Arbeitslosigkeit ist in allen Provinzen rückläufig. Dennoch bestehen weiterhin große regionale Unterschiede. Die Arbeitslosenquote ist in der Provinz Utrecht am niedrigsten und in Flevoland am höchsten.

Die Anzahl der neuen Stellen steigt seit drei Jahren kontinuierlich. Im vierten Quartal 2006 trugen zum Stellenzuwachs vor allem die Wirtschaftszweige öffentliche Verwaltung, Kultur, Gesundheit und Pflege bei. Das *Centrum voor Werk en Inkomen* (niederländische Arbeitsverwaltung) rechnet 2007 mit 162 000 neuen Arbeitsplätzen und in den darauffolgenden Jahren zwischen 2008 und 2011 mit einem durchschnittlichen Zuwachs von 130 000 Stellen. 2007 sind die meisten offenen Stellen in den Wirtschaftszweigen Unternehmensdienstleistungen (vornehmlich Informations- und Kommunikationstechnik sowie Beratung), Zeitarbeit, Pflege, Gesundheit und Einzelhandel zu finden (87 000).

Seit Mitte 2006 beklagen die Hersteller aus den Industriezweigen Metall, Elektrotechnik und Transportmittel einen massiven Arbeitskräftemangel. Die Auftragsbücher sind voll, aber sie können die Nachfrage nicht ausreichend decken, weil das Personal fehlt. Anfang 2007 gaben zehn Prozent der Herstellerbetriebe an, dass der Arbeitskräftemangel das Produktionswachstum hemmt. Ebenso sind in der boomenden Bauwirtschaft die Arbeitskräfte knapp. Es fehlt aber auch an Fachkräften, wie beispielsweise Bauingenieuren.

Gute Berufsperspektiven auf dem niederländischen Arbeitsmarkt haben Verwaltungsfachkräfte, Berater, medizinische und Pflegefachkräfte, Produktions- und Wartungspersonal sowie Baufachkräfte und Handwerker. Die Nachfrage nach diesen Berufsgruppen wird wohl auch in Zukunft kontinuierlich zunehmen.

SCHWEDEN

Wissen Sie, wie Sie in Schweden reich werden können? Ich meine so richtig reich. Es ist eigentlich ganz einfach. Entweder Sie heiraten in die Königsfamilie ein. Silvia Sommerlath aus Heidelberg hat es – lang ist's her – vorgemacht und nennt sich seitdem Königin Silvia von Schweden. Zugegeben, ist nicht so einfach und eher ein Einzelschicksal. Oder aber Sie ziehen aufs Land, möglichst einsam, und bebauen ein Feld mit Kartoffeln. Daraus aber bitte keine Pommes machen, denn Sie wollen ja schließlich reich werden. In die Scheune Ihres Hauses stellen Sie sich dann diskret ein Gerät, das landläufig als Destille bezeichnet wird. Dann ernten Sie die Kartoffeln, brennen heimlich Schnaps und verkaufen den ebenso heimlich an Bedürftige. Denn Hochprozentiges offiziell erstanden, geht in Schweden richtig ins Geld. Davon könnten Sie theoretisch reich werden, aber ich meinte ja so richtig reich.

Wenn Sie das wollen, müssen Sie es schon so machen, wie der alte Schwede Ingvar Kamprad (82). Der hat nämlich mit sieben Jahren begonnen, in seinem Heimatdorf Streichhölzer zu verkaufen. Einzeln natürlich. Die Reibefläche, um die Hölzchen zum Brennen zu bringen, kostete extra. Mit dieser und anderen kleinen Handelstätigkeiten hat sich der Bursche bis zu seinem 17. Lebensjahr ein ordentliches Startkapital auf die Seite gepackt. Beim Holz ist er danach auch geblieben. Nur nahm er statt Streichhölzern jetzt Bretter. Aus den Brettern wurden Regale, aus denen später Schränke und vieles andere, was man in leere Räume stellen kann. Und getauft hat der die Dinger auch noch. Er nannte sie Ole, Stan, Knud, Pax, Billy usw. Das war 1943. Heute gibt es Billy und Konsorten auf der ganzen Welt, Ingvar Kamprad hat geschätzte 22 Milliarden Euro auf der Kante (da hat sich das Finanzamt bereits üppig bedient), und zum Verleger des drittauflagenstärksten Druckwerks der Welt ist er auch aufgestiegen. Sein Bilderbuch, in dem man die Bretter und all die anderen feinen Sachen sehen kann, hat eine Auflage von 175 Millionen Stück. Das können nur das Buch des Herrn und Harry Potter besser. Sie sehen also, in Schweden so richtig reich werden – kein Problem …

Daten und Fakten

Fläche: 450 295 qkm
Einwohner: ca. 9,1 Mio.
Hauptstadt: Stockholm (ca. 1,7 Mio. Einwohner)
Regierungsform: Konstitutionelle Monarchie
Bevölkerungsdichte: 20 Einwohner pro qkm
Geschäftssprachen: Schwedisch, Englisch, Deutsch
Währung: Schwedische Krone (skr); 1 skr = 100 Öre
Wechselkurs: 1 Euro = 9,2372 skr

Die Einwanderung

Seit Mai 2006 ist keine Aufenthaltsgenehmigung *(uppehållstill-stånd)* für EU-Bürger mehr notwendig, wenn sie länger als drei Monate im Land bleiben möchten; davor war sie eher Formsache. Stattdessen haben Sie ein fast automatisches Aufenthaltsrecht *(uppehållsrätt),* und zwar grob gesagt unter der Bedingung, dass Sie dem Staat nicht zur Last fallen. Um dies zu prüfen und um Ihr Aufenthaltsrecht bestätigt zu bekommen, ist innerhalb der ersten drei Monate eine Registrierung beim Einwanderungsamt *(migrationsverket)* notwendig.

Damit das Aufenthaltsrecht gewährt wird, müssen Sie bei Ihrer Registrierung beim *migrationsverket* einen der folgenden Fälle geltend machen und durch geeignete Dokumente nachweisen (z. B. durch einen Arbeitsvertrag mit Angabe der Arbeitszeiten und Kontaktperson):
• Sie sind Arbeitnehmer, also bei einem Unternehmen in Schweden angestellt.

- Sie haben ein eigenes Unternehmen oder Gewerbe in Schweden gegründet/angemeldet, sind also Selbständiger. Möglicherweise müssen Sie nachweisen, dass Ihr Geschäftsmodell Sie ausreichend versorgen kann.
- Sie sind Berater, Dienstleister, Freiberufler. Sie sollten einige Verträge mit Unterschrift Ihrer Kunden haben, damit Sie nachweisen können, welche Dienste Sie anbieten und dass Sie sich damit über Wasser halten können.

Die Aufenthaltserlaubnis wird in der Regel für fünf Jahre erteilt, richtet sich aber unter anderem auch nach der Dauer Ihres Beschäftigungsverhältnisses. Sie können immer eine Verlängerung beantragen, sofern Sie kein Student sind und nicht länger als zwölf Monate unfreiwillig arbeitslos waren.

Die Arbeit

Die Prognosen für die wirtschaftliche Entwicklung sind gut. Das Wirtschaftswachstum liegt gut ein Prozent über dem EU-Durchschnitt (2,13 %). Auch das Investitionsklima, insbesondere im Baubereich, ist dank der niedrigen Zinssätze günstig. Wachstumsmotor ist der private Verbrauch, der hoch bleiben wird, weil die meisten Menschen Arbeit haben. Die Regierung hat 2006 einen Zweijahresplan zur Belebung des Arbeitsmarktes auf den Weg gebracht. Der Plan sieht vor, 55 000 neue Jobs zu schaffen.

Als EU-Bürger stehen Ihre Chancen in diesem skandinavischen Land nicht schlecht. Bei nur rund neun Millionen Einwohnern – etwa zehn Prozent davon sind Zuwanderer – herrscht in Schweden in einigen Branchen ein akuter Fachkräftemangel. Deutsche Arbeitnehmer werden wegen ihres Pflichtbewusstseins, das auch der schwedischen Mentalität entspricht, besonders geschätzt. Die besten Beschäftigungschancen haben nach wie vor Ärzte und Pflegepersonal sowie Facharbeiter aus der Automobilbranche und der

Holzindustrie. Außerdem werden derzeit dringend gesucht: Zahnärzte, Fachärzte, Krankenschwestern/Krankenpfleger (Notaufnahme, OP), Hebammen, Klempner, Maurer, Betonarbeiter, Dachdecker, Fliesen-, Laminat- und Parkettleger, Installationselektriker, Maler und Lackierer, Schweißer, Feinblech- und Kfz-Mechaniker, Lehrer, Wachpersonal, Köche, Bäcker und Konditoren.

Zwei Drittel der Beschäftigten sind in der Privatwirtschaft tätig, ein Drittel in der öffentlichen Verwaltung. Jeder vierte Beschäftigte arbeitet weniger als 35 Stunden in der Woche. Da immer mehr Frauen erwerbstätig sind, gibt es auch immer mehr Teilzeitstellen, vor allem im öffentlichen Sektor. Im April 2006 war ein Anstieg an Stellenangeboten zu beobachten, der jedoch etwas geringer ausfiel als in den Monaten davor. In den zwölf Monaten davor stieg die Zahl der Stellen insbesondere im Transport- und Baugewerbe sowie in der verarbeitenden Industrie. Der Anstieg an Stellenangeboten war am höchsten für zeitlich befristete Verträge (3–6 Monate). Die Zahl der Ferienjobs ist ebenso gestiegen: auf insgesamt 57 000 Stellen gegenüber 48 000 im Jahr 2005.

Die Sprache

Die Sprachbarriere stellt für die meisten Ausreisewilligen kein unüberwindbares Problem dar. Die schwedische Sprache ist für deutsche Muttersprachler nicht allzu schwer zu erlernen. Alle Einwanderer erhalten die Möglichkeit, kostenfreie Sprachkurse zu besuchen, damit sie sich möglichst problemlos integrieren können.

Wer Englisch spricht, bringt darüber hinaus gute Voraussetzungen mit, um die schwierige Anfangsphase in dem fremden Land zu überstehen, weil die sprachbegabten Schweden fast alle Englisch können. Da Deutschland zu den wichtigsten Handelspartnern der Schweden gehört, findet man in vielen mittelständischen und größeren Unternehmen Mitarbeiter, die die deutsche Sprache beherrschen.

Die Versicherungspflicht

Mit Aufnahme einer Beschäftigung sind Sie versicherungspflichtig. Die Versicherungspflicht besteht ab dem 16. Lebensjahr sowohl für Arbeitnehmer als auch für Selbständige. Sie melden sich bei der örtlichen Versicherungskasse an. Die Sozialversicherung in Schweden wird durch Steuern und Sozialabgaben finanziert, den größten Teil bezahlen dabei die Arbeitgeber. Mit Ihren Beiträgen erwerben Sie unter anderem Ansprüche auf Krankenversicherung und Rente.

Die Krankenversicherung

Alle Einwohner (auch Ausländer) in Schweden haben Anspruch auf medizinische Versorgung und Krankenpflege, die mit direkten Einkommensteuern finanziert wird. Für Gesundheitswesen und Krankenversorgung sind die Provinziallandtage zuständig. Bei einem Arztbesuch muss eine Gebühr von umgerechnet acht (bei geplantem Besuch) bis 33 (bei Akutfällen) Euro bezahlt werden, und die Medikamente müssen bis zu einem Höchstbetrag von ca. 100 Euro pro Jahr selbst bezahlt werden.

Zahnarztkosten werden nicht von einer Krankenversicherung abgedeckt. Die Zahnarztkosten müssen zu einem großen Teil von den Patienten ab dem 20. Lebensjahr selbst bezahlt werden. Manche Rentner, Studenten und andere Gruppen mit beschränkten finanziellen Mitteln verzichten daher auf den Zahnarzt, ihnen wird jedoch im Notfall gratis geholfen.

Alle Erwerbstätigen haben im Rahmen der Krankenversicherung Anspruch auf Krankengeld als Ersatz für den Verdienstausfall, das 80 Prozent des Gehalts bis zu einer jährlich festgelegten Obergrenze von etwa 3000 Euro beträgt.

Die Steuern

Die Besteuerung von Einkommen aus abhängiger Beschäftigung
erfolgt über die Kommunalsteuer in Höhe von 26 bis 35 Prozent
(je nach Gemeinde), über eine staatliche Einkommensteuer in
Höhe von 20 Prozent bei Einkünften aus einer Erwerbstätigkeit,
die zwischen 252 000 und 390 400 Kronen betragen, sowie 25
Prozent für darüberliegende Einkünfte. Typische Einkommen dieser Steuerklasse sind Löhne, Gehälter und Renten sowie alle Arten von Vergünstigungen, wie zum Beispiel Verpflegung, Reisen
und kostenlose Nutzung von Dienstwagen sowie Erstattung von
Kosten, Tagegelder, Aufwandsentschädigung bei Reisen usw.

Diese Steuerklasse – Einkommen aus abhängiger Beschäftigung – lässt nur begrenzte Abzugsmöglichkeiten zu. Grundsätzlich werden Abzüge für solche Ausgaben gewährt, die für die Erwerbstätigkeit notwendig sind. Allerdings muss ein sehr enger Zusammenhang zwischen den Ausgaben und Einkünften bestehen.
Die bewilligten Abzüge beziehen sich hauptsächlich auf Fahrten
von und zur Arbeitsstätte, Dienstfahrten mit dem eigenen Fahrzeug, höhere Lebenshaltungskosten bei Dienstreisen.

Die Bestimmungen über die Besteuerung von selbständiger Tätigkeit gelten grundsätzlich für Aktiengesellschaften, Gewerbetreibende und selbständig Tätige gleichermaßen. Im Großen und
Ganzen sind sämtliche Einkünfte aus einer selbständigen Tätigkeit zu versteuern. Für Gewerbetreibende und natürliche Personen
sehen die Steuersätze genauso aus wie bei der Einkommensart für
abhängige Beschäftigung. Das zu versteuernde Einkommen wird
gemäß den Grundsätzen ordnungsgemäßer Buchführung berechnet und ist deshalb stark gebunden, sein Anteil beträgt mindestens
0,27 Prozent der Bemessungsgrundlage. Die Bemessungsgrundlage für das Jahr 2007 betrug 36 900 Schwedische Kronen, der
Mindestgrundfreibetrag macht folglich 10 000 Kronen aus. Auf
veranlagte Einkommen in der Spanne von 68 700 bis 206 900
Kronen wird ein erhöhter Grundfreibetrag gewährt, der bei einem

Einkommen von 106 400 bis 112 800 Kronen schrittweise bis auf höchstens 19 500 Kronen ansteigt.

Wenn die Kinder mitkommen

In den meisten schwedischen Familien arbeiten beide Eltern. Kinder bis zu zehn Jahren finden in fast allen Gemeinden ohne lange Wartezeit einen Ganztagsbetreuungsplatz. Über 80 Prozent der Ein- bis Fünfjährigen besuchen Kindertagesstätten, Kindergärten oder von Eltern organisierte Gruppen. Die Gebühren hängen vom Einkommen der Eltern ab. Der kommunale Höchstsatz für ganztagsbetreute Kindergartenkinder liegt bei 135 Euro im Monat. Die Nachmittagsbetreuung des zuerst eingeschulten Kindes kostet höchstens 90 Euro im Monat, jüngere Geschwister zahlen weniger. Vorschul- und Schulunterricht sind kostenlos. Übrigens: Auch die Arbeitgeber haben im Allgemeinen Verständnis, wenn Eltern kurzfristig Zeit für ihre Kinder brauchen. Bis die Kinder acht Jahre alt sind, haben Eltern ein Anrecht auf Teilzeitbeschäftigung.

Die meisten Sechsjährigen besuchen die freiwillige Vorschule. Von den Schulkindern nutzen rund drei Viertel die Freizeitbetreuung am Nachmittag. Die Öffnungszeiten richten sich nach den Arbeitszeiten der Eltern, auch in den Schulferien gibt es Betreuungsangebote.

Kinder von 7 bis 16 Jahren sind unterrichtspflichtig. Der Schultag ist je nach Gemeinde unterschiedlich lang – bis zu sechs Stunden für jüngere, acht Stunden für ältere Schulkinder. Von Anfang Juni bis Ende August sind Schulferien. Unter www.fit-for-europe. info finden Sie weitere Informationen über das Schulsystem. In Stockholm gibt es eine deutsche Schule mit Kindergarten, Vorschule und Kindertagesstätte. Mehr über deutschsprachige Schulen im Ausland erfahren Sie unter www.schulweb.de.

Kindergeld wird für Kinder bis 16 Jahren oder bis zum Schulende gewährt. Es beträgt bei einem Kind 113 Euro, bei zwei Kindern rund 236 Euro und bei drei Kindern 387 Euro im Monat. Eltern haben ein Recht auf 480 Tage Elternzeit, die sie untereinander aufteilen können. Jeder muss mindestens 60 Tage in Anspruch nehmen, sonst verfallen diese; wenn also nur die Mutter Elternzeit nimmt, sinkt die Elternzeit auf 420 Tage. Die Mutter kann frühestens 60 Tage vor dem Geburtstermin damit beginnen, weitere Mutterschutzzeiten gibt es nicht. Der Vater kann nach der Geburt zusätzlich zehn Tage bezahlten Urlaub nehmen.

Während der Elternzeit gibt es ein Elterngeld in Höhe von 80 Prozent des Bruttoeinkommens (bis zu einer Höchstgrenze). An den letzten 90 Tagen werden nur noch 6,45 Euro pro Tag ausbezahlt. Die Elterntage kann man bis zum achten Lebensjahr des Kindes nutzen, zum Beispiel auch, um Teilzeit zu arbeiten.

FINNLAND

Was weiß man schon über Finnland? Dass es viel und lange dunkel ist, dass es jede Menge Seen gibt und dass so prominente Menschen wie der geniale Regisseur Aki Kaurismäki *(Der Mann ohne Vergangenheit)*, der begnadete Langstreckenläufer Paavo Nurmi (neun Goldmedaillen zwischen 1920 und 1928) und Mika Häkkinen (bretterte in der Formel 1 jahrelang über die Parcours dieser Welt als ernsthafter Konkurrent von unserem Michi S.) ihre Wurzeln in diesem Land haben. Das führt natürlich automatisch zu den Vorurteilen, dass die Finnen ein Volk von manisch Depressiven (wegen Dunkelheit) sind, trotz der Kälte ständig baden (Seen), jeder zweite ein verkappter Filmemacher ist (Kaurismäki) und sie sich nicht im normalen Schritttempo fortbewegen, sondern entweder rennen (Nurmi) oder in ihren Autos fahren wie die Geistesgestörten (Häkkinen). Ob das alles so stimmt? Immerhin, ein paar Indizien gibt es. Finnland ist zwar fast so groß wie Deutschland, doch leben dort nur rund fünf Millionen Menschen. Ist also nicht gerade der Bär los da oben. Zehn Prozent der Fläche sind von Wasser bedeckt: 55 000 Seen, von denen die meisten auch noch ziemlich schön sind. Außerdem ist Finnland 1200 Kilometer lang und 500 Kilometer breit. Da muss man manchmal ganz schön auf den Pinsel treten, wenn man zum Abendessen rechtzeitig ankommen will. Und noch ein gängiges Vorurteil: Der Finne trinkt alles, was ihm zwischen die Finger kommt, weil Alkohol bei ihnen von Staats wegen verpönt ist. Doch Vorurteile sind dazu da, mit ihnen aufzuräumen. Okay, den finnischen Durst lassen wir hier mal weg. Die Bevölkerung in Finnland zeichnet sich auch in der Tat nicht durch überschwengliches »Karneval in Rio«-Temperament aus. Alles, was der Finne tut, tut er mit Bedacht und vor allem mit Beharrlichkeit – mit *Sisu* eben. Viele Übersetzungen gibt es für dieses Wort – Kraft, Ausdauer, Stärke und eben Beharrlichkeit. *Sisu* muss sein, alles andere ist Frevel. So schwer es bereits ist, eine annähernd adäquate Übersetzung zu finden – *Sisu* zu erklären, und vor allem zu verstehen, ist für Nichtfinnen nahezu unmöglich. *Sisu* ist ein einmaliges finnisches Konzept, eine Grundüberzeugung, eine Lebenseinstellung. Finnen selbst definieren es als magische Qualität und belegen es mit Aussagen wie: »Ich werde vielleicht verlieren, aber ich werde mein Leben geben für etwas, an das ich glaube!« Und wenn Sie einen Finnen zum Freund gewinnen und ihn eines Tages dringend brauchen, dann werden Sie verstehen, was *Sisu* wirklich bedeutet.

Daten und Fakten

Fläche: 338 145 qkm
Einwohner: ca. 5,3 Mio.
Hauptstadt: Helsinki (ca. 563 000 Einwohner)
Staatsform: Parlamentarische Republik
Bevölkerungsdichte: 16 Einwohner pro qkm
Geschäftssprachen: Finnisch, Schwedisch, Deutsch, Englisch
Währung: 1 Euro = 100 Eurocent

Die Einreise

EU-Bürger können mit einem gültigen Personalausweis oder Reisepass nach Finnland einreisen. EU-Bürger und Bürger der Schweiz können frei einreisen und drei Monate lang ohne Aufenthaltsgenehmigung im Land leben und arbeiten. Dauert das Arbeitsverhältnis länger, müssen Sie eine Aufenthaltsgenehmigung beantragen, eine Arbeitserlaubnis ist allerdings nicht erforderlich. In diesem Fall müssen Sie dem örtlichen Einwohnermeldeamt Ihren ständigen Wohnsitz mitteilen und nachweisen, dass Sie ein Arbeitsverhältnis haben.

Die Steuern

Die Einkommensteuer setzt sich aus mehreren Teilen zusammen: Die Gemeindesteuer liegt zwischen 15 und 20 Prozent, unabhängig vom Einkommen – jede Gemeinde legt ihren Steuersatz selbst fest. Die staatliche Einkommensteuer steigt, je mehr Sie verdienen. Jahreseinkommen bis 12 200 Euro sind steuerfrei. Danach liegt der niedrigste Steuersatz bei neun Prozent, der höchste bei 32,5 Prozent. Für die Rente gehen noch einmal 4,6 Prozent des Einkommens ab. Von Ihrem Einkommen können in Finnland also über 50 Prozent Steuern abgezogen werden. Eine günstigere Regel gilt für ausländische Hochschullehrer und Forscher sowie für Fachkräfte mit einem Monatseinkommen ab 5800 Euro: Sie müssen höchstens 35 Prozent Einkommensteuer zahlen. Weitere Informationen – auch auf Englisch – finden Sie bei der finnischen Steuerbehörde *(Verohallinto)*: www.vero.fi.

Wie einfach in Finnland die Steuererklärung funktioniert, weiß Joachim Schlabach, Lektor für Deutsch an der Wirtschaftsuniversität von Turku. Er lebt seit 1992 in Finnland: »Ich habe seit Jahren keine komplizierte Steuererklärung mehr ausgefüllt. Vom Finanzamt bekomme ich ein einigermaßen überschaubares Formular, DIN A3 doppelt bedruckt, mit einem Steuervorschlag für das abgelaufene Jahr. Den kann ich korrigieren, ich muss es aber nicht. Selbst Bankzinsen stehen da schon drin. Für Werbungskosten gibt es eine Pauschale; wenn ich mehr absetzen will, muss ich es einfach sagen. Seit kurzem muss ich dazu noch nicht einmal Quittungen einreichen; ich muss sie nur ein paar Jahre aufbewahren, falls das Finanzamt noch Fragen hat.«

Die Lebenshaltungskosten

Je nach Wohnort und Verbrauchsgewohnheiten kann es sein, dass die Lebenshaltungskosten um bis zu einem Fünftel höher liegen als in Deutschland. Vor allem Getränke (besonders Alkohol), Preise in Restaurants und Hotels, aber auch Mieten sind deutlich höher als in der alten Heimat.

Durchschnittliche Preise:

Konsumgut	Preis
1 l Milch	0,70 €
1 kg Käse	10,60 €
1 kg Eier	2,30 €
1 kg Kartoffeln	0,65 €
1 kg Apfelsinen	1,45 €
1 kg Toastbrot	3,60 €
1 kg Hackfleisch	7,45 €
1 Pfund Kaffee	2,50 €
1 l Benzin	1,20 €
Mietwohnung, pro qm	8,30 €

Löhne und Gehälter

Im Vergleich zu den Preisen sind die Einkommen in Finnland eher niedrig, vor allem nach Abzug der Steuern. Allerdings ist die Krankenversicherung darin schon inbegriffen. Sehen Sie also genau hin, wenn Sie Ihr deutsches Einkommen mit einem möglichen Verdienst in Finnland vergleichen möchten.

Die Gewerkschaften haben mit den meisten Arbeitgebern Mindestlöhne ausgehandelt, die für die gesamte Branche gelten. Viele Arbeitnehmer erhalten außer ihrem Grundgehalt noch eine Prämie, wenn das Unternehmen erfolgreich gewirtschaftet hat. Auch Urlaubsgeld ist üblich. Alle Überstunden müssen laut Gesetz bezahlt oder mit Freizeit abgegolten werden.

In der wirtschaftlich starken Region rund um Helsinki verdient man am meisten, die übrigen Landesteile unterscheiden sich in dieser Hinsicht nicht sehr voneinander.

Durchschnittliche Verdienste von Arbeitnehmern:

Beruf	Brutto-Monatsentgelt
Arzt	4800 €
Bürokraft	2000 €
Busfahrer	2200 €
Elektromonteur	2500 €
Grundschullehrer	2500 €
Koch	1700 €
Krankenpfleger	2200 €
Maurer	2500 €
Sozialarbeiter	2100 €
Verkäufer	1650 €

Und hier die Jobs mit Zukunft

In den nächsten Jahren gehen in Finnland die geburtenstarken Jahrgänge in Rente. Das finnische Ministerium für Arbeit schätzt, dass dann in vielen Wirtschaftszweigen Arbeitskräfte fehlen werden. Besonders groß wird der Bedarf vermutlich für den Industrie-, Bau- und Dienstleistungssektor (Gastronomie, Pflege, Tourismus). Außerdem wird das Land neue Unternehmer brauchen.

In Finnland werden viele Ärzte, Pflegekräfte und Pharmazeuten gesucht, außerdem Sozialarbeiter — in all diesen Berufen sind gute Finnischkenntnisse sehr wichtig. Außerdem braucht Finnland Facharbeiter am Bau, im Metallbereich, an der Küste auch im Schiffsbau. Erfahrene Busfahrer, Land- und Baumaschinenfahrer haben auch Chancen. Wer nur für ein paar Wochen Arbeit sucht, kann im Sommer in der Landwirtschaft aushelfen. Hilfskräfte für Reinigung oder Gastronomie werden vor allem in Helsinki gesucht, im Winter auch in Lappland.

Heute schon gibt es auf dem finnischen Arbeitsmarkt einen Mangel an Fachkräften. Die Ursache hierfür sind die veränderten

Anforderungen potenzieller Arbeitgeber. Das Angebot an Arbeitskräften kann vielfach das Problem des Fachkräftemangels nicht lösen, weil die Bewerber nicht die richtige Qualifikation, Berufserfahrung oder persönliche Eignung mitbringen. Gesucht werden Fachkräfte in den Sektoren Industrie (Elektronik, IT, Metallverarbeitung), Gesundheitswesen (Pflegeberufe, Zahnärzte, Apotheker), Handel (Verkäufer), Transport- und Immobilienwirtschaft. Auch in der Landwirtschaft sind kompetente Arbeitskräfte gefragt, ebenso Saisonarbeiter.

Die Krankenversicherung

Die Sozialversicherung umfasst Leistungen in den Bereichen Alter, Behinderung, Mutterschaft, Krankheit, Gesundheitsvorsorge und Arbeitslosigkeit. Jede Person mit ständigem Wohnsitz in Finnland ist in der staatlichen Krankenversicherung versichert *(Kansaneläkelaitos – KELA)*. Die Krankenversicherungskarte beantragen Sie beim örtlichen Büro des Sozialversicherungsträgers.

Die staatliche Krankenversicherung deckt Leistungen der Gesundheitszentren *(Terveysasemat)* und der öffentlichen Krankenhäuser ab. Gesundheitszentren berechnen einen Kostenbeitrag für die ersten drei Termine innerhalb eines Kalenderjahres. Kosten für Arzneimittel, Privatkliniken und Privatärzte werden nur teilweise übernommen. Kosten für Zahnbehandlungen werden nur für Personen, die nach 1955 geboren sind, erstattet. In Finnland gibt es spezielle Mutter-Kind-Zentren, die kostenlos informieren und betreuen.

Die Beiträge für die Krankenversicherung ziehen die Arbeitgeber von Ihrem Gehalt ab. Touristen und Arbeitssuchende werden in Notfällen kostenlos behandelt.

Nähere Informationen erhalten Sie bei den lokalen Sozialversicherungsanstalten unter www.kela.fi oder bei der Zentralanstalt für Rentenschutz:

Eläketurvakeskus (ETK)
Opastinsilta 7
SF-00520 Helsinki
Telefon: +3 58-9-15 11
Fax: +3 58-9-1 48 11 72

Wenn die Kinder mitkommen

Schon für Kinder im ersten Lebensjahr haben Eltern ein Recht auf einen Betreuungsplatz. Sie können zwischen einem Platz in einer Kindertagesstätte oder einer Betreuung durch eine Tagesmutter oder einen Tagesvater wählen. Die meisten Kinder gehen in Kindertagesstätten der Gemeinden. Diese Einrichtungen sind mindestens zehn Stunden am Tag geöffnet; die Kinder bekommen bei Bedarf Frühstück und ein warmes Mittagessen. Tagesmütter betreuen höchstens vier Kinder gleichzeitig.

Die Gebühren hängen vom Einkommen der Eltern ab. Für die Betreuungskosten kann man einen Zuschuss von der Sozialversicherungsanstalt *(KELA)* bekommen – übrigens auch, wenn ein Elternteil das Kind zu Hause betreut. Die meisten Sechsjährigen besuchen die kostenlose, freiwillige Vorschule. Von sieben bis 16 Jahren sind Kinder unterrichtspflichtig. Der Schultag dauert meistens von acht bis 16 Uhr, für ältere Schüler auch länger. Mittags gibt es ein kostenloses Essen. Mehr über das finnische Schulsystem erfahren Sie unter www.fit-for-europe.info.

Die Deutsche Marion Magin, die seit Jahren in der kleinen Stadt Jyväskylä lebt, ist voll des Lobes für das soziale Netz, das die Finnen gerade Kindern angedeihen lassen:

»Für die Vollbetreuung meines Sohnes im Kindergarten habe ich nur 45 Euro im Monat bezahlt, da ich damals noch einen Integrationskurs machte und nur Arbeitslosengeld als Einkommen hatte. In der Vorschule war der Unterricht kostenlos, die freiwillige Nachmittagsbetreuung kostete noch 35 Euro im Monat. Die

Schule ist jetzt komplett kostenlos, selbst Stifte und Hefte werden gestellt. Die Klasse hat 18 Schüler, und jeder wird einzeln gefördert – bei Bedarf organisiert die Schule selbst Nachhilfeunterricht.«

Eltern haben ein Recht auf 263 Tage Elternzeit. Zunächst kann die Mutter 105 Tage Mutterschaftsurlaub nehmen, der frühestens zehn Wochen vor dem Geburtstermin beginnt. Der Vater bekommt in dieser Zeit 18 Tage Urlaub mit Vaterschaftsgeld. Nach dem Mutterschaftsurlaub können beide die restliche Elternzeit untereinander aufteilen. Die Sozialversicherungsanstalt *(KELA)* zahlt in dieser Zeit ein Elterngeld von mindestens 15 Euro am Tag, abhängig vom früheren Gehalt. Je nach Tarifvertrag zahlen manche Arbeitgeber eine Zeit lang das volle Gehalt weiter. Eltern von kleinen Kindern haben ein Anrecht auf Teilzeitbeschäftigung. Informationen erhalten Sie kostenlos bei speziellen Mutter-Kind-Zentren.

Für Kinder bis 17 Jahren gibt es außerdem Kindergeld. Es beträgt 100 Euro im Monat für das erste Kind, 110,50 Euro für das zweite und 130 Euro für das dritte Kind.

ÖSTERREICH

Die kleine Alpenrepublik, die an den Süden Deutschlands grenzt, sei kein Einwanderungsland, wird immer wieder behauptet. Oder auch solche dämlichen Sätze fallen gerne mal: »Was, du willst nach Österreich auswandern, dann kannst du auch gleich hierbleiben.« Kurt Tucholsky hat einmal gesagt: »Wer klug ist, kann sich dumm stellen, umgekehrt ist das schon schwieriger.« Und recht hat der gute Mann, denn unser Nachbarland ist auf der Liste der beliebtesten Einwanderungsländer der Deutschen unter den Top Ten. Und das sicherlich nicht nur, weil die Sprachbarriere wegfällt – na ja, ned ganz, herst. Ganz im Gegensatz zur landläufigen Meinung haben die Ösis uns Piefkes nämlich richtig lieb und machen uns das Leben relativ leicht, wenn wir uns bei ihnen niederlassen wollen.

Schon aus Tradition. Denn: Zuwanderung hat es in Österreich immer schon gegeben. Haben Sie schon einmal im Wiener Telefonbuch geblättert? Vranitzky, Busek, Löschnak, Cap, Krejci, Lichal, Muliar und Marizzi: Woher kamen wohl ihre Vorfahren? Seit dem Zweiten Weltkrieg kamen über zwei Millionen Migranten nach Österreich. Über 650 000 von ihnen haben sich in Österreich niedergelassen, haben die österreichische Staatsbürgerschaft angenommen und sind integriert.

Dagegen leben zurzeit ca. 370 000 Österreicher im Ausland. Es sind in der Mehrzahl jene, die während der letzten 30 Jahre ins Ausland gegangen sind und nicht die Staatsbürgerschaft ihres Gastlandes angenommen haben. Eigentlich könnte man sie als Wirtschaftsflüchtlinge bezeichnen. Die Bevölkerungsstatistik zeigt, dass Österreich Zuwanderer braucht: Menschen die dort arbeiten und Steuern bezahlen, damit auch in Zukunft Pensionen und Sozialleistungen finanziert werden können. Zuwanderer sind ein Gewinn für die Zukunft. So sehen es die Österreicher erfreulicherweise. Und darum gibt es auch Gesetze, die die Einwanderung regeln, den Immigranten Rechte geben und Hilfe bei der Integration vorsehen.

Daten und Fakten

Fläche: 83 871 qkm
Einwohner: ca. 8,3 Mio.
Hauptstadt: Wien (ca. 1,67 Mio. Einwohner)
Regierungsform: Parlamentarische Demokratie
Bevölkerungsdichte: 99 Einwohner pro qkm
Währung: 1 Euro = 100 Cent

Österreich ist in neun Bundesländer aufgeteilt. Die Beziehungen zwischen Österreich und Deutschland sind vielfältig. Nicht zuletzt wird in beiden Ländern dieselbe Sprache gesprochen. Knapp 87 000 Deutsche sind mit ihrem ersten Wohnsitz in Österreich gemeldet. Etwa 190 000 Österreicher leben in Deutschland. Deutschland ist Hauptabnehmer der österreichischen Exporte. Der wichtigste Wirtschaftssektor in Österreich ist eindeutig der Tourismus. Jedes Jahr besuchen etwa zehn Millionen deutsche Touristen das Land.

Einreise und Aufenthalt

EU-Bürger können mit einem gültigen Personalausweis oder Reisepass nach Österreich einreisen. Als Tourist kann sich jeder EU-Bürger drei Monate lang in Österreich aufhalten, ohne eine Aufenthaltsgenehmigung zu benötigen. Als Bürger des EWR genießen Sie in Österreich Niederlassungsfreiheit (auf Dauer gerichteter Aufenthalt). Eine Unterscheidung nach der Aufenthaltsdauer wird dabei nicht getroffen. Wer langfristig nach Österreich zieht, ist jedoch verpflichtet, sich innerhalb von drei Tagen nach Bezug der Unterkunft bei der zuständigen Behörde anzumelden. Zuständige Behörden sind in Wien der Meldeservice der magistratischen Bezirksämter sowie in den Bundesländern der Meldeservice der Gemeindeämter. Wenn Sie länger als drei Monate in Österreich bleiben wollen, müssen Sie zusätzlich eine Anmeldebescheinigung oder Daueraufenthaltskarte (Gültigkeitsdauer 10 Jahre) beantragen. In Wien ist dafür die Magistratsabteilung 20 zuständig. EU-Bürger sind den österreichischen Staatsbürgern gleichgestellt und benötigen weder Beschäftigungsbewilligung, Arbeitserlaubnis noch einen Befreiungsschein für unselbständige Tätigkeiten.

Die Löhne und Lebenshaltungskosten

Die Gehälter und Lebenshaltungskosten sind mit denen in Deutschland vergleichbar. Lediglich die Einstiegsgehälter für Hochschulabsolventen liegen zum Teil unter dem deutschen Gehaltsniveau. Einen gesetzlich festgelegten Mindestlohn gibt es nicht. Die Gewerkschaften handeln jährlich Kollektivverträge mit den Arbeitgebern aus. Der Kollektivvertrag schafft gleiche Mindeststandards bei der Entlohnung und den Arbeitsbedingungen für alle Arbeitnehmer innerhalb eines Wirtschaftszweigs. Die tatsächlichen Bruttozahlungen liegen jedoch meist darüber. Jährlich kommen über 450 Kollektivverträge zum Abschluss. Mitgliederstarke Gewerkschaften haben naturgemäß eine stärkere Verhandlungsposition und können so vorteilhaftere Kollektivverträge für ihre Mitglieder aushandeln als kleine Gewerkschaften. Beispielsweise haben Metallarbeiter und Privatangestellte bessere Kollektivverträge als Mitarbeiter im Gastgewerbe (www.arbeiterkammer.com).

Führungskräfte zählen mit 23,85 Euro pro Stunde zu den höchstbezahlten Beschäftigten in Österreich. Es folgen Wissenschaftler (19,32 € pro Stunde) sowie Bürokräfte und kaufmännische Angestellte (11,44 € pro Stunde). Die niedrigsten Bruttostundenlöhne werden in Verkaufs- und Dienstleistungsberufen (7,99 € pro Stunde) erzielt. Deutliche Unterschiede in den Verdiensten gibt es auch je nach Bildungsebene. Absolventen einer Lehre (ohne Meisterprüfung) erhalten 10,50 Euro pro Stunde, Absolventen einer allgemeinen oder berufsbildenden höheren Schule (mit Matura)

12,79 Euro in der Stunde und Universitäts- oder FH-Absolventen einen Stundenlohn von 18,97 Euro. Die höchsten Gehälter werden mit einem durchschnittlichen Jahresverdienst von 45 790 Euro im Kredit- und Versicherungsgewerbe gezahlt, der durchschnittliche Jahresverdienst pro Jahr beträgt dagegen ca. 33 000 Euro.

Die Arbeit

Für 2008 meldete die österreichische Arbeitsverwaltung einen Bedarf an Fachkräften mit ganz konkreten beruflichen Anforderungen: Das Handwerk sucht Baufachkräfte, Fachkräfte der Metallerzeugung und -bearbeitung, Feinblechner, Installateure, Schmiede, Schlosser und Elektriker. Im Hotel- und Gaststättengewerbe sind Köche, Servicekräfte, Rezeptionisten, Hausdamen und Gästebetreuer gefragt, im Gesundheitswesen Krankenschwestern und Pfleger. Auch für einige technische (Werkzeugmacher, Maschinenbautechniker), kaufmännische (Speditionskaufleute, Verkäufer) und akademische Berufe (Ingenieure der Fachrichtungen Bau, Maschinenbau und Fahrzeugbau sowie Lehrer) sind die Aussichten auf einen Arbeitsplatz bestens. Darüber hinaus gibt es einen Bedarf an Programmierern und Verkehrsberufen.

Einen akuten Fachkräftemangel gibt es in den drei Wirtschaftszweigen Tourismus (vor allem in der Wintersaison in Westösterreich), Bauwirtschaft (Oberösterreich) und landesweit in der Metallbranche. Die Chancen für deutsche Bewerber, einen Arbeitsplatz in Österreich zu finden, sind sehr gut.

Die Steuern

In Österreich gibt es drei progressive Steuersätze. Für ein jährliches Einkommen zwischen 10 000 und 25 000 Euro zahlt man 38,33 Prozent Steuern. Ab 25 000 bis 51 000 Euro werden 43,6

Prozent fällig. Bei einem Einkommen ab 51 000 Euro jährlich zahlt man den Spitzensteuersatz von 50 Prozent.

Sozial- und Krankenversicherung

Das österreichische Sozialversicherungssystem bietet im Wesentlichen Versicherungsschutz im Falle von Alter, Krankheit, Behinderung, Gesundheitsvorsorge, Schwangerschaft und Mutterschutz sowie Arbeitslosigkeit. In Österreich gibt es mehrere Krankenversicherungsträger (welcher Krankenversicherungsträger für Sie zuständig ist, hängt einerseits von Ihrem Wohnort, andererseits von Ihrer beruflichen Tätigkeit ab), die dem Hauptverband der österreichischen Sozialversicherungsträger unterstellt sind.

Bei der gesetzlichen Krankenversicherung gibt es keine freie Wahl des Versicherungsträgers. Die Sozialversicherung ist eine Pflichtversicherung, das heißt, nahezu alle Berufsgruppen müssen Sozialversicherungsbeiträge entrichten und können daher auch Leistungen in Anspruch nehmen. Sie haben Anspruch auf kostenfreie Behandlung in staatlichen Krankenhäusern, bei praktischen Ärzten und Fachärzten (auch Zahnärzten) mit Krankenkassenverträgen. Sozialversicherungsbeiträge werden direkt von Ihrer Arbeitgeberin/Ihrem Arbeitgeber einbehalten und an das zuständige Finanzamt abgeführt. Die Arbeitgeber sind auch für die Anmeldung ihrer Mitarbeiter bei der Sozialversicherung verantwortlich. Mit der Anmeldung zur Sozialversicherung erhält jeder eine Sozialversicherungsnummer.

Wenn die Kinder mitkommen

Das Angebot an Kinderbetreuungsplätzen variiert je nach Region stark und ist in den Städten generell besser als in ländlichen Gebieten: So stehen in Wien rund 40 000 Krippenplätze für Kinder unter drei Jahren bereit, während es im Bundesland Vorarlberg nur etwa 10 000 Plätze gibt. In den großen Städten werden Klein- und Kindergartenkinder in der Zeit zwischen 7 und 19 Uhr betreut, auch Schüler können bis 19 Uhr im Hort bleiben. Auf dem Land jedoch öffnen viele Einrichtungen nur zwischen 8 und 12 Uhr. In manchen Bundesländern nehmen Kindergärten Kinder erst im Alter von vier Jahren auf. So kann es für Frauen in ländlichen Gebieten schwierig sein, arbeiten zu gehen.

Grundsätzlich können Kinder ab drei Jahren einen Kindergarten besuchen. Rund drei Viertel der Kindergärten werden von Gemeinden getragen, daneben gibt es private Kindergärten, von Eltern organisierte Kindergruppen sowie Kinderkrippen für unter Dreijährige. Gut die Hälfte der Kindergärten hat durchgehend geöffnet (vor allem in Wien und dem Burgenland). Die Gebühren der öffentlichen Kindergärten hängen vom Bundesland, vom Einkommen der Familie und von den Öffnungszeiten ab. Sie liegen bei durchschnittlich 60 Euro im Monat für einen Halbtagsplatz und 130 Euro für Ganztagsangebote mit Mittagessen.

Schulpflicht besteht in der Regel vom 6. bis zum 15. Lebensjahr. Schulgeld ist außer bei Privatschulen nicht üblich. Das internationale Schulwesen ist in Österreich wenig ausgeprägt, es bestehen jedoch kaum Schwierigkeiten, in das bestehende Schulsystem integriert zu werden.

Detaillierte Informationen für Eltern finden Sie auf den Webseiten des Bundesministeriums für soziale Sicherheit, Generationen und Konsumentenschutz unter www.bmsg.gv.at.

Genießen in Österreich

Die Rezepte der österreichischen Küche gehen auf viele Geschichten und Legenden zurück. Der flaumige Kaiserschmarren aus Milch, Mehl und Eiern etwa soll deshalb erfunden worden sein, weil Kaiserin Sissi so schlechte Zähne hatte. Geschmeckt haben soll er ihr aber dennoch nicht. Das Saftgulasch nach Wiener Art ist eine Variante des ungarischen Originals und das Wiener Schnitzel ein Import aus Oberitalien. Die traditionelle österreichische Küche hat also ihre Wurzeln in den Kochkünsten in der k. u. k. Monarchie Österreich-Ungarn. Heute ist sie vor allem für ihre Mehlspeisen und Süßwaren bekannt. Aber auch der österreichische Wein gewinnt international immer mehr Liebhaber, und die regionalen Spezialitäten machen Österreich zum Genussland Nummer eins.

In Österreich muss man beinahe zur Reblaus mutieren, um alle Höhepunkte des Weinangebots durchprobieren zu können – von der blauen Wildbacherrebe, aus der der einzigartige Schilcher gekeltert wird, bis zum Grüner Veltliner. Mit 360 verschiedenen Bieren ist Österreich weltweit das Land mit den meisten Brauereien pro Einwohner. In den Gasthausbrauereien werden *Seidel* und *Krügerl* gleich vor Ort verkostet. Und der Schnaps ist jenes Lebenselixier, welches jeder Tiroler zu Hause vorrätig hat und das er für seine Gäste als traditionellen Tiroler Willkommenstrunk stets bereithält.

Geselligkeit, lustiges Beisammensein, gemütliche und urige Gaststuben – diese Begriffe kommen einem wohl als Erstes in den Sinn, wenn man an ein typisch österreichisches Wirtshaus denkt.

Wichtige Fakten, Tipps und Tricks

Damit Sie überall gut ankommen – ein Benimm-Knigge

Wichtige Fakten, Tipps und Tricks, wie man sich durch positives Verhalten und gute Ideen neue Freunde schafft und Fettnäpfe vermeidet:

Erinnern Sie sich einfach mal daran, wie Ihre erste große Liebe begann. Und denken Sie dann darüber nach, was Sie für diese Eroberung leisten mussten. Sie haben ganz sicher versucht, alles absolut richtig zu machen, um den Partner für sich zu gewinnen. Sie haben sich schön angezogen, Ihre gesprochenen und geschriebenen Worte sorgsam gewählt und waren auch so clever, die Familie Ihres Herzblattes für sich einzunehmen. Sie haben für sich geworben und sich mächtig ins Zeug gelegt, um zu lieben und geliebt zu werden. Das ist der richtige Weg zum Erfolg, für jede Art von großem Abenteuer!

So ähnlich sollten Sie auch in dem Land, das Sie als Ihre »Zukunft mit Aussicht« erkoren haben, vorgehen. Denn jetzt werben Sie um die Gunst Ihnen völlig fremder Menschen und bemühen sich, möglicherweise in eine Kultur einzutauchen, die mit der deutschen Mentalität rein gar nichts zu tun hat. Es lohnt sich also, genau zu überlegen, wie Sie Land und Leute für sich erobern können. Dazu nun einige nützliche Hinweise unabhängig vom Zielland.

Sie kommen aus Deutschland, das ist ein Markenzeichen! Nutzen Sie dies positiv. Nicht nur bei den Amerikanern wird Deutschland mit Begriffen wie Fleiß, Höflichkeit, Qualität, Seriosität und Zuverlässigkeit verbunden. Wir gelten in der Welt, Pisa-Studie hin oder her, zudem immer noch als eine der führenden Kulturnationen. »Made in Germany« kommt schließlich nicht von ungefähr und gilt – ohne falschen Nationalstolz – in vielen Ländern bis heute als Qualitätsmerkmal. Stehen Sie, wo es Ihnen möglich und sinnvoll erscheint und Sie dies auch leisten können, gerade am Anfang im neuen Land für diese »Marke Deutschland«. Diese Berechenbarkeit schafft Ihnen eine gute Vertrauensbasis und gilt auch immer wieder als so eine Art tauschbare Währung für die zum Teil anders ausgerichteten positiven Eigenschaften Ihrer neuen Mitbürger.

Machen Sie sehr früh gerade bei Ihren neuen Nachbarn und im beruflichen Kollegenkreis klar, wofür man Sie gebrauchen kann, will heißen, und wo man mit Ihrer sinnvollen Hilfe und Unterstützung rechnen darf. Unaufdringlich – Sie wollen sich ja nicht anbiedern –, aber durchaus mit einem gesunden Selbstbewusstsein.

Tipp: Überlegen Sie mal bitte kurz, was Sie immer besonders rührend finden, wenn Gottschalk und Co. im großen Samstagabendprogramm ausländische Stars begrüßen oder verabschieden. Na klar, Sie lieben es, wenn die Promis dann mit herzergreifendem Lächeln Sätze losquasseln wie »ick ben göörne im Dautschland gekoomt« oder »Münschin is ain fäntästisch Sitti« beziehungsweise »isch lieben main Fäns säär. Daankerschun, sie ware groosartisch«.

Es sind tatsächlich zwei Dinge, auf die es ankommt. Lächeln, Lachen und immer freundlich sein sind schon die halbe Miete. Und natürlich die Verwendung der Fremdsprache! Egal, wie sehr Sie sich auch – als deutscher Perfektionist – vor fehlerhafter Aussprache fürchten, sprechen Sie bitte Ihre neuen Mitbürger – soweit möglich – in deren Sprache an. Die Kombination aus Lächeln und Landessprache wird Ihnen die Herzen Ihrer neuen Landsmänner öffnen. Und das gilt überall, weltweit!

Kleine Geschenke erhalten ja bekanntlich die Freundschaft. Vielfach schaffen sie aber auch erstmal eine Basis dafür. Es ist nie verkehrt, für hilfsbereite Nachbarn und Kollegen ein paar typisch deutsche Kleinigkeiten im Gepäck zu haben. Sehr beliebt sind zum Beispiel Süßigkeiten, typisch deutsche Markenprodukte wie Lebkuchen oder Printen. Aber auch festere Angelegenheiten wie kleine Marken-Werkzeuge oder Maniküre-Etuis aus Solingen. Auch Klassiker, über die wir hierzulande manchmal eher schmunzeln, die aber im Ausland seit ewigen Zeiten einen unverwüstlichen Ruf positiver Tradition vermitteln, wie *4711 Kölnisch Wasser*, oder auch Alkoholisches aus deutschen Landen. Gern ein guter deutscher Wein, Korn oder ein weltweit bekannter Magenbitter. Aber Achtung: Alkohol als Geschenk geht natürlich gar nicht in muslimischen Ländern und kann mit Pech schon bei der Einreise für ein Riesentheater sorgen.

Ein subtiler Supertrick zur verschenkbaren Kontaktgewinnung sind deutsche Back- oder Kochbücher in der jeweiligen Landessprache. So etwas weckt Neugier an den deutschen Essgewohnheiten und schafft optimalen und verbindenden Gesprächsstoff.

Der Dialog über die eigene Landesküche ist zudem ein perfekter Einstieg in die nächste Stufe des Kennenlernens im neuen Heimatland: Die erste Einladung zum gemeinsamen Essen. Das ist Völkerverständigung pur. Nicht nur Liebe, sondern auch Freundschaft geht durch den Magen! Überall auf der Welt gilt ein gemeinsames Essen seit Jahrtausenden als Zeichen von gewährter Gastfreundschaft und ist eines der wichtigsten traditionellen Bindeglieder zwischen Menschen.

Überlegen Sie sich den Kreis Ihrer einzuladenden Gäste aber sehr sorgfältig. Und sorgen Sie dafür, dass es kein böses Blut mit denen gibt, von denen Sie zwar was wollen, die aber nicht auf der Gästeliste Ihrer Einladung stehen sollen.

Überfordern Sie sich als Gastgeber bei einem solchen Anlass weder vom Aufwand noch von den Kosten her. Budgetieren Sie genau und planen Sie das Essen erst, wenn Sie geprüft haben, was der örtliche Lebensmittelhandel Ihrer neuen Heimat, kombiniert mit Ihren eingeführten deutschen Spezialitäten, hergibt. Weniger ist oft mehr, wenn es dafür von Herzen kommt und gut gemacht ist. Ganz wichtig: Manches, was anderen hervorragend schmeckt,

ist für Sie einfach »igitt« und erschreckt Sie sowohl durch den Anblick als auch durch den Geruch. Das kann umgekehrt aber genauso gelten. Ihr leckeres Sauerkraut ist mit Pech für manche Menschen im neuen Land vielleicht eher fieses Übelkraut. Also bitte
vorher nachfragen, ob Ihre Gäste sich dafür interessieren, auch
mal »besondere« deutsche Hausmannskost zu probieren. Das er-
spart später peinliche Pausen vor dreiviertelvollen Tellern, die
nicht leerer werden – und Ihnen mit Glück je nach Land und Sitten
bei beider Gegeneinladung vielleicht ja auch wunderbar protein-
haltiges Kriechgetier auf dem Teller.

Nun zu Ihrer Auswahl besonders beliebter und traditioneller Gerichte und Leckereien, die in der Welt für die gute deutsche Küche
stehen und deren Rezepte leicht zuzubereiten sind: Apfelpfannku-
chen, Bratkartoffeln mit Speck, Bayerischer Wurstsalat, Erbsen-
suppe mit Einlage, Gans mit Rotkohl, Grünkohl mit Mettwurst,
Heringstopf mit Pellkartoffeln, Kartoffelsuppe, Kartoffelsalat mit
Frikadellen, Käsekuchen, Linseneintopf, Reibekuchen mit Apfel-
kompott, Rheinischer Sauerbraten, Rostbraten mit Spätzle, Schwarz-
wälder Kirschtorte, Schweinebraten mit Rotkohl, Speckpfannku-
chen, Wiener Schnitzel, Zigeunerschnitzel.

Tipp: Klären Sie in jedem Fall, was in Ihrem neuen Land unter kulturellen oder religiösen Gründen nicht auf die Speisekarte gehört, und
lassen Sie das einfach weg. Vegetarisch geht fast überall, Alkohol
und Schweinefleisch je nach Religion nicht. Es gibt zudem Länder,
in denen sogar die Herstellung der Zutaten den Unterschied macht,
Stichwort koschere Küche. Also: vorher gründlich informieren.

So viel zum Thema Kontaktpflege und Völkerverständigung durch
deutsche Kochkunst. Der ein oder andere mag dieses Thema aber
gerne noch mal in Hinblick auf seine beruflichen Perspektiven im
Ausland prüfen. Denn aus mancher gelungenen Nachbarschaftsein-
ladung zu deutscher Kost entstand durch entsprechende Nachfrage und Mund-zu-Mund-Propaganda ein investitionsarmer Zweit-

job als Caterer am heimischen Herd. Ungeplante, aber vielleicht ja hochwillkommene Nebeneffekte gelungener Gastfreundschaft!

Sollten sich Ihre kulinarischen Fähigkeiten im Nachwürzen der Tiefkühlpizza erschöpfen, dann haben Sie hoffentlich handwerklich oder kulturell mehr zu bieten. Denn beispielsweise eine solide Maler- oder Schreinerlehre macht Sie nicht nur zum Hauptgewinner in zahlreichen Jobcentern rund um den Globus, sondern auch zum hochgelobten und anerkannten neuen Lieblingsnachbarn aus good old Germany. Vorausgesetzt, Sie verstehen Ihr Handwerk wirklich und tun nicht nur so. Gleiches gilt für künstlerische Fertigkeiten, etwa als Klaviertalent oder Geigenvirtuose, die Ihnen nicht nur in einem der Dörfer Alaskas einen festen Platz im nach dem letzten unerwarteten Grizzlybesuch wieder vier Mitbürger kleinen Kirchenorchester verschafft, sondern auch in den Städten Europas als taugliche Eintrittskarte zum lokalen Bildungsbürgertum gilt. Grundsätzlich gilt in Abwandlung der altbekannten Weisheit von John F. Kennedy für ein auskömmliches Miteinander im neuen Land: Fordere nicht von anderen, etwas für dich zu tun, bevor du nicht selbst etwas für andere getan hast.

Abschließend möchte ich nun zu dem Thema »typisch deutsch und geht gar nicht« kommen. Stupid German Fettnäpfe und wie lasse ich sie aus. Dazu meine Top-Ten-Negativ-Hitliste, verbunden mit dem wohlmeinenden Hinweis, solche Fehler doch bitte im Sinne einer dauerhaft erfolgreichen Auswanderung unbedingt zu vermeiden:

1. Deutsche Pünktlichkeit. Das war einmal, wenn Sie nicht gerade in der deutschsprachigen Schweiz gelandet sind und dort bei einem Uhrmacher arbeiten. Außerhalb von Deutschland und Heidiland ticken die Uhren nicht nur meistens anders, sondern vor allem häufig deutlich langsamer.
2. Deutsche Besserwisserei. Ab jetzt hören Sie bitte erst einmal in Ruhe zu, bevor Sie urteilen und schulmeistern.

3. Deutsche Besserwisserei. Na klar, noch mal. Denn, wenn Sie Gefahr laufen, etwas nicht hundertprozentig richtig verstanden zu haben, schalten Sie besser erst einen vernünftigen Dolmetscher ein, bevor Sie sich fälschlicherweise ereifern und sich dadurch unsterblich blamieren.

4. Deutsche Pedanterie. In Ihrem Gastland ist vieles nicht schlampig, sondern landestypisch gemacht. Das geht mit dem Klopapier los. Siebenlagiges holzfreies und kuschelweiches Papier braucht nur ein deutscher Hintern. Anderswo reicht seit Jahrzehnten oft das zweilagige mit Kiefernspänen oder eine gute doppelt gefaltete Zeitung aus dem Vormonat, bei der sich die Druckerschwärze gesetzt hat.

5. Deutsche Versorgungssicherheit. Ja, in vielen Ländern dauert die Zustellung eines Paketes zwei Wochen, und Telefon plus Internet funktionieren nur sechs Stunden am Tag richtig gut. Wenn Sie Bock haben, sich darüber zu beschweren, nur zu. Es ändert aber nichts. Nutzen Sie Ihre Zeit lieber für einen ausgedehnten Strandspaziergang.

6. Deutsche Großkotzigkeit. Logo, mit Ihrem ehemaligen Einkommen könnte man in Teilen Afrikas ganze Landstriche kaufen. Weil Ihr Ex-Chef Ihnen aber solche Probleme dauerhaft ersparen wollte, hat er Sie ja gekündigt. Und damit Ihnen so viel Unterstützung künftig nicht noch einmal unerwartet widerfährt, sollten Sie sich etwas mehr Bescheidenheit im Umgang mit Ihren Mitmenschen vornehmen, oder? Setzen Sie diesen Vorsatz ruhig um!

7. Deutsche Versorgungsmentalität. Es gibt Länder, da kümmert sich der Staat um wenig mehr als Straßen, Telefon, Polizei, Krankenhäuser, Licht und fließendes Wasser. Der Rest bleibt den Bürgern überlassen. Wenn Sie sich ein solches Land für Ihre »Zukunft mit Aussicht« ausgesucht haben, leben Sie bitte auch mit den Konsequenzen und helfen Sie sich ohne Murren selbst. Denn es wird trotz lauten Klagens niemand was für Sie tun, und sei Ihr Ruf nach Vater Staat auch noch so laut.

8. Deutsches Helfersyndrom. Nein, Sie brauchen nicht die ganze unterentwickelte Restwelt vor der Verelendung zu retten. Selbst der Papst hat von solchen Überlegungen inzwischen Abstand genommen, und der ist wirklich extrem hilfsbereit. Und zudem Deutscher. Vertrauen Sie einfach darauf, dass die Mitmenschen in Ihrem neuen Heimatland sich durch ausreichend Nahrung, wenig Kriege und gutes Wetter so reich beschenkt fühlen, dass sie Ihre gebrauchten Turnschuhe und kaum getragenen T-Shirts wirklich nicht geschenkt haben wollen. Und auch sonst auf unerbetene Unterstützung gerne verzichten.

9. Deutscher Geiz. Es ist kein Zeichen von notwendiger Sparsamkeit, wenn Sie sich als Gast im Restaurant lieber Trinkgeld auszahlen lassen, statt es dem Kellner zu geben. In vielen Ländern ist der sogenannte *tip* nämlich die einzige Einnahmequelle der dienstbaren Geister. Und das nicht nur in der Gastronomie. Sie wären daher gut beraten, diesen Dienst am Mitmenschen wie den biblischen Zehnten für den lieben Gott dann auch auszuzahlen. In bar und ohne große Gesten, das Geld ist schon zum Überleben verplant, also los!

10. Deutscher Nationalismus. Bleiben Sie im Herzen gerne Deutscher. Aber zollen Sie Ihrem neuen Aufenthalts- und damit Gastland den Respekt und die Ehrerbietung, die ihm zustehen. Das gilt sowohl für das politische System wie auch für die geschichtliche Entwicklung des Landes. Also Deutschlandflagge – wenn überhaupt – immer unterhalb der Flagge des neuen Landes. Im Kopf wie auch am Fahnenmast hinterm Haus. Und bitte keinerlei Stammtischparolen.

Zwar gehen wir davon aus, dass die meisten von Ihnen oben genannte Tipps ohnehin beherzigen, aber es kann sicher nicht schaden, sie sich noch einmal in Erinnerung zu rufen. Außerdem sind sie möglicherweise für andere Auswanderer, denen Sie begegnen und die nicht so weltgewandt sind wie Sie selbst, eine Hilfe, am Fettnapf vorbeizulaufen, statt mitten hineinzutreten.

Zusammenfassend gilt der uralte Spruch: Andere Länder, andere Sitten. Und damit andere Kultur, oft auch andere Religion. Und – und damit andere Regeln. Einige davon sind in den Länderkapiteln dieses Buches bereits dargestellt. Informieren Sie sich aber in jedem Fall zusätzlich und umfassend im Internet und/oder bei der jeweiligen Botschaft, dem Konsulat, dem Auswärtigen Amt oder durch Fachlektüre über die geltenden Sitten und Gebräuche Ihres Ziellandes.

Eine Frage der Sicherheit

Kehren wir noch einmal zurück zu Falco, denn von ihm stammt der gesungene Erkenntnisgewinn »Das Böse ist immer und überall!« In seinem Heimatland Österreich ging es dabei um den klassischen Banküberfall und das häufig unterschätzte Gefahrenpotenzial der Sachertorte, einer echten, aber überlebbaren Kalorienbombe. In seiner Wahlheimat, der Dominikanischen Republik, waren und sind die Risiken da schon handfester.

Und so ist jeder gut beraten, sich nicht nur Gedanken über ein möglichst sonniges Ziel für seine »Zukunft mit Aussicht« zu machen, sondern sich auch ein bisschen mit der Sicherheit in seinem neuen Land zu beschäftigen.

Die wohl beste Quelle für qualifizierte und aktuelle Sicherheitsinformationen »made in Germany« ist das Auswärtige Amt (AA) in Berlin. Auf dessen Homepage unter www.auswaertiges-amt.de bekommt man über ein breit angelegtes Länderalphabet einigermaßen verlässliche Sicherheitshinweise und wichtige Warnungen. Und zwar ohne den redaktionellen Weichspüler vieler Botschaften, die ihre inneren Sicherheitsprobleme gerne unter der Decke halten und verharmlosen.

Aber auch das Auswärtige Amt weist darauf hin, dass es kaum wirklich sichere oder völlig unsichere Reiseländer und Gegenden gibt, da die Risikobewertung ein Individualthema ist. Ängstliche

Gemüter werden schon Sizilien für den ultimativen Hort krimineller Bruderschaften halten, Normalmenschen sehen im dortigen Bandenunwesen eher eine bedauernswerte lokale Besonderheit. Die Einschätzung und das Vertrauen in die eigene Belastbarkeit sind jedenfalls sehr unterschiedlich und nicht pauschalisierbar.

Der klassische Auswanderer ist in der Regel kein speziell geschulter Fremdenlegionär, sondern der Otto Normalbürger mit harmloserem beruflichem Hintergrund. Vielfach geht es ja bei der Auswanderung um einen ganzen Familienverbund. In einer ganzen Reihe von Ländern der sogenannten »neuen Welt« sollte man daher einfach gewisse Risiken kennen.

Die meisten Länder des »alten Europa« sind nicht unsicherer als bestimmte Gegenden in Deutschland. Und es gibt in Europa wie in der Ferne Länder, bei denen das Auswärtige Amt auf spezifische Sicherheitshinweise zur Gänze verzichtet. Diese Oasen des Friedens sind die skandinavischen Kernländer, ebenso wie Belgien, die Niederlande und auch unsere alpenländischen Nachbarn Österreich und die Schweiz. Auch weit entfernte Ziele wie Australien, Kanada, Japan, Hongkong, die Cook Islands gehören dazu.

Länder, in denen viel Geld kursiert, sind übrigens auch meist sicher. Denn dort lauern als Gefahren längst nicht mehr die Panzerknacker, sondern maximal neugierige Zollbeamte. So zum Beispiel in Monaco, Liechtenstein und Luxemburg.

Grund zur Warnung gibt es für Auswanderungswillige, die mit ihrem Hab und Gut per Auto umsiedeln. Selbst in Europa ist da eine gewisse Vorsicht geboten. Auf den Transitrouten durch Frankreich und auch Spanien sind Überfälle auf der Autobahn oder an Autobahnrastplätzen zwar nicht an der Tagesordnung, kommen aber bedauerlicherweise vor. Also lieber vorher eine feste Übernachtung einige Kilometer von der Autobahn entfernt buchen. Gerade in Spanien sollten Sie nur dann auf Hupsignale und Anhalteaufforderungen vermeintlich hilfsbereiter Verkehrsteilnehmer reagieren, wenn auch der eigene Rückspiegel zeigt, dass es aus Ihrem Auspuff mächtig qualmt oder tatsächlich das Flattern der Lenkung einen platten Reifen signalisiert. Und selbst dann bitte Ruhe bewahren und es möglichst noch bis zur nächsten größeren und belebten Tankstelle oder Polizeistation versuchen.

Richtige Räuberhöhlen sind einige der Fährhäfen am Mittelmeer. Also Wertsachen bitte immer gut verteilt am Körper, und Dinge wie Handtaschen, Kameras und auch leicht erkennbare Laptop-Taschen weg von Autofenstern und Türen. Machen Sie Wertvolles möglichst unsichtbar und verriegeln Sie Ihr Auto auch dann, wenn Sie nur mal schnell unter der Kühlerhaube nach dem Ölstand sehen wollen!

Themenwechsel zu einem verbreiteten Irrglauben: Länder, deren Justiz für Methoden wie »Aug um Auge« bekannt sind, sind leider nicht unbedingt besonders sicher. Zu China und auch Kuba beispielsweise gibt es derzeit sich mehrende Hinweise verschiedener Quellen, die es lohnenswert erscheinen lassen, auch dort seine Wertsachen im Auge zu behalten. Und Gewaltdelikte nehmen leider auch da zu.

Gerade in Ländern mit politisch rigiden Systemen, wie sie unter anderem in Afrika, Asien und Mittel- beziehungsweise Lateinamerika zu finden sind, ist dafür etwas anderes für Sie sehr sicherheitsrelevant. Nämlich die präzise Einhaltung von Einreise- und Zollbestimmungen ebenso wie die Kenntnis strafrechtlicher Konsequenzen und Verbote. Unser deutscher Rechtsstaat ist sehr großzügig in vielen Dingen, die anderswo unter zum Teil drastischen Strafen stehen. Damit Sie also nicht vom potenziellen Opfer unversehens zum Täter werden, informieren Sie sich zu diesen Themen wirklich genau. Zu Ihrer eigenen Sicherheit!

Stichwort Terrorismus: Dieses Thema ist für uns ja außerhalb der täglichen Nachrichten glücklicherweise immer noch nur eine schlimme, aber auch recht abstrakte Tatsache. Überlegen Sie sich deshalb bitte schon im Vorfeld sorgfältig, ob Sie in einem ansonsten sicher wunderbaren und kulturell wertvollen Land leben könnten, in dem Sie den Umgang mit Terror-Risiken in Ihren Tagesablauf einplanen und auch aushalten müssen. Es gibt leider immer weniger weiße Flecken auf der Landkarte, die nicht unter diesem Vorbehalt stehen. Aber es dürfte ebenfalls klar sein, dass ein überproportional hohes Gefahrenpotenzial gerade vor allem in Ländern mit hohem muslimischem Bevölkerungsanteil liegt. Auch in ansonsten sehr friedfertigen asiatischen Inselstaaten.

Und falls es Sie in Richtung des schwarzen Kontinents zieht, denken Sie bitte darüber nach, dass zur atemberaubend schönen Landschaft vieler afrikanischer Länder als Gegenbuchung gehört, das Sie sich unter Umständen auch mal mit Ihrem Auto eine Straße frei rammen und dabei ein paar Passanten anfahren müssen, um nicht von Leuten erschossen zu werden, die im Grunde nur Ihr Geld und Ihr Auto klauen wollen und Sie da drin für ein verzichtbares Abfallprodukt halten, das einfach wegmuss, um nicht hinterher als Zeuge aussagen zu können. Ein weiteres Beispiel für ein Land mit drastischen Licht- und Schattenseiten liegt in der Karibik. Es ist die geteilte Insel Hispaniola, deren einer Teil das auch bei uns sehr beliebte Urlaubsparadies der Dominikanischen Republik ist. Diese Insel ist wunderschön, aber außerhalb der umfriedeten Touristengebiete mit großer Vorsicht zu genießen. Der westliche Teil der Insel ist Haiti. Dort ist die Sicherheitslage noch schlechter.

Falls Sie sich also für eine Auswanderung ins Urlaubsparadies Dominikanische Republik interessieren, sollten Sie vielleicht darüber nachdenken, was passiert, wenn Warlords aus Haiti sich eines Tages eine Wiedervereinigung wünschen. Dann wäre auch im friedlichen Teil der Insel Feierabend mit Bacardi Feeling. Verstehen Sie diese Überlegungen bitte nicht als Schwarzmalerei, sondern als nützlichen Hinweis, denn ein solcher Systemwechsel kann unter Umständen mit Risiken für Leib und Leben verbunden sein.

Thema Alltagsgefahren: Was uns in Deutschland in der Gefahrenstatistik der Unfall beim täglichen Hausputz, sprich Fall von der Klappleiter oder dem wackeligen Höckerchen, ist, ist anderswo eben nicht die vieldiskutierte Hai-Attacke, sondern der Verkehrsunfall als eine der wesentlichen Verletzungs- und Todesursachen. Also sorgen Sie in allererster Linie für Ihre Sicherheit, indem Sie nur in Vehikel einsteigen, die halbwegs sicher aussehen. Nehmen Sie sich Zeit für eine entsprechende Prüfung!

Und auch zum Thema Risikostreuung etwas Nützliches, zumindest für Länder mit echtem Armutsgefälle und einem hohen Risiko für Raubüberfälle. Kleiden Sie sich in jedem Fall landestypisch und unauffällig und halten Sie in solchen Ländern einen für dortige Verhältnisse mittelgroßen Barbetrag von ca. 50 US-Dollar für Überfälle griffbereit. Bei so einem erzwungenen Tauschgeschäft gegen hoffentlich körperliche Unversehrtheit auch noch Kreditkarten einzubüßen, ist immer ärgerlich, aber absolut verschmerzbar. Die Herausgabe einer gut gefüllten deutschen Brieftasche oder des schweinsledernen Brustbeutels, der sich gut erkennbar unter dem T-Shirt abzeichnet, ist dann schon nicht mehr so einfach hinzunehmen. Insbesondere wenn dort, Ordnung muss sein, alle notwendigen Papiere wie Reisepass und internationaler Führerschein auch noch mit drin sind. Der entsprechende Wiederbeschaffungsaufwand ist allemal teurer als ein paar ordentliche Farbkopien der Papiere. Informieren Sie sich vorher genau, welche Papiere Sie in Ihrer neuen Heimat tatsächlich immer dabeihaben müssen. Alle anderen wichtigen Unterlagen sollten Sie an einem sicheren Ort aufbewahren.

Im äußersten Notfall, wenn Sie in einen wirklich lebensbedrohenden Konflikt geraten sind, dem Sie nicht ausweichen können, dann verteidigen Sie sich mit dem, was Sie dabeihaben: Handy, Handtasche, Schirm und besonders effektiv auf kurze Distanz: Schlüssel, insbesondere spitzer Autoschlüssel. Ein Autoschlüssel ist wie ein Schlagring benutzbar, das heißt, zwischen Zeigefinger und Mittelfinger Ihrer Gebrauchshand ist er eine sehr gute Hieb- und Stichwaffe, mit der Sie einem Angreifer heftige Verletzungen zufügen können. Wenn Sie sich so Luft verschafft haben, sollten Sie so schnell wie möglich das Weite suchen und Unterstützung suchen.

Abschließend ein paar Tipps zur Eigensicherung des neuen Hauses oder Geländes. Dinge, für die es zum Glück in vielen Ländern keinen Grund gibt, in anderen aber umso mehr.

Wenn Sie handwerklich begabt sind, dann bringen Sie sich aus Deutschland einfach Qualitätssicherungen, wie zum Beispiel Türschlösser, Riegelsysteme, Überwachungssysteme etc., mit und montieren Sie sie im neuen Haus. Denken Sie aber schon vor der Abreise an ausreichend Ersatzteile. Und auch Haustiere können hervorragende Beiträge zur Sicherheit leisten. In Sachen Wachsamkeit und Wehrhaftigkeit ungeschlagen sind Gänse. Sie melden und vertreiben ungebetene Gäste einwandfrei und besser als mancher Hund. Womit wir wieder beim Anfang des Kapitels wären, dem Bösen, das immer und überall ist. Denn sollten Sie feststellen, dass Ihre Security-Gänse für zu viel oder unnötige Sicherheit sorgen, lösen Sie dieses Problem schnell und praktisch mit einem großen Bräter und ein paar hungrigen Gästen.

Tipps für Haustierbesitzer

Eine der wichtigsten Entscheidungen ist sicher die, ob wir unsere tierischen Sozialpartner am Auswandern beteiligen. Denn egal, ob groß oder klein, vom Hund bis zum Goldhamster, wir leben in enger Verbindung mit unseren tierischen Freunden und müssen gerade an dieser Stelle ganz genau und auch verantwortungsbewusst überlegen, wie es weitergeht. Das bedeutet vor allem, für das Tier klug und zum Teil einfach nur lebenserhaltend zu entscheiden. Und das kann entweder eine Verlängerung des gemeinsamen Lebensabschnitts oder aber leider manchmal auch eine tränenreiche, aber notwendige Trennung bedeuten.

Dabei eines vorweg: Wenn es sorgfältig erwogen und vernünftig geplant ist, ist es eine der größten Freuden, mit dem vertrauten und geliebten Haustier gemeinsam die neue Welt zu erkunden, und gerade für allein Auswandernde ist diese sichere Verbindung häufig auch psychologisch ein ganz wichtiger Anker und ein unverzichtbarer Wärmeofen fürs Gemüt.

Diese wunderbaren Weggefährten wollen allerdings auch im Ausland artgerecht gehalten und versorgt sein. Und da beginnt manches Problem ganz trivial beim richtigen Futter und bei einer tauglichen medizinischen Versorgung.

Auch für Ihr Haustier beziehungsweise Ihre Haustiere muss Ihre Auswanderung frühzeitig geplant werden, das heißt, werden Sie sich mindestens ein Jahr vor der Auswanderung in aller Ruhe darüber klar, wie es weitergehen soll. Dabei sollten Sie vordringlich das Wohl des Tieres im Auge haben und erst dann an sich denken. Ihr Haustier verlässt sich da auf Sie.

Rechnen Sie im Vorfeld die Kosten der Haustierauswanderung durch, das heißt, budgetieren Sie nicht nur den Umzug großzügig, sondern auch die künftigen Futter- und Tierarztkosten. Führen Sie dazu möglichst lange im Voraus ein Haushaltsbuch über alle Kosten Ihres Haustiers. Multiplizieren Sie den durchschnittlichen Monatswert Ihrer ermittelten Ausgaben mit der Lebenserwartung Ihres Tieres (das klingt ziemlich unsensibel, ist aber notwendig, um Ihnen deutlich zu machen, worum es auch finanziell geht), und legen Sie auf den errechneten Betrag noch einmal rund 30 Prozent Auslandsrisiko-Prämie drauf. Denn Futter und Tierarztbetreuung kommen manchmal teurer, als man denkt. Jetzt kennen Sie in etwa Ihre finanzielle Verantwortung für das Tier Ihres Herzens bei der Auswanderung und können das bei Ihrer allgemeinen Einkommens- und Ausgabenplanung berücksichtigen.

Prüfen Sie bitte auch, ob Ihre berufliche Perspektive den gleichen zeitlichen Raum für Gemeinsamkeiten mit Ihrem Haustier wie bisher bietet oder ob Sie in der Startphase weniger Zeit haben werden. Wenn Ihnen in der neuen Heimat weniger Zeit für das geliebte Haustier bleibt, dann überlegen Sie sich gut, ob Sie Ihr Haustier nicht besser nach einer Eingewöhnungs- und Etablierungsphase nachholen wollen. Wenn dann der Abschiedsschmerz sehr groß werden sollte, lassen Sie sich einfach regelmäßig Bilder per E-Mail schicken oder machen Sie sich einen Fotokalender, der die Tage bis zur Auswanderung beziehungsweise zum Nachzug Ihres Tieres zählt. Das wärmt das Herz und verkürzt die Zeit.

Seien Sie aber wirklich ehrlich zu sich: Wenn Sie sich von vornherein darüber im Klaren sind, dass ein Nachzug Ihres Haustieres später schwer zu realisieren sein wird, sollten Sie dem Tier gleich ein taugliches neues Zuhause in Ihrem noch bestehenden sozialen Netzwerk suchen.

Bitte erwägen Sie grundsätzlich gerade bei größeren Haustieren, noch dazu, wenn sie schon ein gewisses Alter erreicht haben, ob es sinnvoll ist, dem treuen tierischen Freund den Stress einer langen Reise und einer neuen Umgebung zuzumuten.

Wenn Sie Ihr geliebtes Tier davor schützen wollen, dann sollten Sie sich bereits ein Jahr vor der geplanten Auswanderung um ein neues Zuhause kümmern, zum Beispiel in der eigenen Familie oder bei guten Freunden, die in Deutschland bleiben.

Wenn Sie im Einwanderungsland eine Mietwohnung beziehen, prüfen Sie bitte in jedem Fall ebenfalls noch hierzulande, dass Ihr Haustier auch einen festen Platz im Mietvertrag hat. Und wenn Sie Haustiere mitnehmen, prüfen Sie es bitte für alle.

Nur weil Aspirin überall so heißt, muss dies nicht auch für das Futter gelten, das Ihr tierischer Liebling am besten verträgt. Also aufpassen und beim Hersteller nachfragen, ob es das Futter im Zielland gibt, wie es dort heißt und wie viel es dort in etwa kostet. Wenn das hiesige Lieblingsfutter im Zielland schwer erhältlich oder deutlich teurer ist, entweder frühzeitig vor der Abreise auf ein dort übliches Futter umstellen und vor allem so die Verträglichkeit testen (Recherche und Kauf via Internet). Oder mit den Möbeln einen größeren Futtervorrat von hier mitnehmen.

Zusatztipp: Wenn Futter mit dem Umzugsgepäck mitgenommen werden soll, bitte immer vorher die Einfuhrbestimmungen inklusive der gegebenenfalls anfallenden Zollgebühren klären und in jedem Fall auf lange Haltbarkeit achten.

Prüfen Sie aber auch, ob Ihr Haustier im Zielland überhaupt willkommen ist. Fragen Sie Ihren Tierarzt, ob er Informationen über Ihr Auswanderungsziel hat oder lieber einen Kollegen mit Spezialwissen empfehlen würde. Reden Sie auch mit Ihrem Tierarzt über die bisherige Krankengeschichte Ihres Haustiers und dessen Einschätzung zum Versorgungsstandard im Zielland. Erarbeiten Sie gemeinsam eine vernünftige Tier-Auswanderungs-Themenliste, auf der nicht nur der Heimtierausweis und die Besitzurkunde einen festen Platz haben sollten, sondern auch eine Medikamentenliste und nützliche Adressen am Zielort. Formulieren Sie mit dem Tierarzt zusätzlich eine Liste der wichtigsten Begriffe rund um Ihr Haustier und dessen medizinische Versorgung, und lassen Sie diese Liste von einem professionellen Übersetzungsservice oder im Internet in die Landessprache Ihres Ziellandes übersetzen. Hier sind ein paar Euro mehr für eine professionelle Übersetzung im Ernstfall Gold wert und können über das Wohl Ihres Tieres entscheiden.

Egal, ob Sie per Auto, Flugzeug, Schiff oder Zug anreisen, in jedem Fall sollte dafür gesorgt sein, dass das Tier artgerecht mitreisen kann. Es braucht genügend Platz, sollte nicht frieren und genügend Futter und Wasser bekommen. Da viele Tiere in einer fremden Umgebung Angst haben, sollte das Tier am besten in sicht-, hör- oder fühlbarer Nähe zum Menschen mitreisen.

Wenn Sie per Flugzeug auswandern, sind kleinere Haustiere wie Hamster, Katzen und Hunde mit einem Gewicht bis zu acht Kilogramm klar im Vorteil. Sie können in einer geeigneten wasserdichten Transportbox in der Kabine mitreisen. Falls Ihrem Haustier das nicht gestattet ist, sollten Sie sich überlegen, ob es der bequeme Kurzstreckenflug sein muss, wenn Ihr wunderbarer Mischling oder Rassehund dafür zusammen mit Ihren Koffern in der Druckkabine reisen muss. Falls es keine andere Möglichkeit gibt, ist es am besten, sich gerade für Langstreckenflüge vorher mit dem Tierarzt über eine präzise dosierte Beruhigungsmöglichkeit abzustimmen. Die bei uns so beliebte Regel »viel hilft viel« beschert Ihnen am Ende der Reise sonst vielleicht eine böse Überraschung. Kalkulieren Sie bitte ebenfalls ein, dass sich Flüge verspäten können und dass gerade bei Flugreisen mit mehrmaligem Umsteigen unvorhergesehene Probleme nicht ungewöhnlich sind. Das Tier im Flugzeug mit in die neue Heimat zu nehmen bleibt also stets ein Risiko, das sollten Sie wissen.

Sehr gute Fluggesellschaften, die Ihnen nach unserer Erfahrung auch bereitwillig Auskunft erteilen und bei vernünftigen Sicherheitsbedingungen den besten Tierservice bieten, sind: Lufthansa, Air Berlin mit Tochtergesellschaften, British Airways, Air France, KLM Royal Dutch, American Airlines und Singapore Airlines. Wenn Sie wissen wollen, wie Sie und Ihre Haustiere sicher in der Luft unterwegs sind und um welche Airlines und Flughäfen Sie und Ihr liebes Tier besser einen großen Bogen machen, dann werfen Sie im Internet mal einen Blick auf www.aerosecure.de.

Zusatztipp: Bitte keine vorgeblich cleveren Versteck- und Schmuggelspielchen beim Handgepäck mit Kleintieren wie Hamstern, Meerschweinchen oder Krabbeltieren auf Flügen. So etwas fliegt meist auf und endet für das Haustier am Zielort manchmal schlicht in der Mülltonne.

Verzichten Sie bitte ganz grundsätzlich bei Ihrer Auswanderung auf die Mitnahme von Tieren, die dem Washingtoner Artenschutzabkommen *(CITES)* unterliegen oder bei denen unklar ist, ob der Zoll im Ankunftsland sie einreisen lässt. Sie kommen so in Teufelsküche, selbst wenn Ihre Callagur-Schildkröte bereits 30 Jahre Ihr treuer Mitbewohner in Deutschland war. Ist das Tier geschützt, verschwindet es bei Entdeckung häufig im Zoo und Sie meist ohne Rückkehrmöglichkeit in der nächsten Maschine nach Deutschland. Oder für ein paar Wochen in einer stickigen kleinen Gemeinschaftszelle mit 48 anderen coolen Burschen, denen Schildkröten vielleicht egal sind, die dafür aber Mord und Totschlag ganz ordentlich beherrschen. Wer mehr dazu wissen will, kann sich bei www.cites.com informieren. Nützliche Informationen auch zu Pflanzen finden Sie unter www.zoll.de.

Zwar reisen Tiere auf Schiffen heute nicht mehr als Futter mit, doch ob sie es wirklich gemütlich haben, hängt davon ab, ob sie wie Hunde oder Katzen im Körbchen transportfähig sind. Denn ansonsten dürfen sie nur selten raus. Sorgen Sie daher gerade vor längeren Fährpassagen selbst noch einmal für ausreichend Auslauf und Belüftung, wenn es unvermeidbar ist, dass Ihr Tier während der Überfahrt im Auto bleibt. Und vergessen Sie nicht: Bei rauher See sind meist »die Schotten dicht«, das heißt, Sie dürfen nicht in den Frachtraum, wo Ihr Tier im Auto ist. Also bitte in jedem Fall Platz schaffen und keine bösen Worte, wenn beim Wiedersehen nicht nur etwas Freudenpipi auf der Hundedecke liegt.

Hier gilt wie beim Fliegen: Information ist erste Bürgerpflicht, um die Reise für Mensch und Tier nicht zur Zumutung werden zu lassen. Bekannte Reedereien für beliebte Fährverbindungen sind zum Beispiel Brittany Ferries, Color Line, Corsica-Sardinia Ferries, DFDS Seaways, HD Ferries, LD Lines, Moby Lines, Norfolk Line, P&O Ferries, Stena Line, TT-Line, Viking Line. Übrigens soll es möglich sein, auf der Passage der Queen Mary II von Southampton nach New York auch mit großen Hunden ohne lästige Box zu reisen, Gassi gehen auf einem Spezialdeck inklusive.

Ob das Auto immer das optimale Transportmittel für Tiere ist, darüber kann man streiten, die Nähe zwischen vertrautem Mensch und Tier hilft aber allemal. Und auch wir Menschen freuen uns ja schließlich, wenn wir im Rückspiegel eine zufrieden schnurrende Katze eingerollt in ihrem Körbchen sehen.

Gerade für Familien, die sprichwörtlich mit Sack und Pack im randvollen Kombi dem Auswanderungsziel entgegenkutschieren, gilt jedoch die Mahnung: Das Haustier, und wenn es noch so klein ist, braucht dann und wann Frischluft und gerne auch etwas Ruhe.

Achtung übrigens bei Reisen mit den beliebten Transportern beziehungsweise Bullies, die ja aus Kostengründen häufig den Umzugswagen ersetzen müssen. Bitte denken Sie daran, dass Katze, Hund oder der Vogelkäfig mit dem Lieblingspapagei, der auf einem von 142 Umzugskartons direkt hinter der Sitzbank, neben der IKEA-Garderobe und der Zierpalme so einen perfekten Platz gefunden hat, bei der ersten Vollbremsung voll Matsche ist. Und Sie mit Pech gleich mit. Doppeltes Pech also und ganz sicher kein Auswanderer-Happy-End. Also bitte so nicht.

Nach der hoffentlich gesunden und gut gelungenen Ankunft am Auswanderungsziel gilt natürlich die alte Cowboy-Regel, zunächst das Vieh vernünftig versorgen und dann erst in den Saloon, das heißt, auch im dicksten Stress und selbst wenn der Schlüssel zum Koffer mit den ganzen Dokumenten verschwunden ist, bitte erst mal um das Wohl des Haustiers kümmern. Mindestens frisches Wasser und Futter und je nach Tier und Erfordernis Box, Käfig beziehungsweise Körbchen säubern oder eine kurze Runde um den Block.

Zusatztipp für Hunde: Bitte in Ruhe gemeinsam das neue Revier, sprich den eigenen Besitz beziehungsweise die nähere Umgebung, abschreiten und kurz schnüffeln lassen, draußen gerne auch an geeigneten Stellen markieren lassen. Den Hund natürlich.

Geben Sie Ihrem Tier nun ausreichend Zeit, sich an die neue Umgebung und Ihre neuen Kontakte ebenso zu gewöhnen wie an mögliche tierische Nachbarn. Bitte aber da nichts erzwingen. Sie wussten schon sehr lange, was auf Sie zukommt, Ihr Tier beginnt erst jetzt, sich mit der neuen Umgebung auseinanderzusetzen.

Deshalb sollten Sie nicht sofort in den alten Trott verfallen, sondern gerade mit größeren Tieren jetzt so viel Zeit, wie Ihnen möglich ist, verbringen. Aber lassen Sie beim Verlassen der neuen gemeinsamen Heimstätte ruhig die gewohnten Routinen erkennen, das heißt, signalisieren Sie, es ist alles wie immer … wir sind jetzt angekommen.

Wenn Sie mehr wissen wollen oder sich einfach mal mit Gleichgesinnten zum Thema Auswanderung und Haustiere austauschen wollen, dann schauen Sie doch bei www.zukunft-mit-aussicht.de vorbei.

Der große Test – Sind Sie ein Auswanderungstyp?

Der nachfolgende Test zeigt Ihnen bei ehrlicher Beantwortung in wenigen Minuten, ob Sie ein echter Auswanderungstyp sind.

Addieren Sie dazu die Punktzahl der für Sie jeweils zutreffenden Antworten (pro Frage bitte nur eine Antwort), und lesen Sie sich die Ergebniswertung danach durch.

1. Waren Sie schon mal im Ausland?

a. Nein, nie

b. Ja, mehrere Urlaubsaufenthalte im deutschsprachigen Ausland

c. Ja, ich habe mehrere Länder bereist

d. Ja, ich habe mehrere fremdsprachige Länder intensiv bereist

e. Ja, ich bin pro Jahr mindestens 2 Monate im Ausland unterwegs

2. Haben Sie schon mal im Ausland gelebt und/oder gearbeitet?

a. Nein, nie

b. Ja, in meiner Jugend als Austauschschüler

c. Ja, für ein Berufspraktikum 3–6 Monate

d. Ja, ich habe 6–12 Monate am Stück im Ausland gelebt

e. Ja, ich habe mehrere Jahre im Ausland gelebt / gearbeitet

3. Sind Sie gesundheitlich fit und belastbar?

a. Nein, ich bin chronisch krank und/oder auf Hilfe angewiesen

b. Nein, ich bin krankheitsbedingt arbeitsunfähig

c. Nein, denn ich habe unwesentliche und/oder teilweise auskurierte Erkrankungen

d. Ja, ich bin fit und habe nur kleinere Beschwerden

e. Ja, ich bin topfit und uneingeschränkt belastbar

4. Sind Sie ein Sprachtalent?

a. Nein, Fremdsprachen sind mir ein Graus

b. Nein, ich kann nur ein paar Brocken Schulenglisch

c. Ja, ich spreche eine Fremdsprache gut

d. Ja, ich spreche zwei Fremdsprachen gut

e. Ja, ich bin ein Sprachtalent und beherrsche zwei der drei Weltsprachen wie meine Muttersprache

5. Besitzen Sie gute handwerkliche Fähigkeiten?

a. Nein, ich habe ja die Gelben Seiten

b. Nein, ich habe zwei linke Hände, aber ich bin dafür nicht faul

c. Ja, ich bin Hobby-Heimwerker und traue mir was zu

d. Ja, habe einen Handwerksberuf erlernt

e. Ja, ich habe einen Meisterbrief in einem Handwerksberuf im Gepäck und bin auch sonst handwerklich begabt

6. Besitzen Sie Improvisationstalent?

a. Nein, wenn mal was schiefgeht, bin ich aufgeschmissen und hilflos

b. Nein, aber ich habe keine Angst

c. Geht so, aber wenn es wirklich wichtig ist, fällt mir meist was ein

d. Ja, aber nur wenn ich etwas Zeit habe und nicht völlig unter Druck stehe

e. Ja, Improvisieren ist eine meiner Stärken, weil ich sehr flexibel bin und mir immer gut zu helfen weiß

f. Klar, ich liebe es, mir in verzwickten Situationen sehr schnell einen Ausweg zu überlegen und Probleme dort zu lösen, wo sie auftreten. Selbst Mac Gyver könnte noch was von mir lernen

7. *Sind Sie sportlich?*

a. Nein, ich halte es wie Churchill: »No sports«

b. Nein, ich bin eher der Genießertyp, aber nicht korpulent

c. Nein, ich bin aber nicht schlecht konditioniert und gut beweglich

d. Ja, halbwegs. Ich bewege mich viel, bin aber kein ausgewiesener Sportler

e. Ja, ich betreibe aktiv und mehrmals wöchentlich Sport

f. Ja, ich bin bekennender Leistungssportler und habe auch schon Pokale in meiner Sportart gewonnen

8. *Wie gehen Sie mit Niederlagen um?*

a. Ich bin es gewohnt zu verlieren, denn ich habe meist Pech

b. Ich lerne noch, denn ich kann Niederlagen sehr schlecht verwinden

c. Ich rappele mich meistens schnell auf und beginne von vorn

d. Ich analysiere das Problem und versuche es künftig zu vermeiden

e. Wer aufstehen will, darf vorher fallen. Niederlagen sind für mich Herausforderungen mit Lerneffekt

9. *Können Sie mit Geld umgehen?*

a. Nein, damit habe ich ein Problem

b. Nein, aber mein Lebenspartner

c. Ja, grundsätzlich schon, aber manchmal belohne ich mich auch gerne

d. Ja, ich bin da sehr rational und auch vorsichtig

e. Ja, ich habe Haushalten und Sparsamkeit gelernt, bin aber nicht geizig. Ich brauche jedenfalls immer ein solides Finanzpolster als Reserve

10. Sind Sie ein Kontaktmensch?
a. Nein, ich lebe zurückzogen und brauche nur mich
b. Nein, ich brauche meist etwas Hilfe, um auf andere zuzugehen
c. Ja, ich brauche Kontakte zu anderen wie die Luft zum Atmen. Ohne viele Menschen um mich herum bin ich verloren
d. Ja, ich bin ein Familienmensch, denn ich brauche die Gemeinsamkeit
e. Ja, ich habe gerne Menschen um mich herum, aber ich komme auch gut allein zurecht und schätze auch Rückzugsmöglichkeiten für mich und meine Mitmenschen

11. Können Sie über längere Zeit schweigen?
a. Nein, das geht gar nicht
b. Nein, nur wenn ich mich dazu zwinge
c. Ja, aber es bedarf einiger Anstrengung
d. Ja, ich kann mich wegträumen
e. Ja, ich beherrsche Entspannungstechniken, da gehört Schweigen einfach dazu

12. Wie gehen Sie mit Trennungen um?
a. Verkrafte ich extrem schlecht. Ich mag niemanden missen, der mir wichtig ist
b. Trennungen sind mir egal, ich lebe ja für mich
c. Gut, wenn ich weiß, wann es das nächste Wiedersehen gibt
d. Gut, weil ich weiß, dass Distanzen im globalen Dorf keine große Rolle mehr spielen

e. Meine engste Familie gehört zu mir, da will ich keine Trennungen. Und darüber hinaus entscheide ich unter Vernunftsaspekten

13. Wie wichtig ist Ihnen soziale Sicherheit?

a. Unwichtig, ich lebe in den Tag

b. Geht mir über alles, denn ich bin sehr ängstlich

c. Wenn ich Probleme bekomme, sollten die staatlichen Systeme mich schon auffangen

d. Interessiert mich schon, obwohl ich bislang wenig Absicherung in Anspruch genommen habe

e. Ich bin es gewohnt, Probleme ohne Staatshilfe zu lösen, aber im äußersten Notfall sollte eine Restsicherheit da sein

f. Ich bedarf keiner derartigen Fürsorge, da ich bereits ausreichend eigene Vorsorge getroffen habe

14. Wie viel »Deutschland« brauchen Sie, um sich wohlzufühlen?

a. Das ganze Programm, nur mit Strand und wenig Arbeit

b. Pünktlichkeit, Ordnung und Sauberkeit sind mir neben gutem deutschem Essen besonders wichtig

c. Ich kann verzichten, aber guten Kaffee, deutsches Fernsehen und eine Internetverbindung brauche ich öfter

d. Wenig, mir würden ein paar Mal im Jahr ein paar deutsche Biere und eine halbwegs stabile Internetverbindung reichen

e. Wenig, wichtiger sind mir hin und wieder Besucher aus Deutschland. Und manchmal ein *Spiegel* oder *Focus* vom Vormonat wäre auch nicht verkehrt

15. Könnten Sie sich vorstellen, einen Monat mit nur mit einem Koffer voller Gepäck auszukommen?

a. Nein, geht gar nicht

b. Egal, ich sehe mich nicht, das Problem haben andere

c. Egal, ich habe ja noch meine Kreditkarten

d. Ja, ich kann mir ja Zeug von anderen leihen

e. Ja, wenn ich mir vorher Rat holen kann, was ich am besten für so eine lange Zeit einpacke

f. Ja, kein Problem. Ich bin selbstbewusst, kann improvisieren und habe den Kofferinhalt vorher entsprechend gut ausgewählt

16. Sind Sie künstlerisch begabt?

a. Nein, ich hasse allen Schnickschnack außer Fernsehen

b. Nein, aber ich höre gerne Musik

c. Ja, ich habe ein künstlerisches Hobby

d. Ja, ich übe eine Kunst passioniert aus und werde dafür auch anerkannt

17. Wie ist es um Ihre Allgemeinbildung bestellt?

a. Kein Interesse, das ist doch von gestern

b. Ich habe eine ausreichende Schulbildung genossen

c. Ich bin als Bezieher einer überregionalen Tageszeitung gut informiert

d. Ich bin vielseitig interessiert und lese viel

e. Man lernt nie aus, und es ist ein wichtiges Fitnessprogramm, auch geistig durch einen ständig aktualisierten Wissensstand auf dem Laufenden zu bleiben

18. Sind Sie selbstkritisch?

a. Mein einziger Fehler ist meine Bescheidenheit, aber das stelle ich auch noch ab

b. Ja, und dabei meist auch grüblerisch und zaghaft

c. Ja, manchmal, wenn ich große Fehler gemacht habe

d. Ja, aber nur bis zu einer bestimmten Grenze, dann überbrücke ich mit guter Laune

e. Ja, im gleichen Maß, wie ich auch selbstbewusst bin. Ich glaube an mich und meine Fähigkeiten, ärgere mich aber, wenn ich vermeidbare Fehler mache

19. Was halten Sie von Humor und Lebensfreude?

a. Ich bin doch kein Komiker und auch kein Kind

b. Das Leben ist kein Spiel, da gibt es selten was zu lachen

c. Lachen ist gesund, aber Ernsthaftigkeit ist auch unverzichtbar

d. Don't worry, be happy … nicht immer alles so ernst zu nehmen hilft über manches Problem hinweg

e. Das Leben als Achterbahn humorvoll genießen zu können und insbesondere sich selbst nicht immer so wichtig und ernst zu nehmen ist eine notwendige Kunst

20. Die Gretchenfrage: Wie groß sind Ihre freien finanziellen Reserven (ohne Rentenanwartschaft und vermutete Erbtante)?

a. Unter 5000 Euro

b. Zwischen 5000 und 10 000 Euro

c. Zwischen 10 000 und 20 000 Euro

d. Zwischen 20 000 und 50 000 Euro

e. Zwischen 50 000 und 100 000 Euro

f. Über 100 000 Euro

g. 50 000 Euro, inklusive Kraft, Mut und einer Top-Geschäftsidee

Bitte kreuzen Sie Ihre Antworten an:

	Punktzahl für Antwort						
	a	b	c	d	e	f	g
Frage 1	0	5	10	20	50	-	-
Frage 2	0	10	20	50	100	-	-
Frage 3	0	5	10	20	50	-	-
Frage 4	0	5	10	20	50	-	-
Frage 5	0	10	20	50	100	-	-
Frage 6	0	5	10	20	50	100	-
Frage 7	0	5	10	20	50	100	-
Frage 8	0	10	20	50	100	-	-
Frage 9	0	5	10	20	50	-	-
Frage 10	0	5	10	20	50	-	-
Frage 11	0	5	10	20	50	-	-
Frage 12	0	0	10	20	50	-	-
Frage 13	0	5	10	20	50	100	-
Frage 14	0	5	10	20	50	-	-
Frage 15	0	0	5	10	20	50	-
Frage 16	0	5	10	20	-	-	-
Frage 17	0	5	10	20	50	-	-
Frage 18	0	5	10	20	50	-	-
Frage 19	0	5	10	20	50	-	-
Frage 20	0	10	20	30	50	100	150
Summe der Punkte pro Buchstabe:							
Gesamtpunktzahl/ Ergebnis:							

Die Auswertung

0–100 Punkte:

Entweder Sie sind ein Spaßvogel, der gerne mal Blödsinn ankreuzt, oder ein herzensguter Mensch mit Sinn für Themen, die nicht zu Ihnen passen. In jedem Fall schön, dass auch Sie dieses

Buch haben. Aber mit dem Thema Auswanderung befassen Sie sich besser nur lesend oder vor dem Fernseher. Denn so können Sie unbeschadet erleben, wie grandios man scheitert, wenn man zu naiv an eine solche Lebensaufgabe herangeht. Also schlagen Sie bitte in nächster Zeit nicht auf Ihr Sparschwein ein, und kaufen Sie sich auf dem Weg zum Flughafen auch keinen Campinggrill, um in Kanada künftig als Selfmade-Milliardär im ambulanten Gastgewerbe mit German Rostbratwürstchen Karriere zu machen. Das wird nix. Die Herausforderung Ihres Lebens dürfte schon in einem Wohnungswechsel in ein anderes Bundesland bestehen. Wenn es mal so weit ist, viel Glück. Und lassen Sie sich bitte bei so einem komplexen Vorhaben helfen!

101–400 Punkte:

Ja, Sie sind wenigstens ehrlich und überschätzen sich nicht. Bei Menschen mit solchen positiven Eigenschaften geht dann meist auch mehr. Bleiben Sie aber Ihren eigenen Fähigkeiten gegenüber kritisch und prüfen gerade Sie sehr genau, ob sie tatsächlich so eine Lebensaufgabe wie eine Auswanderung in Angriff nehmen wollen. Wenn Sie sich dann doch dafür entscheiden, Deutschland den Rücken zu kehren, nehmen Sie sich bitte besonders viel Zeit für die Vorbereitungen und halten Sie auch Mittel für professionelle Unterstützung sowohl bei der Ausreise als auch für die erste Zeit im Zielland bereit. Und haben Sie immer einen »Plan B«, falls Sie trotz beharrlichen Bemühens feststellen, dass Sie im Zielland auf Dauer nicht glücklich werden.

401–800 Punkte:

Sie haben das drauf. Das Thema Auswanderung kann für Sie eine spannende und zukunftsweisende Möglichkeit werden. Eine überlegenswerte Option ist es allemal. Wenn Sie mögen, setzen Sie sich mal – allein oder mit Partner – in ein stilles Kämmerlein und denken bei einem guten Glas Wein über eine »Zukunft mit Aussicht« nach. Oder sehen Sie sich im nächsten Urlaub etwas genauer um, ob es das ist, was Sie reizen könnte. Denn die Anlagen dazu haben Sie. Aber Sie gehören auch zu denen, die in Deutschland eine gute und aussichtsreiche Zukunft haben und es sich daher sehr gründlich überlegen werden ... womit Sie absolut recht haben. Auswandern ist eine Entscheidung fürs Leben.

801–1000 Punkte:

Toll, dass auch Sie sich mit diesem Buch befassen. Denn für Sie ist eine »Zukunft mit Aussicht« kein ferner Traum, sondern – wenn Sie die Fragen ehrlich beantwortet haben – sowohl vom Bildungsniveau wie auch von der Belastbarkeit und Ihren sonstigen Ressourcen in greifbarer Nähe. Aber gerade Sie werden sich sehr genau überlegen, ob und, wenn ja, wofür es sich lohnen könnte, die erfolgreiche Existenz aufzugeben, um anderswo neu zu beginnen. Und da werden Sie ganz gewiss sehr wählerisch sein. Also überlegen Sie sich einfach, ob es nicht im ersten Schritt eine Ferienwohnung im anvisierten Zielland plus einem Sabbatical zum Üben wird. Denn Sie müssen nicht zwischen hopp oder topp wählen.

Über 1000 Punkte:

Wer hier noch dabei ist, nimmt sich entweder den Test noch einmal vor oder genießt still lächelnd die Freude einer in allen maßgeblichen Auswanderungsfragen reich gesegneten Existenz. Herzlichen Glückwunsch an einen besonders begabten und hervorragend ausgestatteten Mitmenschen. Nehmen Sie sich die Freiheit, einfach mal darüber nachzudenken, welche spannenden Herausforderungen das Leben noch für Sie bereithält, und sehen Sie eine Auswanderung als dafür tauglich an. Sie werden sicher nicht scheitern.

Kleiner Sprachführer

DEUTSCH	SPANISCH
Guten Tag	Buenos días
Guten Abend	Buenas tardes
Wie geht es Ihnen?	¿Comó está?
Gut, danke!	Bien, gracias.
Hallo	Hola
Auf Wiedersehen	Hasta luego
Mein Name ist/ Ich bin ...	Mi nombre es/ Soy ...
Wie heißen Sie?	¿Comó se llama usted?
Gut, großartig	Bien, fenomenal
Sprechen Sie Deutsch?	¿Habla aleman?
Ich verstehe nicht.	No entiendo.
Verstehen Sie?	¿Comprende?
Bitte wiederholen Sie langsamer.	Repete más despacio, por favor.
Wie heißt das/dies?	¿Comó se llama?
Wer?	¿Quien? / ¿Quienes?
Wo ist ...?	¿Dónde está ...?
Strand	playa
Toiletten	servicios
Busbahnhof	estación de autobús
Flughafen	aeropuerto
Postamt	oficina de correos
Polizei	policía
Supermarkt	supermercado
Wo gibt es einen / eine ...?	¿Dónde hay un / una..?
Bank	banco
Apotheke	farmacia
Hotel	hotel
Tankstelle	gasolinera

ENGLISCH	FRANZÖSISCH
Good afternoon	Bonjour
Good evening	Bonsoir
How are you?	Comment allez-vous?
Fine, thank you.	Bien, merci.
Hello	Salut
See you	Au revoir
My name is/ I am ...	Je m´appelle / Je suis …
What is your name?	Comment vous appelez?
Well, very good	Bien, magnifique
Do you speak german?	Parlez-vous allemand?
I do not understand.	Je ne vous comprends pas.
Do you understand?	Vous comprenez?
Please repeat it slowlier.	Répétez plus lent, s´il vous plaît.
How do you call that/this?	Comment la / le s´appelle?
Who?	Qui?
Where is …?	Où est ...?
beach	plage
facilities	cabinets
bus station	gare routière
airport	aéroport
post office	bureau de poste
police	police
supermarket	supermarché
Where is a …?	Où se trouve un / une ...?
bank	banc
pharmacy	pharmacie
hotel	hotel
petrol station	station de service

DEUTSCH	SPANISCH
Einkaufspassage	galleria commercial
Krankenhaus	hospital
Haben Sie ...?	¿Tiene usted ...?
Ich hätte gerne ...	Yo deseo …
Ich will ... (nicht)	(no) quiero
Ich möchte ... kaufen	Yo deseo comprar …
Wo kann ich ... kaufen?	¿Dónde puedo comprar …?
Zigaretten	pitillos
Fahrkarte	billete
anderer/gleicher	otro, -a / igual
dies/ jenes	aquel, -a
billig	economico /-a
Postkarte	carta
Aspirin	aspirina
Ich brauche ...	Necesito …
ein Arzt	un médico /-a
ein Mechaniker	el mecánico /-a
Hilfe!	¡Socorro!
Wie viel?	¿Cuánto /-a?
Wie viel kostet es?	¿Cuánto cuesta esto?
teuer	caro /-a
viel / viele	mucho, -a / muchos, -as
wenig / etwas	poco
Ja / Nein	Si / No
mehr / weniger	más / menos
groß / klein	grande / pequeno, -a
heiß / kalt	adusto, -a / frío, -a
mit / ohne	con / sin
erster / letzter	primero, -a / último, -a
nah / fern	cerca / lejano, -a
rechts / links	a la derecha / a la izquierda
die Straße	la calle
jetzt / später	ahora / luego

ENGLISCH	FRANZÖSISCH
shopping arcade	centre commercial
hospital	hôpital
Have you got …?	Avez-vous …?
I would like to have …	Je voudrais …
I (do not) want …	Je (ne) veux (pas)…
I would like to buy …	Je voudrais acheter …
Where can I buy …?	Où puis-je acheter …?
cigarettes	cigarettes
ticket	billet
another/ same	autre / pareil, -le
this	ce, cet, cette
cheap	bon marché
postcard	carte postale
aspirin	aspirine
I need …	J´ai besoin de …
a doctor	un docteur
a mechanic	un mécano
Help!	Au Secours!
How much?	Combien?
How much does it cost?	Cela coûte combien?
expensive	cher
much / many	beaucoup
few	peu
Yes / No	Oui / Non
more / less	plus / moins
big / small	grand, -e / petit, -e
hot / cold	chaud / froid
with / without	avec / sans
first / last	premier, -e / dernier, -e
close / afar	près / loin
right / left	à droite / à gauche
the street	la rue
now / afterwards	maintenant / après

DEUTSCH	SPANISCH
Wann?	¿Cuándo?
Wie viel Uhr ist es?	¿Qué hora es?
Einen Augenblick bitte.	Uno momento, por favor.
Wie lange dauert ...?	¿Cuánto tiempo eterniza ...?
Um wie viel Uhr?	¿A qué hora?
Um ein / zwei Uhr.	Es la una / Son las dos.
Welcher Tag?	¿Qué día?
Taxi / Bus / Auto	taxi / autobús / coche
Flugzeug / Zug / Schiff	avión / tren / barco
Wie komme ich nach ...?	¿Comó me voy para ... ?
Bitte bringen Sie mich nach ...	Usted me aporta a ..., por favor.
Bitte rufen Sie ein Taxi.	Llame a un taxi, por favor.

Wie heißt dieser Ort
  – diese Straße?
	¿Comó se llama el lugar
	  – a calle?

Wo sind wir?	¿Dónde estamos?
Bitte hier halten.	Para aquí, por favor.
Bitte warten.	Aguarda, por favor.
Ich möchte gerne ein Auto mieten.	Yo deseo alquilar un coche.
Ich möchte mein Gepäck aufgeben.	Yo deseo facturar mi bagaje.
Ich habe ein Zimmer reserviert.	Tengo una habitación reservada.
mit Klimaanlage	con acondicionado
die Schlüssel	las llaves
Die Rechnung bitte.	La cuenta, por favor.
Gepäck	bagaje
die Versicherung	el seguro
Frühstück	desayuno
Mittagessen	comida
Abendessen	cena
Mineralwasser	agua mineral

Kann ich mit Kreditkarte
  zahlen?
	¿Puedo pagar también con
	  tarjeta?

Ich habe ein Vorstellungsgespräch.	Tengo una entrevista de trabajo.
Kaution	caución

ENGLISCH	FRANZÖSISCH
When?	Quand?
What time is it?	Quelle heure est-il?
Wait a little please.	Un moment, s'il vous plaît.
How long takes …?	Combien de temps durera …?
At which time?	A quelle heure?
At one / two o'clock.	Il est une / deux heure, -s.
Which day?	Quel jour?
taxi / bus / car	taxi / bus / voiture
plane / train / ship	avion / train / bateau
How can I reach …?	Comment je viens à …?
Bring me to ... please.	Voulez-vous me donner à ...?
Please call a taxi.	Appelez un taxi, s'il vous plaît.
How do you call this place	Comment s'appelle la place
– this street?	– la rue?
Where are we?	Où sommes-nous?
Stop here, please.	Arrêtez ici, s'il vous plaît.
Please wait.	Attendez, s'il vous plaît.
I would like to rent a car.	Je voudrais louer une voiture.
I would like to abandon my baggage.	Je voudrais expédier mon bagage.
I have booked a room.	J'ai reservé une chambre.
with air condition	avec climatisation
the keys	les clés
The bill please.	L'addition, s'il vous plaît.
baggage	bagage
the insurance	l'assurance
breakfast	petit déjeuner
lunch	déjeuner
dinner	diner
mineral water	l'eau (minérale)
Could I pay with my credit card?	Peux-je payer avec la carte de crédit?
I have a job interview.	J'ai un entretien.
deposit	caution

DEUTSCH	SPANISCH
Ich suche ...	Estoy buscando …
bitte / danke	por favor / gracias
Entschuldigen Sie bitte.	Perdona, por favor.
Eingang / Ausgang	entrada / salida
geöffnet / geschlossen	abierto / cerrado
Männer / Frauen	hombres / mujeres
Schule	escuela
Abschlusszeugnis	certificado de fin de estudios
(Personal-) Ausweis	documento nacional de identidad
das Einkommen	el ingreso

ENGLISCH	FRANZÖSISCH
I search for …	Je cherche …
please / thanks	s´il vous plaît / merci
I beg your pardon.	Excusez-moi.
entrance / exit	entrée / sortie
open/ close	ouvert / fermé
men / women	hommes / femmes
school	école
leaving certificate	certificat de fin d´études
identity card	carte d´identité
the income	le revenu

Der Ländertest im Quick-Check

Hier finden Sie einen Quick-Check für die ausgewählten 25 Länder. Die Übersicht ist rein subjektiv und stellt eine persönliche Bewertung und Einschätzung der Autoren dar. Sie erhebt keinen Anspruch auf Vollständigkeit und ist auch in der zeitlichen Bewertung dieser Auflage eine Momentaufnahme aus dem Frühjahr 2008. Die Basis sind intensive Recherchen in den verschiedensten Quellen sowie Informationen von inoffiziellen wie offiziellen Stellen. Außerdem beruhen sie auf einer Vielzahl eigener Erfahrungen in den einzelnen Ländern.

Wir beabsichtigen, für Nachauflagen auch gut begründete Lesereinschätzungen zur Aktualisierung des Quick-Checks heranzuziehen. Also schreiben Sie uns gerne Ihre Hinweise und Einschätzungen oder senden Sie uns eine Nachricht an www.zukunft-mit-aussicht.de.

Die Wertung reicht von null bis fünf Flugzeugen (✈). Je mehr Flugzeuge, desto einfacher beziehungsweise besser und/oder ähnlicher ist Ihr Auswanderungsland in den verschiedenen Kategorien der alten Heimat Deutschland.

SPANIEN

Allgemeine Bewertung

Kultureller Anspruch	✈ ✈ ✈ ✈
Land und Landschaften	✈ ✈ ✈ ✈ ✈
Weltwirtschaftliche Bedeutung	✈ ✈ ✈
Weltpolitische Bedeutung	✈ ✈ ✈
Weltoffenheit	✈ ✈ ✈ ✈ ✈
Bürgerfreundlichkeit politisches System	✈ ✈ ✈ ✈
Politische Stabilität	✈ ✈ ✈ ✈ ✈
Allgemeine Wirtschaftsbedingungen	✈ ✈ ✈
Ökologisches Bewusstsein	✈ ✈ ✈

Auswanderungsrelevante Bewertung

Weltsprache oder Deutsch	✈ ✈ ✈ ✈
Verfahrensaufwand einer Einwanderung	✈ ✈ ✈ ✈ ✈
Verfahrensaufwand Arbeitserlaubnis	✈ ✈ ✈ ✈ ✈
Chancen für Selbständigkeit	✈ ✈ ✈ ✈ ✈
Chancen für qualifizierte Angestellte	✈ ✈ ✈ ✈
Nachfrage nach deutschen Handwerkern	✈ ✈ ✈ ✈
Lebenshaltungskosten im Vergleich zu D	✈ ✈ ✈ ✈
Einkommenssituation im Vergleich zu D	✈ ✈ ✈
Bildungssystem im Vergleich zu D	✈ ✈ ✈ ✈
Soziale Sicherung im Vergleich zu D	✈ ✈ ✈
Gesundheitsversorgung im Vergleich zu D	✈ ✈ ✈ ✈
Gehaltsniveau im Vergleich zu D	✈ ✈ ✈ ✈
Wohnqualität im Vergleich zu D	✈ ✈ ✈ ✈

VEREINIGTE STAATEN VON AMERIKA (USA)

Allgemeine Bewertung

Kultureller Anspruch	✈✈✈✈✈
Land und Landschaften	✈✈✈✈✈
Weltwirtschaftliche Bedeutung	✈✈✈✈✈
Weltpolitische Bedeutung	✈✈✈✈✈
Weltoffenheit	✈✈✈✈✈
Bürgerfreundlichkeit politisches System	✈✈✈✈
Politische Stabilität	✈✈✈✈✈
Allgemeine Wirtschaftsbedingungen	✈✈✈
Ökologisches Bewusstsein	✈✈

Auswanderungsrelevante Bewertung

Weltsprache oder Deutsch	✈✈✈✈✈
Verfahrensaufwand einer Einwanderung	✈✈
Verfahrensaufwand Arbeitserlaubnis	✈✈
Chancen für Selbständigkeit	✈✈✈✈
Chancen für qualifizierte Angestellte	✈✈✈
Nachfrage nach deutschen Handwerkern	✈✈✈
Lebenshaltungskosten im Vergleich zu D	✈✈✈✈
Einkommenssituation im Vergleich zu D	✈✈✈✈
Bildungssystem im Vergleich zu D	✈✈✈✈✈
Soziale Sicherung im Vergleich zu D	✈✈✈
Gesundheitsversorgung im Vergleich zu D	✈✈✈✈✈
Gehaltsniveau im Vergleich zu D	✈✈✈✈
Wohnqualität im Vergleich zu D	✈✈✈✈✈

SCHWEIZ

Allgemeine Bewertung

Kultureller Anspruch	✈✈✈
Land und Landschaften	✈✈✈✈
Weltwirtschaftliche Bedeutung	✈✈
Weltpolitische Bedeutung	✈✈
Weltoffenheit	✈✈✈✈
Bürgerfreundlichkeit politisches System	✈✈✈✈
Politische Stabilität	✈✈✈✈✈
Allgemeine Wirtschaftsbedingungen	✈✈✈✈
Ökologisches Bewusstsein	✈✈✈✈

Auswanderungsrelevante Bewertung

Weltsprache oder Deutsch	✈✈✈
Verfahrensaufwand einer Einwanderung	✈✈✈✈
Verfahrensaufwand Arbeitserlaubnis	✈✈✈✈
Chancen für Selbständigkeit	✈✈✈
Chancen für qualifizierte Angestellte	✈✈✈
Nachfrage nach deutschen Handwerkern	✈✈✈
Lebenshaltungskosten im Vergleich zu D	✈✈✈
Einkommenssituation im Vergleich zu D	✈✈✈
Bildungssystem im Vergleich zu D	✈✈✈✈
Soziale Sicherung im Vergleich zu D	✈✈✈✈
Gesundheitsversorgung im Vergleich zu D	✈✈✈✈
Gehaltsniveau im Vergleich zu D	✈✈✈✈
Wohnqualität im Vergleich zu D	✈✈✈

THAILAND

Allgemeine Bewertung

Kultureller Anspruch	✈✈✈
Land und Landschaften	✈✈✈✈✈
Weltwirtschaftliche Bedeutung	✈✈
Weltpolitische Bedeutung	✈✈
Weltoffenheit	✈✈✈
Bürgerfreundlichkeit politisches System	✈✈✈✈
Politische Stabilität	✈✈✈✈
Allgemeine Wirtschaftsbedingungen	✈✈✈
Ökologisches Bewusstsein	✈✈✈✈

Auswanderungsrelevante Bewertung

Weltsprache oder Deutsch	✈✈✈✈
Verfahrensaufwand einer Einwanderung	✈✈✈
Verfahrensaufwand Arbeitserlaubnis	✈✈✈
Chancen für Selbständigkeit	✈✈✈
Chancen für qualifizierte Angestellte	✈✈✈
Nachfrage nach deutschen Handwerkern	✈✈✈
Lebenshaltungskosten im Vergleich zu D	✈✈✈✈✈
Einkommenssituation im Vergleich zu D	✈✈✈
Bildungssystem im Vergleich zu D	✈✈✈
Soziale Sicherung im Vergleich zu D	✈✈✈
Gesundheitsversorgung im Vergleich zu D	✈✈✈
Gehaltsniveau im Vergleich zu D	✈✈✈
Wohnqualität im Vergleich zu D	✈✈✈

DÄNEMARK

Allgemeine Bewertung

Kultureller Anspruch	✈✈✈
Land und Landschaften	✈✈✈✈✈
Weltwirtschaftliche Bedeutung	✈✈
Weltpolitische Bedeutung	✈✈
Weltoffenheit	✈✈✈✈✈
Bürgerfreundlichkeit politisches System	✈✈✈✈✈
Politische Stabilität	✈✈✈✈
Allgemeine Wirtschaftsbedingungen	✈✈✈✈
Ökologisches Bewusstsein	✈✈✈✈

Auswanderungsrelevante Bewertung

Weltsprache oder Deutsch	✈✈
Verfahrensaufwand einer Einwanderung	✈✈✈✈
Verfahrensaufwand Arbeitserlaubnis	✈✈✈✈
Chancen für Selbständigkeit	✈✈✈✈
Chancen für qualifizierte Angestellte	✈✈✈✈
Nachfrage nach deutschen Handwerkern	✈✈✈
Lebenshaltungskosten im Vergleich zu D	✈✈✈✈
Einkommenssituation im Vergleich zu D	✈✈✈✈
Bildungssystem im Vergleich zu D	✈✈✈✈
Soziale Sicherung im Vergleich zu D	✈✈✈✈
Gesundheitsversorgung im Vergleich zu D	✈✈✈✈
Gehaltsniveau im Vergleich zu D	✈✈✈✈
Wohnqualität im Vergleich zu D	✈✈✈✈

KENIA

Allgemeine Bewertung

Kultureller Anspruch	✈ ✈
Land und Landschaften	✈ ✈ ✈ ✈ ✈
Weltwirtschaftliche Bedeutung	?
Weltpolitische Bedeutung	?
Weltoffenheit	?
Bürgerfreundlichkeit politisches System	?
Politische Stabilität	?
Allgemeine Wirtschaftsbedingungen	?
Ökologisches Bewusstsein	?

Auswanderungsrelevante Bewertung

Weltsprache oder Deutsch	✈ ✈ ✈
Verfahrensaufwand einer Einwanderung	✈ ✈ ✈
Verfahrensaufwand Arbeitserlaubnis	✈ ✈ ✈
Chancen für Selbständigkeit	✈ ✈
Chancen für qualifizierte Angestellte	✈ ✈ ✈
Nachfrage nach deutschen Handwerkern	✈ ✈ ✈
Lebenshaltungskosten im Vergleich zu D	✈ ✈ ✈ ✈ ✈
Einkommenssituation im Vergleich zu D	✈ ✈
Bildungssystem im Vergleich zu D	✈ ✈
Soziale Sicherung im Vergleich zu D	✈ ✈
Gesundheitsversorgung im Vergleich zu D	✈ ✈
Gehaltsniveau im Vergleich zu D	✈ ✈
Wohnqualität im Vergleich zu D	✈ ✈ ✈

AUSTRALIEN

Allgemeine Bewertung

Kultureller Anspruch	✈✈✈
Land und Landschaften	✈✈✈✈✈
Weltwirtschaftliche Bedeutung	✈✈
Weltpolitische Bedeutung	✈✈
Weltoffenheit	✈✈✈✈✈
Bürgerfreundlichkeit politisches System	✈✈✈✈✈
Politische Stabilität	✈✈✈✈✈
Allgemeine Wirtschaftsbedingungen	✈✈✈
Ökologisches Bewusstsein	✈✈✈✈

Auswanderungsrelevante Bewertung

Weltsprache oder Deutsch	✈✈✈✈✈
Verfahrensaufwand einer Einwanderung	✈
Verfahrensaufwand Arbeitserlaubnis	✈
Chancen für Selbständigkeit	✈✈✈
Chancen für qualifizierte Angestellte	✈✈✈
Nachfrage nach deutschen Handwerkern	✈✈✈
Lebenshaltungskosten im Vergleich zu D	✈✈✈✈
Einkommenssituation im Vergleich zu D	✈✈✈
Bildungssystem im Vergleich zu D	✈✈✈✈
Soziale Sicherung im Vergleich zu D	✈✈✈
Gesundheitsversorgung im Vergleich zu D	✈✈✈✈
Gehaltsniveau im Vergleich zu D	✈✈✈✈
Wohnqualität im Vergleich zu D	✈✈✈✈

SÜDAFRIKA

Allgemeine Bewertung

Kultureller Anspruch	✈✈✈
Land und Landschaften	✈✈✈✈✈
Weltwirtschaftliche Bedeutung	✈✈
Weltpolitische Bedeutung	✈✈
Weltoffenheit	✈✈✈
Bürgerfreundlichkeit politisches System	✈✈✈
Politische Stabilität	✈✈✈
Allgemeine Wirtschaftsbedingungen	✈✈
Ökologisches Bewusstsein	✈✈✈

Auswanderungsrelevante Bewertung

Weltsprache oder Deutsch	✈✈✈✈
Verfahrensaufwand einer Einwanderung	✈✈✈
Verfahrensaufwand Arbeitserlaubnis	✈✈✈
Chancen für Selbständigkeit	✈✈✈
Chancen für qualifizierte Angestellte	✈✈✈
Nachfrage nach deutschen Handwerkern	✈✈✈
Lebenshaltungskosten im Vergleich zu D	✈✈✈✈✈
Einkommenssituation im Vergleich zu D	✈✈✈
Bildungssystem im Vergleich zu D	✈✈
Soziale Sicherung im Vergleich zu D	✈✈
Gesundheitsversorgung im Vergleich zu D	✈✈✈
Gehaltsniveau im Vergleich zu D	✈✈
Wohnqualität im Vergleich zu D	✈✈✈✈

NORWEGEN

Allgemeine Bewertung

Kultureller Anspruch	✈✈✈
Land und Landschaften	✈✈✈✈✈
Weltwirtschaftliche Bedeutung	✈✈
Weltpolitische Bedeutung	✈✈
Weltoffenheit	✈✈✈✈
Bürgerfreundlichkeit politisches System	✈✈✈✈
Politische Stabilität	✈✈✈✈✈
Allgemeine Wirtschaftsbedingungen	✈✈✈
Ökologisches Bewusstsein	✈✈✈✈

Auswanderungsrelevante Bewertung

Weltsprache oder Deutsch	✈✈
Verfahrensaufwand einer Einwanderung	✈✈✈✈
Verfahrensaufwand Arbeitserlaubnis	✈✈✈✈
Chancen für Selbständigkeit	✈✈✈✈
Chancen für qualifizierte Angestellte	✈✈✈✈
Nachfrage nach deutschen Handwerkern	✈✈✈✈
Lebenshaltungskosten im Vergleich zu D	✈✈✈✈
Einkommenssituation im Vergleich zu D	✈✈✈
Bildungssystem im Vergleich zu D	✈✈✈✈
Soziale Sicherung im Vergleich zu D	✈✈✈
Gesundheitsversorgung im Vergleich zu D	✈✈✈✈
Gehaltsniveau im Vergleich zu D	✈✈✈
Wohnqualität im Vergleich zu D	✈✈✈

ARGENTINIEN

Allgemeine Bewertung

Kultureller Anspruch	✈✈✈
Land und Landschaften	✈✈✈✈✈
Weltwirtschaftliche Bedeutung	✈✈
Weltpolitische Bedeutung	✈✈
Weltoffenheit	✈✈✈✈
Bürgerfreundlichkeit politisches System	✈✈✈
Politische Stabilität	✈✈✈
Allgemeine Wirtschaftsbedingungen	✈✈✈
Ökologisches Bewusstsein	✈✈✈

Auswanderungsrelevante Bewertung

Weltsprache oder Deutsch	✈✈✈
Verfahrensaufwand einer Einwanderung	✈✈✈
Verfahrensaufwand Arbeitserlaubnis	✈✈✈
Chancen für Selbständigkeit	✈✈✈
Chancen für qualifizierte Angestellte	✈✈✈✈
Nachfrage nach deutschen Handwerkern	✈✈✈✈
Lebenshaltungskosten im Vergleich zu D	✈✈✈✈
Einkommenssituation im Vergleich zu D	✈✈✈
Bildungssystem im Vergleich zu D	✈✈✈
Soziale Sicherung im Vergleich zu D	✈✈✈
Gesundheitsversorgung im Vergleich zu D	✈✈✈
Gehaltsniveau im Vergleich zu D	✈✈✈
Wohnqualität im Vergleich zu D	✈✈✈

COSTA RICA

Allgemeine Bewertung

Kultureller Anspruch	✈✈✈✈
Land und Landschaften	✈✈✈✈✈
Weltwirtschaftliche Bedeutung	✈✈
Weltpolitische Bedeutung	✈✈
Weltoffenheit	✈✈✈✈✈
Bürgerfreundlichkeit politisches System	✈✈✈✈✈
Politische Stabilität	✈✈✈✈✈
Allgemeine Wirtschaftsbedingungen	✈✈✈
Ökologisches Bewusstsein	✈✈✈✈✈

Auswanderungsrelevante Bewertung

Weltsprache oder Deutsch	✈✈✈
Verfahrensaufwand einer Einwanderung	✈✈✈
Verfahrensaufwand Arbeitserlaubnis	✈✈✈
Chancen für Selbständigkeit	✈✈✈
Chancen für qualifizierte Angestellte	✈✈✈✈
Nachfrage nach deutschen Handwerkern	✈✈✈✈
Lebenshaltungskosten im Vergleich zu D	✈✈✈✈
Einkommenssituation im Vergleich zu D	✈✈✈
Bildungssystem im Vergleich zu D	✈✈✈
Soziale Sicherung im Vergleich zu D	✈✈✈
Gesundheitsversorgung im Vergleich zu D	✈✈✈
Gehaltsniveau im Vergleich zu D	✈✈✈
Wohnqualität im Vergleich zu D	✈✈✈

BRASILIEN

Allgemeine Bewertung

Kultureller Anspruch	✈✈✈
Land und Landschaften	✈✈✈✈✈
Weltwirtschaftliche Bedeutung	✈✈
Weltpolitische Bedeutung	✈✈
Weltoffenheit	✈✈✈✈
Bürgerfreundlichkeit politisches System	✈✈✈
Politische Stabilität	✈✈✈
Allgemeine Wirtschaftsbedingungen	✈✈✈
Ökologisches Bewusstsein	✈✈✈

Auswanderungsrelevante Bewertung

Weltsprache oder Deutsch	✈
Verfahrensaufwand einer Einwanderung	✈✈✈
Verfahrensaufwand Arbeitserlaubnis	✈✈✈
Chancen für Selbständigkeit	✈✈✈✈
Chancen für qualifizierte Angestellte	✈✈✈✈
Nachfrage nach deutschen Handwerkern	✈✈✈✈
Lebenshaltungskosten im Vergleich zu D	✈✈✈✈
Einkommenssituation im Vergleich zu D	✈✈
Bildungssystem im Vergleich zu D	✈✈✈
Soziale Sicherung im Vergleich zu D	✈✈
Gesundheitsversorgung im Vergleich zu D	✈✈✈
Gehaltsniveau im Vergleich zu D	✈✈
Wohnqualität im Vergleich zu D	✈✈✈

CHILE

Allgemeine Bewertung

Kultureller Anspruch	✈✈
Land und Landschaften	✈✈✈✈
Weltwirtschaftliche Bedeutung	✈✈
Weltpolitische Bedeutung	✈✈
Weltoffenheit	✈✈✈
Bürgerfreundlichkeit politisches System	✈✈✈
Politische Stabilität	✈✈✈✈
Allgemeine Wirtschaftsbedingungen	✈✈✈
Ökologisches Bewusstsein	✈✈✈

Auswanderungsrelevante Bewertung

Weltsprache oder Deutsch	✈✈✈
Verfahrensaufwand einer Einwanderung	✈✈✈
Verfahrensaufwand Arbeitserlaubnis	✈✈✈
Chancen für Selbständigkeit	✈✈✈
Chancen für qualifizierte Angestellte	✈✈✈✈
Nachfrage nach deutschen Handwerkern	✈✈✈✈
Lebenshaltungskosten im Vergleich zu D	✈✈✈✈
Einkommenssituation im Vergleich zu D	✈✈
Bildungssystem im Vergleich zu D	✈✈✈
Soziale Sicherung im Vergleich zu D	✈✈
Gesundheitsversorgung im Vergleich zu D	✈✈✈
Gehaltsniveau im Vergleich zu D	✈✈
Wohnqualität im Vergleich zu D	✈✈✈

KANADA

Allgemeine Bewertung

Kultureller Anspruch	✈✈✈✈
Land und Landschaften	✈✈✈✈✈
Weltwirtschaftliche Bedeutung	✈✈✈
Weltpolitische Bedeutung	✈✈✈
Weltoffenheit	✈✈✈✈
Bürgerfreundlichkeit politisches System	✈✈✈✈
Politische Stabilität	✈✈✈✈✈
Allgemeine Wirtschaftsbedingungen	✈✈✈
Ökologisches Bewusstsein	✈✈✈✈✈

Auswanderungsrelevante Bewertung

Weltsprache oder Deutsch	✈✈✈✈✈
Verfahrensaufwand einer Einwanderung	✈✈
Verfahrensaufwand Arbeitserlaubnis	✈✈
Chancen für Selbständigkeit	✈✈✈
Chancen für qualifizierte Angestellte	✈✈✈
Nachfrage nach deutschen Handwerkern	✈✈✈
Lebenshaltungskosten im Vergleich zu D	✈✈✈✈
Einkommenssituation im Vergleich zu D	✈✈✈
Bildungssystem im Vergleich zu D	✈✈✈✈
Soziale Sicherung im Vergleich zu D	✈✈✈
Gesundheitsversorgung im Vergleich zu D	✈✈✈✈
Gehaltsniveau im Vergleich zu D	✈✈✈
Wohnqualität im Vergleich zu D	✈✈✈✈

NEUSEELAND

Allgemeine Bewertung

Kultureller Anspruch ✈✈✈
Land und Landschaften ✈✈✈✈✈
Weltwirtschaftliche Bedeutung ✈✈
Weltpolitische Bedeutung ✈✈
Weltoffenheit ✈✈✈✈
Bürgerfreundlichkeit politisches System ✈✈✈✈
Politische Stabilität ✈✈✈✈✈
Allgemeine Wirtschaftsbedingungen ✈✈✈
Ökologisches Bewusstsein ✈✈✈✈

Auswanderungsrelevante Bewertung

Weltsprache oder Deutsch ✈✈✈✈✈
Verfahrensaufwand einer Einwanderung ✈
Verfahrensaufwand Arbeitserlaubnis ✈
Chancen für Selbständigkeit ✈✈✈
Chancen für qualifizierte Angestellte ✈✈✈
Nachfrage nach deutschen Handwerkern ✈✈✈
Lebenshaltungskosten im Vergleich zu D ✈✈✈✈
Einkommenssituation im Vergleich zu D ✈✈✈
Bildungssystem im Vergleich zu D ✈✈✈✈
Soziale Sicherung im Vergleich zu D ✈✈✈
Gesundheitsversorgung im Vergleich zu D ✈✈✈✈
Gehaltsniveau im Vergleich zu D ✈✈✈
Wohnqualität im Vergleich zu D ✈✈✈✈

FRANKREICH

Allgemeine Bewertung

Kultureller Anspruch	✈✈✈✈✈
Land und Landschaften	✈✈✈✈
Weltwirtschaftliche Bedeutung	✈✈✈
Weltpolitische Bedeutung	✈✈✈
Weltoffenheit	✈✈✈
Bürgerfreundlichkeit politisches System	✈✈✈✈
Politische Stabilität	✈✈✈✈✈
Allgemeine Wirtschaftsbedingungen	✈✈✈
Ökologisches Bewusstsein	✈✈✈

Auswanderungsrelevante Bewertung

Weltsprache oder Deutsch	✈✈
Verfahrensaufwand einer Einwanderung	✈✈✈✈✈
Verfahrensaufwand Arbeitserlaubnis	✈✈✈✈✈
Chancen für Selbständigkeit	✈✈✈✈
Chancen für qualifizierte Angestellte	✈✈✈✈
Nachfrage nach deutschen Handwerkern	✈✈✈
Lebenshaltungskosten im Vergleich zu D	✈✈✈✈
Einkommenssituation im Vergleich zu D	✈✈✈
Bildungssystem im Vergleich zu D	✈✈✈✈
Soziale Sicherung im Vergleich zu D	✈✈✈
Gesundheitsversorgung im Vergleich zu D	✈✈✈✈
Gehaltsniveau im Vergleich zu D	✈✈✈
Wohnqualität im Vergleich zu D	✈✈✈✈

ITALIEN

Allgemeine Bewertung

Kultureller Anspruch	✈✈✈✈✈
Land und Landschaften	✈✈✈✈
Weltwirtschaftliche Bedeutung	✈✈
Weltpolitische Bedeutung	✈✈
Weltoffenheit	✈✈✈✈✈
Bürgerfreundlichkeit politisches System	✈✈✈
Politische Stabilität	✈✈✈
Allgemeine Wirtschaftsbedingungen	✈✈✈
Ökologisches Bewusstsein	✈✈

Auswanderungsrelevante Bewertung

Weltsprache oder Deutsch	✈✈
Verfahrensaufwand einer Einwanderung	✈✈✈✈✈
Verfahrensaufwand Arbeitserlaubnis	✈✈✈✈✈
Chancen für Selbständigkeit	✈✈✈✈
Chancen für qualifizierte Angestellte	✈✈✈✈
Nachfrage nach deutschen Handwerkern	✈✈✈✈
Lebenshaltungskosten im Vergleich zu D	✈✈✈✈
Einkommenssituation im Vergleich zu D	✈✈✈
Bildungssystem im Vergleich zu D	✈✈✈
Soziale Sicherung im Vergleich zu D	✈✈✈
Gesundheitsversorgung im Vergleich zu D	✈✈✈
Gehaltsniveau im Vergleich zu D	✈✈✈
Wohnqualität im Vergleich zu D	✈✈✈✈

PORTUGAL

Allgemeine Bewertung

Kultureller Anspruch	✈✈✈✈
Land und Landschaften	✈✈✈✈
Weltwirtschaftliche Bedeutung	✈✈
Weltpolitische Bedeutung	✈✈
Weltoffenheit	✈✈✈✈
Bürgerfreundlichkeit politisches System	✈✈✈✈
Politische Stabilität	✈✈✈✈
Allgemeine Wirtschaftsbedingungen	✈✈✈
Ökologisches Bewusstsein	✈✈✈

Auswanderungsrelevante Bewertung

Weltsprache oder Deutsch	✈✈
Verfahrensaufwand einer Einwanderung	✈✈✈✈✈
Verfahrensaufwand Arbeitserlaubnis	✈✈✈✈✈
Chancen für Selbständigkeit	✈✈✈✈
Chancen für qualifizierte Angestellte	✈✈✈✈
Nachfrage nach deutschen Handwerkern	✈✈✈✈
Lebenshaltungskosten im Vergleich zu D	✈✈✈✈
Einkommenssituation im Vergleich zu D	✈✈✈
Bildungssystem im Vergleich zu D	✈✈✈
Soziale Sicherung im Vergleich zu D	✈✈✈
Gesundheitsversorgung im Vergleich zu D	✈✈✈✈
Gehaltsniveau im Vergleich zu D	✈✈✈
Wohnqualität im Vergleich zu D	✈✈✈✈

GRIECHENLAND

Allgemeine Bewertung

Kultureller Anspruch	✈✈✈✈✈
Land und Landschaften	✈✈✈✈
Weltwirtschaftliche Bedeutung	✈✈
Weltpolitische Bedeutung	✈✈
Weltoffenheit	✈✈✈✈
Bürgerfreundlichkeit politisches System	✈✈✈✈
Politische Stabilität	✈✈✈
Allgemeine Wirtschaftsbedingungen	✈✈
Ökologisches Bewusstsein	✈✈

Auswanderungsrelevante Bewertung

Weltsprache oder Deutsch	✈
Verfahrensaufwand einer Einwanderung	✈✈✈✈✈
Verfahrensaufwand Arbeitserlaubnis	✈✈✈✈✈
Chancen für Selbständigkeit	✈✈✈
Chancen für qualifizierte Angestellte	✈✈✈✈
Nachfrage nach deutschen Handwerkern	✈✈✈✈
Lebenshaltungskosten im Vergleich zu D	✈✈✈✈✈
Einkommenssituation im Vergleich zu D	✈✈
Bildungssystem im Vergleich zu D	✈✈✈
Soziale Sicherung im Vergleich zu D	✈✈✈
Gesundheitsversorgung im Vergleich zu D	✈✈✈
Gehaltsniveau im Vergleich zu D	✈✈
Wohnqualität im Vergleich zu D	✈✈✈✈

ENGLAND

Allgemeine Bewertung

Kultureller Anspruch	✈✈✈✈
Land und Landschaften	✈✈✈✈
Weltwirtschaftliche Bedeutung	✈✈✈✈
Weltpolitische Bedeutung	✈✈✈✈
Weltoffenheit	✈✈✈
Bürgerfreundlichkeit politisches System	✈✈✈✈
Politische Stabilität	✈✈✈✈✈
Allgemeine Wirtschaftsbedingungen	✈✈✈✈
Ökologisches Bewusstsein	✈✈✈

Auswanderungsrelevante Bewertung

Weltsprache oder Deutsch	✈✈✈✈✈
Verfahrensaufwand einer Einwanderung	✈✈✈✈
Verfahrensaufwand Arbeitserlaubnis	✈✈✈✈
Chancen für Selbständigkeit	✈✈✈✈
Chancen für qualifizierte Angestellte	✈✈✈✈
Nachfrage nach deutschen Handwerkern	✈✈✈✈
Lebenshaltungskosten im Vergleich zu D	✈✈✈
Einkommenssituation im Vergleich zu D	✈✈✈
Bildungssystem im Vergleich zu D	✈✈✈✈
Soziale Sicherung im Vergleich zu D	✈✈✈
Gesundheitsversorgung im Vergleich zu D	✈✈✈✈✈
Gehaltsniveau im Vergleich zu D	✈✈✈
Wohnqualität im Vergleich zu D	✈✈✈✈

IRLAND

Allgemeine Bewertung

Kultureller Anspruch	✈✈✈
Land und Landschaften	✈✈✈✈✈
Weltwirtschaftliche Bedeutung	✈✈
Weltpolitische Bedeutung	✈✈
Weltoffenheit	✈✈✈✈
Bürgerfreundlichkeit politisches System	✈✈✈✈
Politische Stabilität	✈✈✈
Allgemeine Wirtschaftsbedingungen	✈✈✈
Ökologisches Bewusstsein	✈✈✈✈✈

Auswanderungsrelevante Bewertung

Weltsprache oder Deutsch	✈✈✈✈
Verfahrensaufwand einer Einwanderung	✈✈✈✈
Verfahrensaufwand Arbeitserlaubnis	✈✈✈✈
Chancen für Selbständigkeit	✈✈✈
Chancen für qualifizierte Angestellte	✈✈✈✈
Nachfrage nach deutschen Handwerkern	✈✈✈✈
Lebenshaltungskosten im Vergleich zu D	✈✈✈✈
Einkommenssituation im Vergleich zu D	✈✈✈
Bildungssystem im Vergleich zu D	✈✈✈✈
Soziale Sicherung im Vergleich zu D	✈✈✈
Gesundheitsversorgung im Vergleich zu D	✈✈✈✈✈
Gehaltsniveau im Vergleich zu D	✈✈✈
Wohnqualität im Vergleich zu D	✈✈✈✈

NIEDERLANDE

Allgemeine Bewertung

Kultureller Anspruch	✈✈✈✈
Land und Landschaften	✈✈✈
Weltwirtschaftliche Bedeutung	✈✈
Weltpolitische Bedeutung	✈✈
Weltoffenheit	✈✈✈✈✈
Bürgerfreundlichkeit politisches System	✈✈✈✈
Politische Stabilität	✈✈✈✈✈
Allgemeine Wirtschaftsbedingungen	✈✈✈✈
Ökologisches Bewusstsein	✈✈✈

Auswanderungsrelevante Bewertung

Weltsprache oder Deutsch	✈✈
Verfahrensaufwand einer Einwanderung	✈✈✈✈✈
Verfahrensaufwand Arbeitserlaubnis	✈✈✈✈✈
Chancen für Selbständigkeit	✈✈✈
Chancen für qualifizierte Angestellte	✈✈✈✈
Nachfrage nach deutschen Handwerkern	✈✈✈✈
Lebenshaltungskosten im Vergleich zu D	✈✈✈✈
Einkommenssituation im Vergleich zu D	✈✈✈✈
Bildungssystem im Vergleich zu D	✈✈✈✈✈
Soziale Sicherung im Vergleich zu D	✈✈✈✈
Gesundheitsversorgung im Vergleich zu D	✈✈✈✈✈
Gehaltsniveau im Vergleich zu D	✈✈✈
Wohnqualität im Vergleich zu D	✈✈✈✈✈

SCHWEDEN

Allgemeine Bewertung

Kultureller Anspruch	✈✈✈
Land und Landschaften	✈✈✈✈✈
Weltwirtschaftliche Bedeutung	✈✈
Weltpolitische Bedeutung	✈✈
Weltoffenheit	✈✈✈✈✈
Bürgerfreundlichkeit politisches System	✈✈✈✈✈
Politische Stabilität	✈✈✈✈✈
Allgemeine Wirtschaftsbedingungen	✈✈✈
Ökologisches Bewusstsein	✈✈✈✈

Auswanderungsrelevante Bewertung

Weltsprache oder Deutsch	✈
Verfahrensaufwand einer Einwanderung	✈✈✈✈✈
Verfahrensaufwand Arbeitserlaubnis	✈✈✈✈✈
Chancen für Selbständigkeit	✈✈✈
Chancen für qualifizierte Angestellte	✈✈✈✈
Nachfrage nach deutschen Handwerkern	✈✈✈✈
Lebenshaltungskosten im Vergleich zu D	✈✈✈
Einkommenssituation im Vergleich zu D	✈✈✈
Bildungssystem im Vergleich zu D	✈✈✈✈✈
Soziale Sicherung im Vergleich zu D	✈✈✈
Gesundheitsversorgung im Vergleich zu D	✈✈✈✈
Gehaltsniveau im Vergleich zu D	✈✈✈
Wohnqualität im Vergleich zu D	✈✈✈✈

FINNLAND

Allgemeine Bewertung

Kultureller Anspruch	✈✈✈
Land und Landschaften	✈✈✈✈✈
Weltwirtschaftliche Bedeutung	✈✈✈
Weltpolitische Bedeutung	✈✈
Weltoffenheit	✈✈✈✈
Bürgerfreundlichkeit politisches System	✈✈✈✈
Politische Stabilität	✈✈✈✈✈
Allgemeine Wirtschaftsbedingungen	✈✈✈
Ökologisches Bewusstsein	✈✈✈

Auswanderungsrelevante Bewertung

Weltsprache oder Deutsch	✈
Verfahrensaufwand einer Einwanderung	✈✈✈✈✈
Verfahrensaufwand Arbeitserlaubnis	✈✈✈✈✈
Chancen für Selbständigkeit	✈✈✈
Chancen für qualifizierte Angestellte	✈✈✈✈
Nachfrage nach deutschen Handwerkern	✈✈✈✈
Lebenshaltungskosten im Vergleich zu D	✈✈
Einkommenssituation im Vergleich zu D	✈✈✈
Bildungssystem im Vergleich zu D	✈✈✈✈✈
Soziale Sicherung im Vergleich zu D	✈✈✈
Gesundheitsversorgung im Vergleich zu D	✈✈✈✈
Gehaltsniveau im Vergleich zu D	✈✈✈
Wohnqualität im Vergleich zu D	✈✈✈

ÖSTERREICH

Allgemeine Bewertung

Kultureller Anspruch	✈✈✈✈
Land und Landschaften	✈✈✈✈
Weltwirtschaftliche Bedeutung	✈✈
Weltpolitische Bedeutung	✈
Weltoffenheit	✈✈✈
Bürgerfreundlichkeit politisches System	✈✈✈✈
Politische Stabilität	✈✈✈✈✈
Allgemeine Wirtschaftsbedingungen	✈✈✈
Ökologisches Bewusstsein	✈✈✈

Auswanderungsrelevante Bewertung

Weltsprache oder Deutsch	✈✈✈✈✈
Verfahrensaufwand einer Einwanderung	✈✈✈✈✈
Verfahrensaufwand Arbeitserlaubnis	✈✈✈✈✈
Chancen für Selbständigkeit	✈✈✈✈
Chancen für qualifizierte Angestellte	✈✈✈✈
Nachfrage nach deutschen Handwerkern	✈✈✈✈
Lebenshaltungskosten im Vergleich zu D	✈✈✈✈
Einkommenssituation im Vergleich zu D	✈✈✈
Bildungssystem im Vergleich zu D	✈✈✈✈
Soziale Sicherung im Vergleich zu D	✈✈✈✈
Gesundheitsversorgung im Vergleich zu D	✈✈✈✈
Gehaltsniveau im Vergleich zu D	✈✈✈
Wohnqualität im Vergleich zu D	✈✈✈✈

Nützliche Internetadressen für Auswanderer

www.bva.bund.de/cln_046/nn_545156/DE/Aufgaben/Abt_II/InfostelleAuswanderungundAuslandstaetigkeit/Publikation/publikationen-node.html_nnn=true

www.auswaertigesamt.de/diplo/de/Infoservice/FAQ/ArbeitLebenPraktikumAusland/Uebersicht.html

www.ahk.de/

www.dihk.de/eic/

www.bva.bund.de/cln_046/nn_538762/DE/Aufgaben/Abt_II/InfostelleAuswanderungundAuslandstaetigkeit/infostelle-node.html_nnn=true

www.outofgermany.de/

www.freenet.de/freenet/finanzen/jobs/auswandern/index.html

www.outofgermany.de/

www.deutsche-rentenversicherung-bund.de/

hwww.dvka.de/oeffentlicheSeiten/dvka_home.html

www.bva.bund.de/cln_046/DE/Home/home-node.html_nnn=true

www.raphaels-werk.de/site/de/index.html

www.stil.de/themenschwerpunkt/urlaubs-knigge.htm

www.auswaertiges-amt.de/diplo/de/Infoservice/FAQ/Adressen/Uebersicht.

www.kinderkrippen-online.ch.

www.sbf.admin.ch.

www.seco.admin.ch

www.lebenin.ch

www.ambberlin.um.dk

www.immi.gov.au

www.australien-embassy.de

www.arbeit-australien.de

www.health.gov.au

www.jobs.vivastreet.de/job-kleinanzeigen/praktika-suedafrika.

www.skatteetaten.no

www.nav.no.

www.trabajo.gov.ar

www.computrabajo.com.ar
www.stellenanbieter.de

www.monster.ca

www.jobshark.ca

www.jobsetc.ca

www.jobopenings.net

www.canadajobs.com

www.allcanadianjobs.com

www.cooljobscanada.com

www.working.canada.com

www.workopolis.com

www.bcjob.ca

www.albertajobs.com

www.manitobajobs.ca

www.ontariojobs.com

www.newbrunswick.com

www.craarc.gc.ca/tax/individuals/faq/taxrates-e.html

www.hc-sc.gc.ca/english/index.htm

www.sdc.gc.ca/en/gateways/nav/top_nav/our_offices.shtml#100

www.jobstuff.co.nz

www.jobuniverse.co.nz (Jobs für IT und Computerindustrie)

www.jobs.govt.nz (staatliche Jobbörse)

www.kiwijobs.co.nz

www.netcheck.co.nz

www.new-zealand-jobs.com

www.nzjobs.com

www.nz.mycareer.com

www.careerbuilder.com

www.careerone.co.nz

www.jobpilot.com

www.monster.co.nz

www.seek.co.nz/

www.winz.govt.nz

www.nzvillage.com/neuseeland/preisvergleich.php

www.nzinfo.de/auto_kauf_2.php

www.southerncross.co.nz/

www.devismutuelle.com/

www.mef.gov.it

www.finanze.it

www.agenziaentrate.gov.it

www.citizens.eu.int oder
www.citizens.eu.int/de/de/gf/wo/it/topic.htm

www.inps.it

www.portaldocidadao.pt

www.fit-for-europe.info

www.min-edu.pt

www.educare.pt

www.giase.min-edu.pt.

www1.dasan.de

www.lissabon.diplo.de

www.ds-algarve.org

www.deutsche-fernschule.de

www.ea.gr/ea/

www.ec.europa.eu

www.direct.gov.uk

www.surestart.gov.uk

www.ltscotland.org.uk

www.dwp.gov.uk

www.dti.gov.uk.

www.welfare.ie

www.dohc.ie

www.fit-for-europe.info

www.welfare.ie

www.citizensinformation.ie

www./home.szw.nl

www.minocw.nl

www.justlanded.com

www.berufsstart.de

www.vero.fi

www.bmsg.gv.at

www.aerosecure.de

www.cites.com

www.zoll.de

www.leo.org

www.zukunft-mit-aussicht.de

Allgemeine Checkliste – bevor es losgeht, in die »Zukunft mit Aussicht«

- Festnetztelefon, Handy und Internet kündigen, Wohnsitz ab- oder ummelden
- Nachsendeauftrag bei der Post beantragen
- Banken informieren und eventuell Online-Banking beantragen
- Termin mit Ihren Versicherungsberatern vereinbaren, Rentenberater nicht vergessen
- Haus verkaufen beziehungsweise Mietvertrag rechtzeitig kündigen
- Finanzamt und Steuerberater verständigen
- Mobiliar verkaufen beziehungsweise sich um eine Spedition für den Transport kümmern
- sämtliche Dokumente besorgen beziehungsweise beglaubigen und gegebenenfalls übersetzen lassen, Reisepass beantragen
- Tierarzttermin machen und mitzunehmende Tiere impfen lassen
- alle Arztbesuche erledigen
- Kreditkarten beantragen beziehungsweise Adressen ändern lassen
- Kabelfernsehen, Premiere-TV und öffentlich-rechtliches Fernsehen abmelden
- Zeitungsabos kündigen
- Wasser und Strom kündigen beziehungsweise abmelden
- Gespräch mit der deutschen Krankenversicherung (weltweite Geltung und wie lange?)
- Und schließlich ganz wichtig: Einen guten Freund/Freundin zu haben, der/die für Sie da ist, wenn wider Erwarten doch alles den Bach runtergeht und Ihnen das Wasser bis zum Hals steht. Wovon wir natürlich nicht ausgehen!!!

Dankeschöns

»Man soll nur die Bücher schreiben, unter deren Nichtvorhandensein man leidet.« Dieser Satz der russischen Dichterin und Schriftstellerin Marina Zwetajewa ist zwar an dieser Stelle insofern ein wenig übertrieben, als dass ich bezweifle, dass irgendjemand einen besonders großen Leidensdruck verspüren würde, gäbe es dieses Buch nicht. Aber: Eine »Zukunft mit Aussicht« braucht jeder, nach einer »Zukunft mit Aussicht« sehnt sich jeder, und nur eine »Zukunft mit Aussicht« lässt den menschlichen Motor – das Herz – in seiner doppelten Bedeutung wirklich rund laufen.

Dass wir das Thema »Auswandern« zu unserer »Zukunft mit Aussicht« gemacht haben, ist zwar sicher nicht existenziell wichtig, spiegelt aber zweifelsohne die Träume und Sehnsüchte ganz vieler Menschen wider.

Und ein paar von ihnen möchte ich hier ganz explizit danken. Als da sind:

Ganz besonders und in allererster Linie meinem Co-Autor und lieben Freund Rolf, der die Idee und das Konzept hatte, ohne die es dieses Buch nicht geben würde. Georg dafür, dass er Rolf und mich zusammengebracht hat; Stefanie für ihre Geduld und Mühe mit dem Manuskript; Barbara für ihre Ratschläge und dass sie da war, auch wenn's mal nicht so gut lief; Sarah für ihre unermüdliche Wühlmaustätigkeit in Sachen Fremdsprachen; Purzel dafür, dass er mir das Autofahren in Down Under beigebracht hat; und Renate für die Zugfahrt von Mombasa nach Nairobi.

Denjenigen, die hier nicht namentlich erwähnt sind, gebührt mein ganz besonderer Dank. Denn das sind Sie, liebe Leser. Ihnen wünsche ich von ganzem Herzen, dass Ihr Wunsch nach einer »Zukunft mit Aussicht« in Erfüllung geht. Egal, ob am anderen

Ende der Welt oder irgendwo in Deutschland. Dieses Buch soll auch eine Lanze brechen für die Völkerverständigung und gegen jede Form von Rassismus. Denn genau das ist gemeint mit dem swahilischen Sprichwort: »Es ist besser, Brücken zu bauen als Mauern.«

Michael von Dessauer
München, im Januar 2008

Natürlich stehe auch ich für einen Teil der Dankeschöns, die Michael oben verteilt hat. Und ich liefere ein dickes Ausrufezeichen hinter den Dank an Georg! Und danke auch unserer Lektorin und denen, die noch mitgespielt haben, ganz herzlich.

Während der gemeinsamen finalen Manuskriptbearbeitung wurde in einigen der von Michael so lebendig und spannend geschriebenen Länderkapiteln auch für mich wieder ein längst vergessener, weil überwucherter Pfad vergangener Reiseerlebnisse sichtbar. Ich werde daher sicher noch einmal losziehen und ein paar besonders schönen alten Fährten nachgehen. Für diesen Impuls danke ich Dir, lieber Michael! Und sorry, dass Du die Hauptarbeit mit dem Buch hattest.

Meinem einzigartigen familiären Kern- und Kompetenzteam, das heißt Birgit mit Kamari und Nell, danke ich vor allem dafür, dass sie die wenige gemeinsame Freizeit auch noch mit diesem Buchprojekt geteilt haben! Ich gelobe Besserung … zunächst einmal, was das Thema Auswanderungsbücher betrifft.

Rolf Deilbach im Januar 2008

Haftungsausschluss

Die in diesem Buch aufgeführten Fakten, Tipps und Tricks sowie alle weiteren Angaben und Ratschläge sind von den Autoren sorgfältig recherchiert, erwogen und geprüft, dennoch kann für die in diesem Buch gemachten Angaben keine Garantie übernommen werden. Eine Haftung der Autoren beziehungsweise des Verlages und seiner Beauftragten für Personen-, Sach- und Vermögensschäden ist ausgeschlossen.

Bei Umrechnungskursen, aber auch allem anderen aufgeführten Zahlenmaterial handelt es sich überwiegend um Circa-Angaben beziehungsweise Angaben, die im zeitlichen Kontext zur Entstehung des Buches stehen. Es wird daher dringend empfohlen, aufgeführtes Zahlenmaterial, so es in eigene Überlegungen zum Thema Auswanderung einbezogen werden soll, noch einmal separat zu überprüfen.

Zahlreiche Angaben ändern sich häufiger durch politische oder wirtschaftliche Veränderungen in den beschriebenen Ländern und können daher sogar relativ kurzfristig ihren Richtwertcharakter verlieren. Dies gilt übrigens auch für die politischen Verhältnisse eines Landes, wie das Beispiel Kenia beweist. Dort ist zum Zeitpunkt der Manuskriptabgabe dieses Buches unklar, ob dieses Land seinen wunderbaren Zauber für Afrika-Fans behält oder ob es im Sumpf politischer Instabilität versinkt und für Land und Leute zu einer Leidensgeschichte wird.

Also überprüfen Sie bitte sorgfältig, ob der im Buch beschriebene Informationsstand noch aktuell ist, wenn Sie Ihre Auswanderungspläne in eines der aufgeführten Zielländer in die Tat umsetzen.

Register